共和国之初
北京市私营企业工会研究
（1949~1956）

贺宝玉 / 著

社会科学文献出版社
SOCIAL SCIENCES ACADEMIC PRESS (CHINA)

目 录

绪 论 …………………………………………………………… 001

第一章　中共建政前北京市工会组织概况 …………………… 006
第一节　工会起源、概念述略 ………………………………… 006
第二节　近代中国工人、工人组织产生与发展的历程 ……… 010
第三节　近代以来北京工人运动与工会组织情况 …………… 017
第四节　国民党工会组织及其在北京的活动 ………………… 021
第五节　1949年之前中共领导下的北京工会及其活动 ……… 028

第二章　北京市私营企业工会的建立 ………………………… 039
第一节　北京市私营企业工会的创建 ………………………… 039
第二节　共和国之初北京市工会组织的运行机制 …………… 063
第三节　私营企业工会的组织整顿 …………………………… 073

第三章　北京私营企业工会的宣教工作 ……………………… 103
第一节　组织与宣教的关系 …………………………………… 103
第二节　中共的宣传思想及宣传方式 ………………………… 106
第三节　政治思想教育：北京私营企业工人的思想改造 …… 115
第四节　反帝爱国运动：抗美援朝战争时期的宣传教育 …… 145

第四章　资本家、职员、工人与工会 …… 162
第一节　资本家对工会的认识 …… 162
第二节　职员对工会的认识：以北京瑞蚨祥布店为主的考察 …… 181
第三节　工人与工会 …… 189

第五章　劳资纠纷中的工会 …… 212
第一节　共和国之初劳资纠纷的概况 …… 212
第二节　北京解放后劳资纠纷的解决办法 …… 237
第三节　劳资纠纷中的工会 …… 254

结　语 …… 260

参考文献 …… 263

后　记 …… 274

绪　论

工会组织自 18 世纪末 19 世纪初诞生以来，就沿着两条不同的路径向前发展。一条是资本主义国家的工会组织，主要以英美国家的工会组织为代表，它与政府机构合作的同时更注重自身独立性的一面；另一条是马克思主义诞生后并在这一理论指导之下建立的工会组织，它强调工会代表工人阶级的利益并与资产阶级展开尖锐、激烈的斗争，直至推翻整个资本主义制度最终建立无产阶级专政的国家。20 世纪初，列宁缔造了世界上第一个无产阶级专政的国家之后，国际社会对苏维埃政权采取的经济封锁、军事进攻以及国内面临经济凋敝、武装叛乱的严峻形势，依靠工会组织工人阶级恢复经济、发展生产、增强国家实力成为破解危局的唯一选择。正如列宁 1919 年在布尔什维克党代表大会上所说："如果工会的同志不来帮助我们，不和我们一道工作，我们是不能完成这个工作的。"① 因此，列宁在继承马克思主义工会理论的基础上，又根据本国国情极大地丰富和发展了这一理论，形成了自己的工运思想与工会理论。列宁的工会理论前期从政治角度界定工会，提出"工会国家化"这一概念，即把工会变成管理整个国民经济的组织，使工会与国家机关融为一体；后期根据俄国社会的实际情况，从发展经济的现实角度提出工会"双保护"的功能。② 列宁的工会理论重视工会与政府合作、维护工人阶级利益、为发展生产服务。斯大林统治时期苏联建立了高度集权的政治体制，经过 1929～1937 年苏联各级工会机关的三次重大改组，工会在苏联社会中完成了它最后的角色定型："职能行政化，机构官僚化，

---

① 《中央委员会的总结报告》（3 月 18 日），载《列宁全集》（第 36 卷），人民出版社，1985，第 128 页。
② 即组建起来的工人阶级组织要保护自己免遭国家的侵犯，同时组织起来的工人组织要维护自己国家的利益。

体制高度集中化。"① 这时的工会已经没有斗争性和独立性，成为党"驯服的工具"。

中国共产党的工运理论与工会思想初期几乎全部来自苏联。可是中国国情又与苏联有所不同，中共面对的革命斗争是长期的、复杂的，也是残酷的。经过国民大革命运动、土地革命战争，特别是抗日战争这三个时期的工运实践，中共积累并形成独具特色的工运理论与工会思想。可以说，1949年之前，中共领导下的工会具有双重角色和身份。在国民党统治区域，中共领导下的工会组织一面与国民党的工会争夺工人运动的领导权，一面领导工人与资本家进行激烈的斗争，为中共的革命胜利"冲锋陷阵"，发挥了与敌人战斗"桥头堡"的作用；而在自己统治的区域内，工会强调工人群众与政府合作搞生产支援战争、支援前线。它的角色是内外有别的。那么，中共夺取全国政权后，在没有外部"敌人"的环境下工会又将充当什么角色？它的职能又会发生什么变化，有什么新特点？由此而衍生的有关工会的一系列问题，都值得深入探讨。

虽然工会的职能转变从中共有自己的统治区域——苏区时已开始，但是真正在全国范围内充分地、完整地实践自己的工运理论和工会思想还是在中华人民共和国成立以后，即社会主义革命时期（1949~1956年）。也就是说，这一时期是中共工运理论和工会思想的真正形成时期，也正是在这一时期，奠定了中共以后的工会政策并为现在的工会做了组织与理论准备，因此研究这一时期中共的工会组织、工运思想、工会职能具有十分重要的意义。

众所周知，中国是一个小生产者的国度，各层次的企业数量众多、分散经营，它们散漫而没有系统的组织，只有封建性很强的行会起一定的规范作用。伴随着鸦片战争而兴起的近代资本主义工商业在国家内忧外患的夹缝中，经历了跌跌撞撞、曲曲折折的艰难发展之路，到新中国成立前夕，在一些大城市中如上海、天津、武汉、广州等已初具规模，其他一些内地城市的工商业发展相对还很滞后。近代工商业的发展，直接催生了两

---

① 郑桥：《列宁斯大林工会理论比较研究——兼析执政党工会理论方针的经验教训》，《俄罗斯研究》2002年第1期。

大对立阶级，即资产阶级和无产阶级，工会就是工人阶级与资产阶级对抗的产物。人数众多、朝气蓬勃的工人阶级是中共竭力争取的阶级力量，而资产阶级与中共的关系就要复杂得多。抗日战争时期，为了对付日本帝国主义的侵略，中共与民族资产阶级有过短暂的联合，可是由于他们的出发点和终极目标不同，双方都把对方"另眼相看"。新中国成立之后，按照既定部署对官僚资本主义企业直接收归国家所有，改造成社会主义性质的国营企业。可是，对于那些为数众多的手工业、那些有利于国计民生的民族资本主义工商业将如何"处置"？在这一"处置"过程中，工会作为党领导下的一个自治机构将扮演什么角色，具有哪些力量，发挥什么作用？在某种意义上而言，如何对待"别人"更能反映自己的本质。同理，通过研究中共领导下的工会与私营企业的关系，揭示的不仅仅是工会的作用、私营企业的变迁，还更能完整地、清晰地透视工会的本质特征。因此研究共和国之初私营企业中的工会是完全有必要的，也相当有价值。

北京，这个曾经的六朝古都，不仅是明、清皇族聚居之地，在辛亥革命之后，又长期盘踞过军阀、政客、买办和帝国主义侵略者，因此"为这些人服务的商业、饮食业、服务业和手工业畸形发展"。与上海、天津等工业较发达城市相比，直到1949年北京解放前夕，资本主义民族工业仍很少，近代工业很不发达，它依然是一个消费城市，所以工人队伍中"多数是手工业工人、搬运工人、店员工人和零散的建筑工人"，"产业工人不足7万人"。①

可是，自中共把北京定为首都之后，它又显得与众不同，包括工会在内的各人民团体、各类机构和组织以及它们的各种活动都深深地影响着全国其他地方，因为有"近水楼台先得月"的便利，有"春江水暖鸭先知"的感觉。毫无疑问，北京的一言一行、一举一动都对全国各地有示范和榜样的作用。选择北京的私营企业工会作为研究对象便可知全国其他地方私营企业工会的概况，是"一叶知秋"。

"凡是值得思考的事情，没有不被人思考过的，我们必须做的只是试

---

① 北京市地方志编纂委员会编《北京志·人民团体卷·工人组织志》，北京出版社，2005，第1页。

图重新思考而已。"① 对工会、工人阶级和工人运动的研究历来受到学术界的高度重视，它也是历史学研究的一个重要组成部分，研究人数众多，呈现蓬勃发展的态势，尤其是改革开放以来，对工会的研究逐步走向深入，范围逐渐扩展。综观研究状况，具有三个特点，其一，研究中共中央有关工会政策的多，研究地方特别是基层工会职能的少；其二，研究中共领袖人物的工运思想较多，研究具体的工会本身历史变迁的较少；其三，研究工会中重大事情、重要转折的多，也即宏观研究较充分，研究一般的、普通的、微观的事情较少。中华人民共和国成立之初各种所有制经济共存，工会工作纷繁复杂，一般的、宏观的理论研究很难反映真实状况，恰当选择研究对象进行深入探讨是深化理论认识的有效途径，也是推进理论发展的最佳选择。当前，工会研究虽然涉及面很广泛，几乎包括工会问题的各个层次，正在逐步形成一门新学科，即工会学。可是尽管理想宏伟，但理论支撑明显还很薄弱，短期内很难实现。由此，选择别人还很少涉及的新中国成立之初北京市私营企业工会的基本职能作为研究对象，既可以推动工会理论研究走向深入，也可以推进工会理论向前发展，为最终形成完整的工会学"添砖加瓦"。同时，中华人民共和国成立之初，中共正在由革命党向执政党缓慢转型，探讨私营企业中工会的组建，工会与党、资本家的关系等问题，总结历史经验教训上升为理论概括，既可以拓展中共党史研究的范围，又可以为其提供基础的理论铺垫。

通过研究北京市私营企业工会，有重点、有选择地把工会在当时的核心作用与功能揭示出来，它充当过什么角色，发挥了什么作用，工会如何协调与它相关方面的关系，工会在面对大量的劳资纠纷中如何应对等一系列问题。

中国共产党在新中国成立之初非常重视加强工会组织的领导与各项职能机构健全的工作，所领导工会进行的一系列活动，无论结果如何，都是一笔可资借鉴的宝贵资源。全面地介入工会组织的各项活动，研究当年工会最直接的现实意义，一是为现在的企业工会建设提供历史的理论根据，

---

① 黄利新：《共和国初期北京市城区基层政权建设研究》（1949～1954），博士学位论文，首都师范大学，2008，第4页。

二是以史为鉴来重树工会这一工人组织的职能,充分发挥工会在维护工人合法权益中不可替代的作用,解决中国社会现实中,特别是私营企业中的各种矛盾,以此实现整个社会的和谐发展。

本书的研究时段界定为1949~1956年。1949年1月31日北京解放,随即中共工人运动委员会开始着手筹建工会组织,所有与工会工作相关的一切活动正式大张旗鼓地开始,由此可见,以1949年为开始恰当地反映了共和国之初中共领导下工会的全部活动。以1956年为结束点,是因为经过了"三反"运动、"五反"运动,特别是中共中央提出过渡时期总路线以后,到1956年初北京市私营资本主义工商业社会主义改造工作已经完成,私有制及其代表的私营工商业作为一个历史的产物正式成了"历史",工会与私营企业的关系也到此为止。

在研究的空间上,本书以1949~1956年当时北京市所属的各个区县为对象。1949年10月之后的北京区划经过几次调整,有所变化,不过本文所研究的私营企业与北京市行政区划的变革关系不大,因为本书选择的研究对象主要是当时北京工商业集中地的一区和三区,另外六区、八区、九区、十三区也会涉及,不过这几个区在中共入城之初就已属于北京市管辖。

私营企业指当时北京市除被中共认定为官僚资本主义企业直接没收之外的一切由个人或合伙人经营的企业,不包括共和国初期的公私合营企业。在这里主要包括四类:一类是民族资本主义工业;一类是像瑞蚨祥、同仁堂这样的私人商店、药店;一类是小手工业,小作坊企业;还有一类是存在雇佣关系的搬运业。

第一章
中共建政前北京市工会组织概况

中共执政以前，北京历经晚清政府、北洋军阀、国民党、日伪的统治，盘踞着大量的贵族、官僚、政客、军阀、商贾诸人，为这些人服务的商业、手工业非常繁盛，而现代工业则很少且大都地处郊区。因此，虽然它是"五四"运动"民主""科学"之潮的发源地，还有北方"工界明星"之称的长辛店工人俱乐部，但总体而言，北京的工人运动、工会组织较南方迟缓、传统。到1949年1月底，中共北京市委领导下的市委工委才做好了筹建北京市职工总会的准备工作。

第一节 工会起源、概念述略

一 工会的起源

工会（Trade Union）最早起源于英国，这是因为近代以来英国的工业水平一度领先于世界其他国家，可是对于工会是如何起源的，却有不同观点。王觉非认为，"英国工会起源的准确时间尚难界定，大致为17世纪末期"。由于英国传统行会的力量比欧洲大陆其他国家的弱小，随着工业的发展，中世纪的行会逐渐开始衰落，原来作为帮工的技术人员与雇主之间"某种程度的利益一致开始消失，冲突由此产生"，于是这些技术人员开始组织起来维护他们的特殊地位，集体协商本行业应该得到的合理工资。这种技术工人的最初组织称为礼拜堂，是一种类似俱乐部的社交组织，"后来才发展成为与雇主对抗的工会组织"。[①] 高希圣与

[①] 王觉非：《近代英国史》，南京大学出版社，1997，第655页。

郭真20世纪30年代所著的《经济科学大词典》中认为："十六世纪初期，英国的熟练工人已有团体的发现，而1799年更有团体禁止令（Anti-Combination Law）的颁布。所以说工会起源于十六世纪初，大体上说是不错的。"他们认为，工会的产生是工场工人要改善他们的劳动条件，于是就强迫工场主资本家要增进工人的利益，"并阻止不熟练工人的雇佣及维持熟练工人的特权"，可是由于"机械的发展把工人技能上的熟练不熟练之差别完全撤去，产业的集中使工人痛感到有阶级的组织之必要"，于是"熟练工人之团体的工会、从事于同一职业之工人团体的工会、单要维持改善目前雇佣条件之团体的工会，而进化为'阶级的团体'的工会、以改变现存社会组织为目的团体的工会了。"① 从以上叙述中可以得知，工会应该是产生于16世纪，它的初期主要是技术工人组成以维护自身的经济利益，并没有明确的政治目标，也不是存在于大工业之中。

德国历史学家和经济学家布伦坦诺（Brentano）在19世纪70年代指出，工会是古老协会（公会）的继承者，是由于封建制度的自然经济被工业革命所打破，工会的出现是熟练技术工人们捍卫享受传统权利的结果，简言之，他认为近世工会源于中世纪行会。② 德国社会学家韦伯（Max Weber）在论述欧洲行会的起源时认为："手工业者结合起来以使其工业上的目的容易实现的努力，这才是工会的起源。……总之，强制加入同一个工业经营，以排除一切不良的竞争，这无论如何都是手工业者的首要问题。为达此一目的，这些手工业者经自由团体的形成而结合为组合性的职业团体，并且得到都市官方的承认。"③ 英国的韦伯夫妇（Sidney Webb, Beatrce Webb）所著《英国工会运动史》中认为，工会起源于阶级分离或者是不同生产方式的工人分离，而不是早期的行业协会演化来的。他们认为，工会是"为了维持和提高他们的工作生活条件、一个挣工资者持续的协会"，"大量的工人不再是

---

① 高希圣、郭真：《经济科学大词典》，科学研究社，1934，第23页。
② 转引自郭东杰《公司治理与劳动关系研究》，浙江大学出版社，2006，第231页。
③ 〔德〕韦伯著《经济与历史：支配的类型》，康乐等译，广西师范大学出版社，2004，第109页。

独立的生产者，他们本来控制着生产过程和原料以及他们的劳动产品，现在他们则处于终生挣工资者的处境，既不占有生产工具也不拥有生产完成状态的商品"。① 英国经济学家斯密则从纯粹经济学的角度指出："劳动者的普通工资，到处都取决于劳资双方所订的契约。这两方的利害关系绝不一致。劳动者盼望多得，雇主盼望少给。劳动者都想为提高工资而结合，雇主却想为减低工资而联合。"②

在工会起源认识上的分歧与差异，实质上反映了不同国家由传统走向近代过程中历史背景和观察角度的不同。具体来说，英国的行会组织力量很弱，机器工业生产兴起之后，古老的行会制度很快衰落，因此在英国主要是不同职业群体之间的分化、联合产生工会。相反，欧洲大陆国家行会的类型较多，力量也比较强大，最初的工会组织只能以这些行会为基础逐渐演化形成。

共产主义理论创始人马克思对工会的产生也有独特的认识："大工业把一大批不相识的人们聚集在一个地方。竞争使他们在一个共同的思想（反抗、组织同盟）下联合起来。"③ "工会的产生，最初是由于工人的自发地企图消除或至少削弱这种竞争，以便在协定中争取到哪怕是能使他们摆脱纯粹奴隶状态的一些条件。因此，工会的直接任务仅仅是适应日常的需要，力图阻止资本的不断进攻，一句话，仅仅是解决工资和劳动时间的问题。"并指出："不管工会的最初目的如何，现在它们必须学会作为工人阶级的组织中心而自觉地进行活动，把工人阶级的彻底解放作为自己的伟大任务。"④ 很显然，马克思主要是从政治角度、阶级立场来认识与分析工会产生的缘由及工会的基本任务。

总之，不同阶层、职业在经济关系中的差异是促使工会诞生的主要原因，工会首先是一个共同经济利益的联合体，应该是一个经济组织，经济名词。

---

① 〔英〕韦伯夫妇著《英国工会运动史》，陈建民译，商务印书馆，1959，第15页。
② 〔英〕斯密：《论国民财富的性质和原因的研究》（上册），商务印书馆，1997，第60页。
③ 《马克思恩格斯全集》（第4卷），人民出版社，1960，第196页。
④ 《临时中央委员会就若干问题给代表的指示》（1866年8月），载《马克思恩格斯全集》（第16卷），人民出版社，1964，第219~221页。

二　工会的概念

工会是一个历史现象，随着时间推移，工会的概念也相应发生变化，不同学者分别从它的起源、性质、任务、组织形式和活动方式来诠释。

王觉非认为工会是"工人阶级自发的群众组织，其主要宗旨是通过集体谈判与雇主商定本行业的劳动工资，维护其成员的利益，它同时也是劳动者之间建立在平等关系之上的一种互助福利组织"。[①] 高希圣、郭真认为，工会"有广狭二义。广义的工会是指工银劳动者（工资劳动者）为维持改善其劳动条件而组织的永久团体；狭义的工会则指从事于同一职业而其职业利益完全相同的工人所组成的团体"。所以工会是"工银劳动者为维持改善他们的劳动条件而组织的团体；是以变革现存经济秩序为终极目的的团体"，"是结合一般工人大众和先觉工人的纽带"。[②] 詹姆斯·坎尼森（James Cunnison）指出，工会是"工人的垄断性组织，它使个体劳动者能够相互补充。由于劳动者不得不出卖自己的劳动力从而依附于雇主，因此，工会的目标就是要增强工人在与雇主谈判时的力量"。[③]

被大家广为认可的工会概念是韦伯夫妇《英国工会运动史》一书中的概括："工会是由工人组成的旨在维护并改善其工作条件的连续性组织。"[④] 它强调工会的组成、宗旨及连续性。

马克思主义者对工会概念也有大量的经典论述。马克思、恩格斯认为工会是工人阶级联合起来为自身解放与资产阶级进行斗争的组织机构："不管工会的最初目的如何，现在它们必须学会作为工人阶级的组织中心而自觉地进行活动，把工人阶级的彻底解放作为自己的伟大任务。……工会应该向全世界证明，它们绝不是为了狭隘的利己主义的利益，而是为了千百万被压迫者的解放进行斗争。"[⑤] 列宁对工会的概念也有诸多论述，他

[①] 王觉非：《近代英国史》，第 655 页。
[②] 高希圣、郭真：《经济科学大词典》（全一册），第 23 页。
[③] James Cunnison, *Labor Organization*, London, Sir Isaac Pitman & Sons, 1930, p. 13.
[④] Sidney Webb, Beatrce Webb, *The History of British Trade Unionism*, Second Edition, London, Longmans Green and Co., 1920, p. 1.
[⑤] 《马克思恩格斯全集》（第 16 卷），第 221 页。

在《共产主义运动中的"左派"幼稚病》一文中指出,"工会是工人由散漫无力走向阶级联合的开端,是工人阶级在资本主义发展初期的一大进步",认为"工会现在还是将来在一个长时期内也还会是一所必要的'共产主义学校'和无产阶级者实现其专政的预备学校,是促使全国经济管理职能逐渐转到整个工人阶级(而非个别行业)手中,然后再转到全体劳动者手中所必要的工人联合组织"。① 他在《论〈论工会、目前局势及托洛茨基同志的错误〉演说提纲》中认为,工会是"政权的蓄水池",是"把先锋队和先进阶级群众、把它和劳动群众连结起来的'传动装置'"。② 马克思主义者对工会的定义准确地反映了工会在无产阶级专政国家中的职能与作用,成为指导社会主义国家工运理论的不二法则。

田明、徐建川主编的《工会大辞典》中写道:"工会是工人阶级的群众组织。它是社会经济矛盾的产物,是工人阶级在反抗资产阶级的剥削和压迫的斗争中为保护和争取自身利益,在自愿结合的基础上产生和发展起来的工人阶级群众组织。"③ 1950年颁布的《中华人民共和国工会法》中定义:"工会是工人阶级自愿结合的群众组织。"二者对工会的概念都强调了工会组织"自愿"结合的原则,都强调了组成人员是工人的阶级性原则。

很明显,马克思主义者给工会下的定义倾向于以阶级斗争的角度来界定,它反映的是革命与战争年代中劳资矛盾、冲突的一面,但它不是工会的一种常态。工会应该是工人自愿组成的旨在维护并改善其工作条件、工作环境的群众性自治组织。

第二节 近代中国工人、工人组织产生与发展的历程

一 近代中国工人阶级发展的三段历程

世界历史上,早在十四五世纪期间,西欧地中海沿岸的一些城市就出

---

① 《共产主义运动中的"左派"幼稚病》(1920年5月12日),载《列宁全集》(第31卷),人民出版社,1958,第31~32页。
② 工人出版社编《列宁斯大林论工会》,工人出版社,1981,第381、382页。
③ 田明、徐建川主编《工会大辞典》,经济管理出版社,1989,第1页。

现了最早的资本主义萌芽，它是封建社会内部、在手工工场的基础上孕育并发展起来的，这是一个长达数百年的历史演变过程。资本主义生产方式直接的后果是诞生了无产阶级与资产阶级两个对立的群体组织。

近代以来，中国工人阶级产生、发展、壮大经历了三个阶段。

第一阶段是从1840年到1894年，在外国资本主义的侵略下，中国社会性质发生了根本性的转变，同时中国近代工业和工人阶级队伍开始产生。"确切地说，中国工人阶级是伴随着外国资本、中国早期官僚资本和中国民族资本这三种资本兴办的近代工人而产生和发展的。"① 正如毛泽东所言："帝国主义的侵略刺激了中国的经济，使它发生了变化，造成了帝国主义的对立物——造成了中国民族工业，造成了中国民族资产阶级、而特别造成了在帝国主义直接经营的企业中，在官僚资本主义企业中，在民族资本的企业中做工的中国无产阶级。"② 这一阶段外国资本主义国家通过战争手段迫使中国签订一系列不平等条约获得种种特权，在中国的沿海通商口岸采用新的技术设备，兴办了一些为其商业活动服务的航运业和各种加工业，主要有轮船运输业、船舶修造业、加工业、轻工业、租界内的公用事业和邮电事业等，共"开办了191个近代企业"。③ 正是外国资本主义在中国创办的各种近代工业中诞生了中国最早的一批无产阶级，"总数大约为39000人以上"。④ 有些工业在创办之初还没有中国的民族资本主义工业和民族资产阶级，因此，毛泽东说："中国无产阶级的很大一部分较之中国资产阶级的年龄和资格更老些，因而它的社会力量和社会基础也更广大些。"⑤

自十九世纪六七十年代起，面对西方列强的欺凌逼迫，洋务派在"自强""求富"的口号下掀起了"洋务运动"。这一运动中，产生了中国人开办的机器大工业和一部分产业工人，工人总数"约为35500～39800

---

① 王建初、孙茂生主编《中国工人运动史》，辽宁人民出版社，1988，第1页。
② 《毛泽东选集》（第四卷），人民出版社，1991，第1484～1485页。
③ 《毛泽东选集》（第四卷），第2页。
④ 刘明逵、唐玉良主编《中国工人运动史》（第一卷），广东人民出版社，1998，第20页。
⑤ 《毛泽东选集》（第二卷），第627页。

人"。① 几乎与"洋务运动"同时，中国的一部分官僚、地主、买办和商人受近代企业丰厚利润的诱使转而投资近代工业，这是中国最早的民族资本企业，这些企业的创办成为中国近代产业工人的又一个重要来源，工人总数应在33000人以上。

综上所述，从1840年至1894年，中国产业工人总数大约有110000人。②

第二个阶段是从1894年中日甲午战争到第一次世界大战爆发前的1913年。这一时期，世界资本主义开始进入帝国主义阶段，对中国的侵略由原来的商品输出转变为资本输出，他们直接在中国开矿山、办银行、修铁路、建工厂，帝国主义在华投资空前增加。国内受甲午战争惨败的刺激，民族资本家掀起"设厂自救""实业救国"的热潮，创办了一系列工厂。由此，工人数量也大幅度地增加，以邮电工人为例，1896年3月清政府批准正式开办"大清邮政"，到"1913年全国邮电职工合计大约有25000人左右"，③增长十分迅速。"根据粗略统计，到1913年全国中外工矿企业的工人当在50万至60万之间，也就是说20年中工人人数增加了4倍到5倍"，④"如果加上铁路、航运、邮政、城市建筑和码头工人等，其总人数估计约为100万人"。⑤

第三阶段是从第一次世界大战到"五四"运动时期，欧洲帝国主义国家忙于战争厮杀，暂时放松了对中国的侵略，中国的资本主义工业、交通有了进一步发展，出现了中国资本主义发展史上的"黄金时期"。以1919年前后全国产业工人人数为例，可见工人数量增长速度。见表1-1。

表1-1 1919年前后全国产业工人数

工人类别	人 数	工人类别	人 数
中国工厂工人	800000	电车汽车工人	30000
外资工厂工人	400000	近代建筑工人	200000

---

① 许涤新、吴承明主编《中国资本主义发展史》（第2卷），人民出版社，1985，第379页。
② 丁季华：《中国通史自学纲要》，上海古籍出版社，1986，第319页；孙毓棠：《中国近代工业资料》，科学出版社，1957，第1182、1200页。
③ 刘明逵、唐玉良主编《中国工人运动史》（第一卷），第41页。
④ 汪敬虞：《中国近代工业史料》（第2辑上），科学出版社，1957，第38~39页。
⑤ 王建初、孙茂生主编《中国工人运动史》，第6~7页。

续表

工人类别	人 数	工人类别	人 数
近代矿业工人	700000	邮电工人	40000
船务栈房码头工人	400000	海员	150000
铁路工人	165000	总　计	2885000

资料来源：刘明逵、唐玉良主编《中国工人运动史》（第一卷），第73页。

特别值得一提的是，除了1840年以后在外国资本、本国官僚资本和民族资本开办的近代企业中产生、发展起来的近代产业工人外，还有随着自然经济解体过程中发展起来的、具有新的社会关系和阶级属性的广大非产业工人，即近代的手工业工人、苦力运输工人、农业雇工和商业、金融业的普通职工等，他们构成近代中国工人阶级的大多数，成为中国工人阶级的重要组成部分。著名经济学家王亚南在论及近代中国工人阶级的人数时指出："比较经过审慎选择的数字，是说中国全部靠出卖劳力生活的人，约计五千万以上。"其中"有八百万左右是家庭工业者及独立手工业者"。[1] 按照刘明逵论证："中国的各种非产业工人总数可以估计为4000万人左右。"[2]

二　中国早期工人组织的诞生

中国近代的工人阶级，"在其队伍产生、形成的初期，由于它们大多数是刚从封建制度下手工业工人、苦力、店员和各种破产的个体劳动者、农民、小业主等转化而来的，在社会化的机器大工业中受到的锻炼不多，阶级意识还很少甚至还没有，思想上和组织上必然与他们所脱胎而来的那个封建社会里的各种劳动者保持着固有的联系"。[3] 因此，他们不可能在组织上脱离封建性的旧有组织而创造出新的无产阶级的组织。

对此列宁曾有深刻认识："人们怎样学会联合的呢？开始是通过行会，而后是按照职业"，"在资本主义时代，无产阶级也曾按行会和职业

---

[1]　王亚南：《中国半封建半殖民地经济形态研究》，人民出版社，1957，第192页。
[2]　刘明逵、唐玉良主编《中国工人运动史》（第一卷），第110页。
[3]　刘明逵、唐玉良主编《中国工人运动史》（第一卷），第430页。

联合起来。这在当初是进步的现象，否则无产阶级是不能联合起来的。说无产阶级一下子就联合成一个阶级，那是胡说八道"。① 中国工人阶级产生、成长的社会环境决定了它最初的组织形式一定带着旧社会的习气。因此，中国工人阶级产生以后最初参加的只能是旧式传统的行会②、帮口③、秘密结社等封建性很强的组织。④

到19世纪末20世纪初，不少政治派别开始谈论并关注中国的劳工与劳动问题，因为无论国际还是国内，工人阶级已经成为一支重要社会力量，任何派别、势力都不能忽视，他们既想争取利用又想对其改造，总之，时代的跃进已使工人阶级及其组织形式逐渐从原始状态中分离。

最早开始在政治纲领中谈论社会主义革命问题和工人运动问题的，是以孙中山为代表的资产阶级革命派。1905年，同盟会成立后，孙中山在《民报》发刊词中指出："欧美强矣，其民困矣，观大同盟罢工与无政府党、社会党之日炽，社会革命其将不远。吾国纵能媲迹于欧美，犹不能免于第二次之革命，而况追逐于人已然之末轨者之终无成耶！夫欧美社会之

---

① 列宁：《在全俄工会第三次代表大会上的讲话》，载《列宁全集》（第30卷），第470~471页。
② 行会是封建社会城镇手工业者（包括手工业工人）和商人的同行业组织。中国行会起源于两汉、发展于隋唐而鼎盛于明清。鸦片战争以后，随着商品经济的发展，一些旧的行业衰落了，一些新的行业兴起来，而且行业划分越来越细，行会逐渐分为手工业行会、商业行会、苦力帮行会和工人行会四大类，其中工人行会主要是在鸦片战争之后由雇佣工人组成，其宗旨和职能主要是为了维护工人利益，类似职业工会，不同于受雇主、行东等控制的手工业行会，1919年以后大都转化成为工会。参见刘明逵、唐玉良主编《中国工人运动史》（第一卷），第463~464、478~479页。
③ 帮口，也称工帮、帮会，是中国封建社会晚期城镇工人中产生发展起来的一种按同乡、地域结成的封建性帮派组织。它有三个基本特点：第一，这些人绝大部分没有专门技术；第二，这些人与帮主不存在师徒关系；第三，这些人的工作以粗笨体力劳动为主，容易为别人抢夺与顶替。帮口与行会是既有联系又有区别的两种不同组织。行会是按行业建立的，帮会是按不同的籍贯地区分别建立的；行会、帮会都各有规约，但是行会工人的任务是团结全行业的工人在工资、工时、劳动报酬等方面来维护工人得益，帮会则是团结本帮工人把持本帮占有的劳动业务范围。参见王永玺《中国工会史》，中共党史出版社，1992，第40页；刘明逵、唐玉良主编《中国工人运动史》（第一卷），第482页。
④ 秘密结社是封建社会中的农民和手工业工人，为了反抗统治者的压迫和剥削，并避免敌人的搜查与追捕而结成的秘密团体。它组织严密、帮规严格、内部等级森严，有共同信奉的宗旨和彼此联系的一套暗语，招收和发展成员有一定的仪式和手续。近代中国的秘密结社数目非常之多，如"天地会""大刀会""青帮""洪帮"等。参见王建初、孙茂生主编《中国工人运动史》，第25~26页；蔡少卿《中国近代会党史研究》，中华书局，1987，第2页。

祸，伏之数十年，及今而后发见之，又不能使之遽去。吾国治民生主义者，发达最先，睹其祸害于未萌，诚可举政治革命，社会革命毕其功于一役。"① 除了资产阶级各派触及中国劳动问题外，早期无政府主义者也通过创办《天义报》《衡报》等期刊，发表文章来宣传解决中国劳动问题的主张。

资产阶级革命派开始组织工人团体的行动始于1898年，这一年兴中会会员尤列受孙中山指派在日本横滨帮助侨工组织了"中和堂"俱乐部，革命党对该堂负有指导之责。1901年尤列又被派往南洋活动，创办"中和堂"。② 后来，孙中山还到美国加入洪门"致公堂"，把其章程改为"本堂以驱除鞑虏、恢复中华、建立民国、平均地权为懿旨"。③ 上述这些团体中华工占多数，有的已具有原始工会的性质。

1906年，孙中山准备在华南武装起义，先后又派革命党人去香港和广州机器工人中开展秘密工作，创建工人团体。1909年，孙中山指派革命党人在香港、广州建立了"中国研机书塾"和"广东机器研究公会"。他们"名义上是为研究机器工业而结成的团体，实际上是由同盟会领导和组织之下，由进步的民族资本家和机器工人联合组成的团体"。④

正如列宁所指出的，"工会不仅是历史上必要、而且是在历史上不可避免的工业无产阶级组织"。⑤ 从武昌起义爆发到二次革命失败这短暂、动荡的时期，中国的资产阶级、小资产阶级及其他组织利用《临时约法》颁布的有利条件，"掀起了组建与工人有关的'政党热'和'工会热'"的浪潮，⑥ 工人政党、工人团体如雨后春笋般涌现。此外，这一时期还有一批工人自己组织起来的团体在几个工业发达的城市和铁路、航运等产业中开始出现，如广州的"打包工业联合会"，上海的"制造工人同盟会""银楼业工会"等，它们虽然不同程度上保留着旧式组织的一些痕迹，受

---

① 《民报》第1号，1905年10月20日。
② 冯自由：《华侨开国革命史》，商务印书馆，1947，第45、69页。
③ 冯自由：《华侨开国革命史》，第73、69页。
④ 王建初、孙茂生主编《中国工人运动史》，第27页。
⑤ 《列宁选集》，人民出版社，1972，第402页。
⑥ 王永玺主编《中国工会史》，中共党史出版社，1992，第46页。

过资产阶级、小资产阶级的某种影响，但它们毕竟是在长期阶级斗争中出现的，是为了"消灭工人之间的竞争，以便同心协力地同资本家竞争"而组织起来的，①所以它们具有了现代工会萌芽的性质。

二次革命失败后，袁世凯政府杀害工人运动领导人、封闭和取缔了几乎所有的工会组织和工人团体，并在1912年和1914年，先后制定和颁布了《暂行新刑律》《治安警察法》，严禁人民尤其是工人有言论、出版、集会和结社等自由。工人和工会运动惨遭历史上的首次打击和挫折，从此工人运动进入一个短暂的低潮期。

青山遮不住，毕竟东流去。从第一次世界大战到"五四"运动时期，中国工会组织和工人团体又开始恢复、发展。其主要原因有以下几点。

其一，工人阶级队伍日益壮大和斗争日益激烈。马克思指出："无产阶级经历了各个不同的发展阶段。它反对资产阶级的斗争是和它的存在同时开始的。"②"据统计，1914年至1919年5月，全国共发生罢工108次。短短6年中的罢工次数竟比1840年至1911年70年的罢工总数还多。"③ 工人斗争要想获得胜利必须要有自己的组织，这是中外历史都已经证明了的，因此，保护工人利益的工会必定要产生。

其二，客观上帝国主义和国内军阀忙于相互战争，无暇也无力顾及工人运动。这期间，欧洲列强不是困于战争就是穷于应付国内愈演愈烈的工运高潮，无形中减弱了对中国人民的压迫，正是在这一情况下，中国的工业企业、工人数量同时进入增长的"黄金时代"。从1914年到1919年，中国产业工人规模已达到280万人，数量众多、地域集中的产业工人也呼唤属于自己的组织。

其三，新文化运动、十月革命和第一次世界大战后华工回国的思想影响和传播，促使整个中国社会、特别是知识分子开始把视角转向工人阶级。尤其是俄国十月革命让正在寻求救国救民真理的各界人士看到了新的希望，找到了新的道路，开始重视工人阶级的地位与作用。恰如毛泽东所说："十月革命一声炮响，给我们送来了马克思列宁主义，十月

---

① 《马克思恩格斯选集》（第1卷），第159页。
② 《马克思恩格斯选集》（第1卷），第259页。
③ 王永玺：《中国工会史》，第51页。

革命帮助了全世界的也帮助了中国的先进分子，用无产阶级的宇宙观作为观察国家命运的工具，重新考虑自己的问题。走俄国人的路——这就是结论。"①

从1840年鸦片战争至1919年"五四"运动，是中国工人阶级产生和工人运动兴起的第一个阶段，受辛亥革命和俄国十月革命的影响，大大地加速了工人阶级的觉醒和工人组织的建立，也是工人阶级由"自在"阶段向"自为"阶段转变的一个重要时期。总之，中国工人、工会的发展已经超越了它本身运动规律的范畴，成为传统与革新、稳定与变革的工具，工人运动、工人组织冲到了历史发展的最前锋。

第三节 近代以来北京工人运动与工会组织情况

一 北京工商业发展概况

在北京，19世纪80年代初，清光绪九年（1883）最早的产业工人——无产阶级，随着"洋务运动"的浪潮诞生了。这一年，华商段益三创办的门头沟通兴煤矿开始使用机械动力，同年，清政府在北京三家店兴建神机营机器局，制造枪炮弹药，这是北京近代工业的开端。② 光绪十七年（1891），武举人李福明在东便门外金家村兴办了京城第一家民族资本主义企业——北京机器磨坊。随后北京的近代工业不断地缓慢向前发展，出现了邮政、电信、电力、铁路、纺织、印刷、啤酒、火柴、被服等不同行业，与之相随，北京的产业工人数量也开始日渐增长。

北京近代工业真正获得较大发展是20世纪以后。以光绪二十七年（1901）法国人与比利时人联合经营修筑京汉铁路时在长辛店三合庄兴建修理厂为开始，清政府兴办了一系列工矿企业。③ 中华民国建立后，北京迎来了工商业发展的春天，企业的门类明显增多，现代基本的工业设施开

---

① 《论人民民主专政》，《毛泽东选集》（第四卷），第1471页。
② 北京市地方志编纂委员会编著《北京志·人民团体卷·工人组织志》，第24页。
③ 较重要的企业有：1905年，丹凤火柴厂；1906年，京张制造厂；1907年，溥利呢革公司；1908年，南城印刷局。

始创办或筹建。可是，由于北京是中国历史上重要的政治文化中心，辛亥革命后仍然是典型的消费城市，商业、服务业、手工业、建筑业相对比较发达，在这些行业集中了一二十万工人，构成了北京工人队伍的主要成分。虽然产业工人是北京工人队伍中的中坚和骨干，但真正产业工人数量较少。见表1－2。

表1－2　20世纪初北京产业工人数量统计

单位：人

年　份	1912	1913	1914	1915	1916	1917	1918	1919	1920
职工人数	5382	4828	5783	6483	7316	6058	6811	7694	8920

资料来源：北京市地方志编纂委员会编著《北京志·人民团体卷·工人组织志》，第24页。

经历北京政府和南京国民政府的统治，北京的重工业发展很慢，只有几家小型铁厂先后建成。第一次世界大战期间，北京的轻工业发展较快，但是大战一停，帝国主义立即卷土重来，洋货充斥市场，民族工业发展艰难。1931年"九一八"事变以后，全国人民群情激愤，掀起提倡国货、抵制日货的运动，北京的民族工业有些抬头。同时东北沦陷后许多官僚、商人纷纷逃到北京，他们开办了一系列企业。以1932年为例，可以看出北京市的工商企业数量与种类明显攀升。[1]

表1－3　1932年12月北平市各业工人数量统计

行　业	厂家数	工人数	行　业	厂家数	工人数
机械	60	5000	燃料业	1020	3950
冶炼	5	20	木器制造	166	1500
金属	490	4450	家具制造	366	1350
纺织	1747	18740	交通用具	355	2100
造纸	200	20000	饰物制造	720	4740
服用品	1240	17550	仪器制造	30	120
饮食品	3146	27815	药品制造	244	5540
摄影业	48	500	杂料制造	539	4350

---

[1] 中国人民大学工业经济系编著《北京工业史料》，北京出版社，1960，第2页。

续表

行　业	厂家数	工人数	行　业	厂家数	工人数
土石玻璃制造	382	2604	电力工业	1	608
建筑工程业	200	20000	化学工业	450	4836
美术工业	1235	5030	其他	410	1560
教育用品	1003	14270	合　计	14057	166633

资料来源：《二十二年中国劳动年鉴》，北平市社会局统计。

然而好景不长，1937年卢沟桥事变爆发，北京沦陷。日本帝国主义为了掠夺中国资源和扩充军需，除侵占了长辛店修理厂、清河制呢厂等官办企业外，还兴办了一些新的企业为战争服务，把石景山钢铁厂建成投入生产。在整个日军统治期间，一些较大的民族工业，像永增铁工厂等都被强行"收买"或"合办"，只有少数为军需加工或为社会急需的面粉、啤酒、酱油业略有发展。①

1945年日本投降，北京的许多工厂被日军破坏，如石景山钢铁厂二号高炉被日军铸死，一直未能修复；石景山发电厂也被日军破坏，事故频繁，因经常停电而被称为"黑暗公司"。到1948年，北京的工业已陷入绝境，全市工厂3286家，百人以上的只有石景山钢铁厂、门头沟煤矿、长辛店铁路工厂等几十家，职工83178人，其中官僚资本企业44个，职工人数20941人。私营和手工业企业13242个，职工62237人，停工、半停工工厂占半数以上。北京的商贸、服务、建筑、建材、人力运输等其他行业也都濒于瘫痪，职工总数约有200000人，但是大多数处于失业和半失业的状态。②

二　北京工人运动与工会组织雏形的出现

北京是封建统治阶级的政治文化中心，一直以来，社会风气比南方通商口岸保守。当南方各地工人运动、工会组织如火如荼开展的时候，北京还是一片沉寂，直至"五四"运动后，北京的工人运动和工会组织才开始

---

① 中国人民大学工业经济系编著《北京工业史料》，第3页。
② 北京市地方志编纂委员会编著《北京志·人民团体卷·工人组织志》，第27页。

兴盛起来。

清末民初时，北京开始有了工人自发的经济斗争。光绪十九年正月（1893年3月），在修葺3年前被火烧而损坏的天坛祈年殿工程中，北京250名木匠因要求增加工资而举行罢工，并拒绝官府指派的其他木匠接替。光绪二十年（1894），皇帝为庆祝生日进行皇宫修缮工程，建筑工人为了增加工资举行数次罢工。结果按照光绪皇帝颁布的谕旨，逮捕全部罢工工人，罢工首领受到惩处。光绪三十四年（1908）初，北京糕点业工人要求改善工作条件和待遇在沙窝门内马神庙设立碑碣，声言"不论忙闲，每日做工定准时刻，逾时多做，须加工价"。[①] 经过调解，议定每月工价仍按公定行规开银二两八钱，每年另送铜元一百五十吊方了事。宣统三年五月（1911年6月），邮政脱离海关，为了挤垮民信局在邮务上的竞争，将京城邮件投递次数由每日4次改为6次。信差每日投递4次时，本来"已极奔波"，骤然增加两次投递，信差更加难以忍受，于是提出"以赶办不及，恳请减免"，这个要求遭到局内供事的拒绝。6月20日数十信差齐集宣布罢工。6月22日，在取消加班的条件下，北京信差才复工。[②] 这次罢工为时虽仅3天，但在北京官办企业中却是第一次，它的意义非同寻常。

近代北京的新兴工业较少且出现较迟，所以产业工人在工人中的数量并不多，工人组织最初大多数是以旧式行会、帮会的形式出现的。19世纪末20世纪初，在靴鞋业、酱醋业等个别行业中，有工人组织的萌芽出现。北京靴鞋业由雇主控制的行会叫作赌神会，成立于清咸丰年间；酱醋行业中，油盐店后场的工人全部参加酱醋行会组织，会里供奉的是"酱祖"和"酱姑"。1882~1934年，北京靴鞋业缝、绱两行业工人组织行会性质的合美会，曾领导工人与鞋店的行会——财神会，进行了3次要求增加工钱的斗争。[③] 在1920年《新青年》第七卷第六号所载《北京劳动状态》一文中，谈到北京几个行业的工人行会组织情况，几乎都是一种封建把头制的组织。可以说，几乎各行各业都有自己的行会组织，如搬运行会、理发行

---

① 刘明逵：《中国工人阶级历史状况》（第一卷第二册），中共中央党校出版社，1993，第173页。
② 马骏昌等：《北京邮史》，北京出版社，1987，第74~75页。
③ 《北京工运史料》（第1辑），工人出版社，1981，第40~42页。

会、油画行会、木匠行会、石匠行会、瓦匠行会等，都是封建性很强的行会组织。

"1911年辛亥革命以后，现代意义上的工人自发组织开始在北京产业工人中出现。"① 1912年春，财政部印刷局一些工人参加了社会组织的"印刷同业进化会"，它的宗旨是"工人要团结，要组织，有话就说，研究技术，改善生活"。同年6月，成立了"财政部印刷局工务急进会"，会员达300余人，占全局员工总人数的3/4。该会虽成立一年便被财政部下令解散，但却两次同局方进行斗争并获胜利。② 这种有纲领、有目标，把过去单纯的经济斗争上升到与政治斗争相结合的高度，已经具备了现代工人组织的雏形，类似的组织与斗争在当时已较普遍，维护工人权益，争取改善工人政治、经济地位的工会组织，已是呼之欲出了。

第一次世界大战后，"欧美、日本与后来苏俄工会的思想与模式，受到资产阶级、小资产阶级、无政府主义尤其是后来马克思的人物、书刊、政党等的影响、帮助，并见之于行动"，北京"才摆脱长期以来封建行帮、会党的束缚，进入真正的工会运动"。③

第四节　国民党工会组织及其在北京的活动

一　国民党组织的工会及在北京的发展历程

无论是辛亥革命之前还是之后，国民党都非常重视工人在革命斗争中的作用，国民党在中央和地方都有组织和宣传机构来加强同工人的联系，指导工人运动，工人也支持甚至直接参与了国民党领导的一些革命行动。

20世纪20年代左右，国内工人运动可谓此起彼伏、风起云涌，革命屡遭挫折的孙中山看到了新生的工人阶级锐不可当的气势，是变革社会的一支重要力量。1917年孙中山授命马超俊对国民党如何策动工人运动提出

---

① 北京市地方志编纂委员会编著《北京志·人民团体卷·工人组织志》，第241页。
② 中国人民政治协商会议北京市宣武区委员会文史资料委员会编《宣武文史》（第5辑），北京市宣武区政协文史资料委员会，1996，第226页。
③ 颜辉、王永玺主编《中国工会纵横谈》，中共党史出版社，2008，第5页。

具体办法，马超俊所提促进工运的八项原则中，第一条就是"扶植工会之组织"。

1920年8月，孙中山率领粤军驱逐桂系军阀，广东各地工人曾积极参加反对桂军、支援粤军的斗争。粤汉、广九等地的铁路工人举行罢工，拒绝为桂军前线运输，还炸毁了东江等处铁桥，使桂军不攻自溃。1921年5月，桂军进攻广州，孙中山命令粤军进行"讨贼援粤"战争，"广州、香港等地工人对这次战争给予了各种支持和援助"。① 此外，茶居工会、酒楼工会、理发工会、木箱工会、车衣工会等粤商团等数百团体，"皆队伍整齐，所作标帜，皆作唤醒同胞努力杀敌之警语"。② "1921年，广东已有工会组织130多个，香港有120多个，大部分是在国民党的影响之下。"③ 1922年2月，孙中山在广东护法运动中以大总统的名义公布了《暂行工会条例》，这是中国历史上第一部劳工法规，赋予了工人组织工会以合法地位。

1924年1月，国民党召开第一次全国代表大会并发表《宣言》："一方面当对于农夫、工人之运动，以全力助其开展，辅助其经济组织，使日趋于发达，以期增进国民革命运动之实力；一方面又当对于农夫、工人要求参加国民党，相与为不断之努力，以促国民革命运动之进行。"④《宣言》通过后，孙中山发表讲话指出"这是本党成立以来破天荒的举动"，"大家必须依宣言而行，担负此项实行责任"。⑤ 1924年10月，孙中山以大元帅的名义公布了新的《工会条例》，"从法规上保障了工人结社、集会、言论、罢工的自由，保障了工人开展政治斗争、经济斗争的自由"。⑥

《宣言》《条例》的颁布极大地推动了工人运动的发展，从1924年开

---

① 刘明逵、唐玉良主编《中国工人运动史》（第二卷），第101页。
② 《民国日报》1921年7月3日。
③ 颜辉、王永玺主编《中国工会纵横谈》，第237页。
④ 中国第二历史档案馆：《中国国民党第一次全国代表大会宣言》，《中国国民党第一、二次全国代表大会会议史料》（上），江苏古籍出版社，1986，第87、88页。
⑤ 中国第二历史档案馆：《中国国民党第一次全国代表大会宣言》，《中国国民党第一、二次全国代表大会会议史料》（上），第36页。
⑥ 刘明逵、唐玉良主编《中国工人运动史》（第三卷），第22页。

始，中国各地又掀起工人运动的高潮。国民大革命运动开始一个月后，面对工农运动的高潮，国民党颁布了《组织解决雇主雇工争执仲裁会条件》，规定由政府委派仲裁代表一人及有关系之双方各派代表两人，组织仲裁会解决劳资纠纷。1926年12月，国民党中央政治会议临时会议做出限制工人运动的决议，其中"关于工会纠纷问题"规定：严禁工人持械游行，工人不得擅自拘人，不得擅自封锁工厂及商店等，来规范工人运动中的"过火"行为。

北方，特别是北京，因为它不是工业中心，长期以来为军阀占据，因此它成为反动、保守分子集中的巢穴。但是由国共两党掀起的轰轰烈烈的国民大革命不可能对北京没有丝毫触动。以北京市当时最大的绸布店瑞蚨祥为例，便可证明革命洪流所带来的冲击。

> 当时正是大革命时期，各行业的工人店员纷纷起来筹组工会，争取工人阶级的合法权益。据说当时有一个自称是关外来的青年人吕和璧来到号里，通过外伙计董立三的联系，使大家明白了革命的道理，后来瑞蚨祥就成立了店员工会。很多外伙计、本屋徒、学徒都参加了，个别小股掌柜也有参加的。这时大家情绪很高，有的店员就直接对掌柜们说："你们坐够了，现在该让我们坐坐了。"为了改善劳动条件、争取业余时间的自由，当时店员工会提的口号是："营业时间绝对遵守制度，不随便缺勤，但必须保证业余时间行动自由。"他们就在这一口号下进行了斗争，也获得一定成绩。后来，大革命形势由于国民党反动派的投降而突然转变，吕和璧和董立三同时失踪，店员工会也散了。封建统治重新笼罩了瑞蚨祥，资方进行打击报复，一百多个参加工会活动的积极分子遭到了解雇。[①]

其实，国民党右派戴季陶、张继等人，很早就想在中共势力较弱的北方，组织由本派势力控制的工会以便与共产党领导的北京总工会相对抗。从1925年初开始，他们就召集一些行帮头目和把头进行筹备，1926年1

[①] 中国科学院经济研究所、中央工商行政管理局资本主义经济改造研究室编写《北京瑞蚨祥》（典型企业调查资料），生活·读书·新知三联书店出版，1959，第29页。

月,这些人宣布成立了"北京工会联合会",可是这个组织不久便垮台了。① 同年国民党北京市党部工人部正式组织了邮政、报夫、水夫、粪夫、人力车夫等5个工会,并介绍工人加入国民党。

1928年6月初,北伐军一路北上逼近北京。自知难敌对手的奉系军阀率部退出北京,国民党北平特别市党部立即成立并开始着手组建工会。6月30日,国民党北平市党部宣布成立"北平市总工会"。7月28日,北平市总工会召开第一次全体代表大会,有29个工会的代表43人参加大会。在此前后,"参加北平市总工会的各业工会有60多个,约有职工8万多人,联系单位的职工共约10万人"。② 国民党政权建立之后,各派系之间争夺十分激烈,对北平市总工会产生了很大的影响。8月13日,平津卫戍总司令阎锡山以有"共党嫌疑"为由,下令军警严厉制止组织工会,解散平津各工会,后来"在市党部的力争下工会方得以保留"。③

国民党为了与共产党争夺对工人运动的主导权,重新按照自己的意志加强对工人运动的领导,从1928年开始,先后制订和颁布一系列劳工的文件和法规来规范包括工会在内的一切人民团体的活动。④ 这些文件与法规收紧了对工人及工人团体的控制,保证了人民团体及其活动在国民党的领导之下并严厉排斥其他党团,特别是共产党组织的工会。例如在《北平市总工会维持队训练计划大纲》中写道:"凡工友在言论行动上有不规则和偏激表现时,我们要加以纠正指导,务使他们去恶就善","凡遇本会或非本会会员时须察其言论行动","凡遇反动分子时,须严审其所发攻击本党或本会的言论是否受人迷惑和指使,若是受人迷惑或指使,须用种种方法探讨出来而明其用意之所在","若是有共产党作他们的后台老板,那么我们就毫不客气地对付他"。⑤ 通过上述种种举措,使得北平的工会组织基本

---

① 〔日〕中村三登志:《中国工人运动史》,工人出版社,1989,第103页。
② 北京市地方志编纂委员会编著《北京志·人民团体卷·工人组织志》,第244页。
③ 刘明逵、唐玉良主编《中国工人运动史》(第四卷),第101页。
④ 主要有《民众训练计划大纲》(1928年5月)、《中央常会告诫全国工会工人书》(1928年12月)、《人民团体组织方案》(1929年6月)、《工会法》(1929年10月)、《工厂法》(1929年12月)等。参见中华全国总工会编《中国工会百科全书》(上卷),经济管理出版社,1998,第986页。
⑤ 北京市地方志编纂委员会编著《北京志·人民团体卷·工人组织志》,第244页。

上控制在国民党的手中,工会组织的数量也有增长,达到45处。[①]

1931年"九一八"事变后,北平250余团体20余万人于9月28日在太和门前举行北平各界抗日救国市民大会,电请南京国民政府对日交涉采取强硬态度。这之后北平市总工会以北平工界"抗日救国联合会"的名义进行活动。抗日战争爆发以后,国民党为了在日军占领下的北平开展地下活动,秘密组织了"抗日建国同盟会",这个组织直接接受国民党党政机关的指示,它的活动方式是在厂、局分别建立小组,并在其中选拔优秀分子组成干部组,直属于同盟会。该会是按行业组织的,由于存在时间很短,只成立了很少的几个分会,后来又改名为"工人建国同盟会"。

抗日战争胜利后,国民党接管北平并开始在各产业、各行业中建立为其所控制的工会组织,以此来防止、限制共产党在华北要地的活动。1945年冬,北平市国民党市党部命令市党部民运科召集各单位工会代表开会,准备成立北平市总工会筹委会。[②] 1946年1月,国民党中央组织部指示北平特别执行委员会:"该市工运亟须加强,希就现地环境及今后需要妥拟办法,提交党政小组通过施行并具报。"[③] 根据国民党当局建议,经过几个月的酝酿准备,在"工人建国同盟会"和一些基层工会的基础上于1946年4月正式举行了"北平市总工会"成立大会。

二 国民党北京市工会的种类与作用

国民党统治下合法存在的工会大致有四类,第一类是由国民党委派其得力干部或培植工人中的中坚分子组成的工会。这类工会主要分布在重要的产业部门,他们理论上完全接受民族改良主义,在政治上坚决拥护国民党,反对共产党。第二类是工人为保障自身经济利益自发组织起来的工会。他们在政治上依附国民党反对共产党,但是对劳工运动的认识和所奉行的劳工政策上又与国民党政府有分歧。第三类是工人为了保障自己的利

---

① 张研、孙燕京主编《民国史料丛刊》(史地·年鉴),《第二次中国劳动年鉴》(中册),大象出版社,2009影印版,第42~44页。
② 北京市总工会《工会志》编辑部编《北京志·人民团体卷·工会志》(终审稿),北京市总工会《工会志》编辑部,2001,第43页。
③ 北京市地方志编纂委员会编著《北京志·人民团体卷·工人组织志》,第246页。

益，反抗资本家的残酷剥削，在革命工会无法存在的情况下，不得不依法到国民党的主管部门去登记立案，接受国民党的审查、指导和监督的合法工会。在这些工会中保留了不少革命影响，甚至还有没暴露身份的共产党员隐匿其间。第四类是只有空架子的招牌工会，是国民党控制劳工运动的工具。这种工会既无群众，又无经常的工会生活，多分布在国民党不很重视的生产部门和地区。① 这四种类型的工会在北京都曾经有过，不过在北京最主要的工会类型是第一种、第二种和第四种，第三种也有，但不是主要的，更没有发挥过主导作用。

长期以来，人们谈起国民党的工会都冠以"黄色工会""招牌工会"来看待，说明它受政府主宰，是官办工会或者只是徒具形式，装点门面而已。不可否认，类似的情况也不能说没有，但绝对不是国民党工会的全部，甚至不是主要的部分，至少在北京，国民党组织的工会还是起到了一定的作用。

其一，缓和劳资矛盾，维护工人阶级的合法利益。抗日战争胜利以后，国民党面临的国际国内局势十分棘手，忙于应付国际事务和国内的政局纷争，各方面的事情纷繁复杂一时难以及时处理，特别是由于8年的抗战，经济已处于崩溃的边缘，广大人民群众的生活处于极度贫寒之中，工人失业现象非常严重，工潮迭起。发展经济，改善民生是各个阶层普遍的愿望和要求，为了平息一触即发的愤怒情绪，北平市总工会出面做了许多缓和劳资矛盾的工作，以保障国民经济的恢复和发展。

1947年10月，双合盛啤酒厂的工人，以通货膨胀、物价飞涨，实际生活水平下降为由，要求资方增加工资，反遭资方反击，裁减工人2/3，劳资双方形成僵局。北平市总工会根据工人的揭发并调查，发现资方为抑制工人、工会达到压迫工人的目的，乃不设法开工，不购原料，却以借债维持现状，以向外显示营业萧条，而实际以往年所得红利，置购房产，不惜以搞垮工厂来达到裁减工人的目的，便向市党部、社会局呼吁，对资方施加压力，勒令资方维持生产，使工人免遭失业。②

---

① 颜辉、王玉玺主编《中国工会纵横谈》，第240~241页。
② 刘明逵、唐玉良主编《中国工人运动史》（第六卷）第248页。

其二，领导工人参加爱国抗暴运动。1946年2月21日，美、英、苏同时公布雅尔塔秘密协定，此协定包括压迫中国承认外蒙古独立，中苏共管中东南满铁路，租借大连、旅顺市港，承认帝俄时代在东北的特权，这些条款使中国政府非常震惊且难以接受。当重庆青年学生与工人上街游行谴责帝国主义国家的无耻行径时，2月26日，北京市总工会立即响应这一运动，率领数万名工人集中于天安门广场，许多工人代表慷慨激昂登台演讲，反对帝国主义国家背着中国政府出卖中国的领土与主权完整并提出四项主张，情形十分紧张，会后工人冲击了东交民巷的使馆区。① 国难当头时，工会领导工人宣示了中国工人阶级维护国家主权与领土完整的决心与力量。

其三，参与镇压中共地下党，充当国民党反共的先锋。抗战胜利后，国民党政府对北京工人队伍的状况极为重视，极欲从组织上、思想上加强对工人运动的控制，极力排斥共产党并与之争夺对工人群众的领导权。1945年12月，国民党中央组织部制定了《辅导工业人才使成为革命干部办法》，要求遍查工业人才并进行登记，争取其入党入团，充当各级革命干部。1946年7月，国民党中央制定了《复员期间领导工人运动办法》密件，要求"采用公开与秘密相结合的领导方式，打击异党暴乱阴谋"。所谓"公开"的方式，就是由"社会行政机关依法领导各业工人，成立各种工人团体，并依照劳工政策积极公开领导"，把工人运动完全置于国民党的控制之下；所谓"秘密"的方式，就是由"党部指挥党团员在各工人团体中组织党团，以建立国民党在工人团体中之核心领导力量，秘密的扩大领导作用"。② 密件提出控制工人运动的方针和措施，指令各省、市由党政机关会同有关军警机关设立"工运指导机构"，以便"统一领导"，它的实质就是在国统区加强对工人的统治，把工会纳入反共的轨道。

国民党政府通过采取这些手段，"北平市各基层工会组织的骨干分子，绝大多数都是国民党党员，这样，工会的领导权必然操纵在国民党手里，

---

① 中国劳工运动史编纂委员会编纂《中国劳工运动史》，中国劳工福利出版社，1966，第1589页。
② 刘功成：《中国工人运动史研究30年文选》，辽宁人民出版社，2011，第99页；颜辉、王永玺主编《中国工会纵横谈》，第10页。

基层工会的领导成员，如理事长、常务理事等，又多是中统特务人员，所以中统势力在工会中起着很大作用"。①

1946年的"中山公园音乐堂事件"、②"六二"罢工，③ 就是典型例子。1948年4月，在国民党中统的指挥下，北京市各行业工会中成立了"清共委员会"。各单位工会在"清共委员会"的指挥下，普遍成立了"清共先锋队"。1948年底，北京已经解放在即，国民党市政府的社会局还在工会组织中成立了工运委员会，并由工运委员会指导各单位成立了通讯小组，布置情报网络，北京市的工会领导权依然掌握在国民党手中。

总之，国民党为了发展民众运动，夺取革命成功并巩固其统治，十分注意组织工会的工作。于1926年和1945年两次在北京组建市级工会并延伸到各行各业，一直到基层，不断努力发展会员，扩充自身势力，形成了在国民党市党部直接控制下一股非常有效的社会力量。

第五节 1949年之前中共领导下的北京工会及其活动

一 长辛店工人俱乐部：北方的"工界明星"

马克思主义真正开始在中国传播是在俄国十月革命胜利以后，广泛传

---

① 中国人民政治协商会议北京市委员会文史资料研究委员会编《文史资料选编》（第43辑），第209页。
② 1946年政协会议决定该年5月5日召开国民会议，制定宪法。国民党为了控制即将召开的国民大会（简称国大），强制推选"公民宣誓"，如果谁不宣誓效忠国民党，就取消谁的公民权和选举权。4月18日，在中共地下党的领导与组织下，准备4月21日下午在中山公园音乐堂召集各民主党派、人民团体和青年学生举行"国大代表选举问题讲演会"，谴责这一践踏民主原则的做法。4月21日，北平总工会筹备会负责人和邮务工会、电车工会、自来水工会、电信工会等九个行业负责人赶到中山公园与暗藏的特务人员带头捣乱，并打伤场内的民主人士，破坏了民主大会的进行。参见胡庆云《解放战争时期的第二条战线》，国防大学出版社，2000，第125~128页。
③ 1946年中共地下党准备领导学生进行"六二"游行，国民党获悉后十分惊惧。5月30日，国民党当局在西单电车站售票款中，一次发现六张千元法币上写着"为了反内战，六二大家起来罢工、罢课、罢市"字样的钞票。北平市总工会接受市党部、社会局的指示，对各行业罢工工人加紧监视。6月2日，北平市总工会下属的各工会组织出动力量，密切配合国民党的军、警、宪、特阻止工人罢工、学生游行。参见郭晓平《第二条战线史论》，中央文献出版社，1997，第176~178页。

播则是在"五四"运动之后。早期马克思主义者李大钊在十月革命后即号召知识分子到工厂去,到农村去"与劳工阶级打成一片",① 发动工农运动。但是,"五四"运动之前马克思主义在中国的传播还仅仅局限在知识界,特别是少数知识分子中间,马克思主义与中国工人运动结合的条件还不成熟。"五四"运动中工人阶级所展示出来那种昂扬斗志,他们蕴含的变革社会的巨大潜能让各界人士都"刮目相看",可以说中国工人阶级经过半个多世纪的风雨洗礼,正在逐步走向觉醒。

可是,正如列宁所言:"工人本来也不可能有社会民主主义的意识。这种意识只能从外面灌输进去。全国的历史都证明:工人阶级单靠自己本身的力量,只能形成工联主义的意识。"② 因此,工人阶级要想完全挣脱封建绳索的束缚和资产阶级的压迫,实现自身的解放就必须要有先进思想武器的指导。质言之,工人需要马克思主义理论指导才能展示力量,马克思主义理论需要工人阶级才能发挥作用,工人犹如干柴,马克思主义犹如烈火,二者结合才能熊熊燃烧。那些从工人阶级身上看到希望、找到归宿的知识分子下决心到工人中去,了解工人的疾苦,向工人阶级大力灌输、宣传马克思主义。因此"五四"运动之后,马克思主义与工人运动迅速结合。

长辛店距北京城区20公里,离卢沟桥不远,地处桑干河的南边。戊戌变法时著名的维新志士谭嗣同诗中赞称:"山形依督亢,天影接桑干",是历史形胜之地。1901年,法国和比利时修筑京汉铁路时,修建了长辛店机厂,开始该厂只有一间厂房,以后陆续经过扩充车间,从此长辛店成为北京铁路工人最为集中的地区。"20世纪20年代初,这里却成了北方地区工人运动的中心,是各地工人最关注、最向往的地方。"③

1919年3月在李大钊的指导下,邓中夏在北京大学组织了"平民教育讲演团",其宗旨是"增进平民知识,唤起平民之自觉",④ 在北京城内定期作讲演。"五四"运动中,长辛店成立了以工人为主体的各界救国联合会,初步奠定了铁路工人组织起来的基础。"五四"运动后,邓中夏大量

---

① 雷清主编《马克思主义中国化简明读本》,中共中央党校出版社,2011,第39页。
② 《列宁选集》(第一卷),人民出版社,1972,第247页。
③ 樊济贤:《长辛店——北方工人运动的重要发源地》,《工会理论与实践》2003年第4期。
④ 《北京大学日刊》1919年8月7日。

吸收会员，扩大组织力量，除在城市讲演外，"注重乡村讲演、工场讲演"，①使原来讲演对象仅限于城市贫民和小资产阶级而扩大到工人和农民中。

1920年4月3~8日，北京大学放春假，平民教育讲演团决定利用假日到长辛店。讲演团到农村后，先放留声机，吸引群众，然后讲演。他们放下架子，虚心学习，与工人同吃、同住，打成一片，获得了工人的信任。讲演的内容主要有《共和国民应有的精神》《破除迷信》《为什么要读书》等来唤醒工人、农民的思想觉悟。讲演语言使用日常口语，从思想感情上接近工人、农民。经过一系列的精心工作，平民讲演团收到了很好的效果："居民皆前拥后随，得以听讲为快。"②讲演团与长辛店各工厂建立了联系，博得工人的好感，以致"长辛店盼望本团讲演非常迫切"。③正是在邓中夏的领导下通过到长辛店进行演讲，"才为他日后深入长辛店铁路工厂，举办劳动补习学校，组织工人俱乐部，领导工人运动奠定了基础"。④

1920年12月19日，李大钊派邓中夏、张国焘等4人，到长辛店召开"劳动补习学校"的筹办会议。据邓中夏当时记述，工人们见到他们都"十分欢迎"，对他们很亲热，"好比亲兄弟一般"。张国焘向工人说明创办劳动补习学校的必要："为什么我们工人终日辛苦做工，而不得饱暖；而那帮不做工的官僚、政客、资本家等却高楼大厦，衣锦食肉。他们的钱哪里来的，他们的衣食住哪里得的，都是由我们工人血汗成的。……现在我们想得回幸福，非先有知识不行，所以我们要设立这个学校。"⑤张国焘演讲的时候，在座的工人，"个个都点头像有点感动的觉悟的意思"。⑥

在疾风暴雨式的鼓动、宣传之下，中国出现了一批最早的马克思主义者和他们建立的共产主义小组。1920年3月，在李大钊的领导下，由邓中

---

① 《北京大学日刊》1920年8月16日。
② 《北京大学日刊》1921年9月29日。
③ 《北京大学日刊》1920年10月12日。
④ 刘明逵、唐玉良主编《中国工人运动史》（第二卷），第199页。
⑤ 心美（即邓中夏）：《长辛店旅行一日记》，《晨报》1920年12月21日。
⑥ 心美：《长辛店旅行一日记》，《晨报》1920年12月21日。

夏、高君宇等十几人秘密组织了"北京大学马克思学说研究会",12月由李大钊发起,又组织了"北京大学社会主义研究会"。在湖南,毛泽东发起并组织了一个以传播马克思主义为主体的革命团体"文化书社"。在共产主义小组的帮助和领导下,1920年10月,第一个现代意义的工会组织上海机器工会成立。之后,由共产主义小组组织和指导成立的工会组织如雨后春笋般涌现,北京的长辛店工人俱乐部就是在这之后成立的。

1921年1月,长辛店劳动补习学校开学。"劳动补习学校以提倡平民教育为名,实际上是对铁路工人进行马克思主义的宣传和教育",[1] 提高工人阶级觉悟,并借此接近工人,培养工人骨干,为建立工会直至党组织做思想和组织准备。"这个学校当然只是我们党在此地工作的入手方法,借此以接近群众,目的在于组织工会。"[2] 长辛店劳动补习学校,是共产主义小组在北方建立的最早的一所学校,它也是共产主义知识分子宣传马克思主义的基地,"为开展工人运动培养了一批骨干",不仅"直接推动了长辛店工人俱乐部(工会)的成立和京汉铁路北段工人运动的开展,而且为后来北方工人运动的发展奠定了基础"。[3]

经过几个月的筹备酝酿,1921年5月1日劳动节纪念大会上,通过了成立长辛店工会的决议,建立"工人俱乐部"。长辛店工会是第一个按产业原则建立的新式阶级工会。虽然由于缺乏经验,它在成立之初"并未切实组织",但对北方各地的工会运动产生了很大的触动和影响。而且长辛店工人俱乐部一成立就领导工人向工头展开了激烈的斗争,取得了群众的信任,参加工会者日益增多。长辛店工人俱乐部成立后,保定、天津、郑州等地纷纷派代表前去参观学习,并仿效长辛店的经验组织工人俱乐部或工会。《共产党》月刊曾热烈称赞它"办会很有条理","实可令人钦佩,不愧乎北方劳动界的一颗明星"。[4]

---

[1] 闵维方、周其凤:《北京大学与中国共产党:纪念中国共产党成立九十周年》,北京大学出版社,2011,第73页。
[2] 中共北京市委党史研究室编《北京革命回忆录》(第一辑),《中国职工运动简史》,北京出版社,1991,第181页。
[3] 樊济贤:《长辛店——北方工人运动的重要发源地》,《工会理论与实践》2003年第4期。
[4] 《共产党》月刊第6期,1921年7月7日。

1921年9月，中国劳动组合书记部北方分部在北京成立，它继续加强长辛店的工会工作，派邓中夏到长辛店发展中共党员、整顿工会组织，把工头、员司和路警清除出去，把"长辛店京汉铁路工会"改名为"长辛店铁路工人俱乐部"，制定了《长辛店工人俱乐部简章》，健全了工人俱乐部的内部机构，并成立了工人纠察队、讲演团和调查团。至此，长辛店工人俱乐部成为一个组织严密、战斗力很强的统一的工会团体。

长辛店铁路工人俱乐部成功的经验成为北方分部推广的典型，有力地推动工会组织的发展，正如邓中夏所言："共产党北京党部出了一个《工人周刊》……长辛店工人俱乐部一切活动，当然在此刊物上尽量宣布，这样一来，使得北方各地铁路工人知道长辛店有个俱乐部，大家不觉油然而生羡慕之心；在当时工人们仿佛觉得长辛店是工人的'天国'，于是各处纷纷派代表前来长辛店参观。这当然不用说给了我们更好的机会，乘时宣传，各地代表归去后也模仿长辛店组织起俱乐部了。因此，北方各铁路开始有了工会组织的萌芽。"[1]

二 屡仆屡起：中共领导下的北京工会运动

中共"一大"确定的工作首先是"组织工会和教育工人"，中国劳动组合书记部成立后大力对工人进行宣传教育和组织工人的同时，也开始领导工人的罢工斗争。1922年1月，香港海员大罢工以后，中国工人运动呈现了蓬勃发展的大好形势，并迅速进入高潮。同年7月中共在上海举行了第二次全国代表大会。大会研究了党成立一年来工人运动的状况，总结了工运工作的经验，在共产党与工会的关系上指出，共产党是"一个人的头脑"，而"全体工人便是人的身体"；在工会运动的联合和领导权问题上，指出"共产党人在国民党、无政府或基督教所组织的工会里面活动，不得任意引导工人脱离已成的工会。我们的战术是要在他们的势力下的工会里面，渐渐积成势力，推翻国民党、无政府党或基督教的领袖地位，自己夺得领袖地位"。[2]

---

[1] 邓中夏：《中国职工运动简史》（1919～1926年），载《邓中夏文集》，人民出版社，1983，第437页。

[2] 李善塘等主编《中国共产党自身建设70年》，白山出版社，1991，第54、55页。

1922年下半年，北方区以铁路罢工运动和开滦煤矿大罢工为主形成罢工潮，是当时全国罢工高潮发展最快的地区之一，长辛店工人罢工成为北方铁路工人罢工运动的起点，也是劳动组合书记部领导的北方区工人运动的第一次战斗。早在1922年6月，长辛店工人俱乐部根据工人们的意见，向北京铁路局局长提出开除总管工头、增加工资改善待遇等8项要求。呈文一月有余，铁路当局一直不予理睬。8月24日，在邓中夏领导下，全厂3000多名工人举行罢工。罢工开始后，铁路当局和军警联合企图以武力镇压罢工工人，工人群众毫无畏惧，据理力争，几经回旋周转，北京铁路局当局害怕罢工风潮扩大到全路，只得与工人代表谈判。最后，罢工取得胜利。长辛店工人罢工胜利影响下的罢工风暴席卷了北方各铁路干线。

面对愈演愈烈的工运狂潮，直系军阀撕破"保护劳工"的面具，对工人群众进行了"二七"屠杀，公开对工人运动进行镇压，此后，其控制的地区工人运动进入长达两年的低潮期。在长辛店，乌云密布，街上三步一岗，五步一哨，工会被查封，工人运动者有的被杀，有的被捕，有的受伤。铁路当局对工人活动严密控制，工人必须保证不再组织工会，否则一律逮捕治罪。当时工人们编了一首歌描述这种现象：

<blockquote>
京汉路变成饥寒路，失业工人流落在街头；
琉璃河变成流泪河，眼泪比河水还要多；
长辛店变成伤心店，伤心的事说不完；
工人哪个能吃饱，工人哪个能穿暖。①
</blockquote>

第一次工人运动高潮的惨败对中共的打击是巨大的，使其认识到单纯依靠工人的力量不可能领导革命走向胜利，要想尽快取得革命事业的胜利必须联合其他阶级、阶层，"到国民党中去进行政治活动"是当时的共识。否则前景将"是暗淡的"。②

1924年国共合作以后，工人运动首先在国民党控制下的广州开始复

---

① 中国铁路史编辑研究中心、全国铁路总工会工运理论政策研究室：《二七革命斗争史》，当代中国出版社，1993，第150页。
② 《马林给共产国际执委会的报告》，载《马林在中国的有关资料》，人民出版社，1980，第21页。

兴,继而逐渐向北方发展。2月7日,在李大钊的领导下,中华全国铁路总工会在北京秘密成立,可是在5月就被查封。① 10月份,北京发生"北京政变",冯玉祥表示倾向革命,使白色恐怖气氛大为缓解。1925年3月,北京印刷厂工人举行罢工,② 中共北京党组织在印刷工人中组织了"工人同志会",会员有260多人。五卅运动爆发后,北京印刷工人在工人同志会的基础上组织了"北京工人雪耻会",拥有会员2000多人。同时党组织还在东城、南城、西城设立了三个半秘密状态的"工人俱乐部"以及机器工人俱乐部,分别联系三个区的工人群众。

在"工人同志会"和工人俱乐部开展活动的基础上,成立北京总工会的条件日益成熟。1925年10月25日,"北京总工会"这个名称第一次公开在社会上出现并发表对时局宣言。12月,北京总工会出版北京工人丛书,发布《北京总工会章程》。1926年1月1日,北京市总工会宣布正式成立,并发表了《北京总工会成立宣言》。北京市总工会成立后,会员迅速增加,各行业工人都以他们的行会组织要求加入总工会。5月1日,中华全国总工会副委员长刘少奇在第三次全国劳动大会上所做的《一年来中国职工运动的发展》报告中指出:"北京职工运动亦于此时兴起,组织有北京总工会,共有工人万余人,为北京从来所未看见的现象。"③ 可是,1927年奉系军阀逮捕并杀害了李大钊等20人,其中包括北京总工会的负责人,随后,北京市总工会被迫停止活动。

1927年6月,中共第四次全国劳动大会在汉口召开。大会对北京各地的工运工作,指示如下:"准备实力,响应武汉国民政府的第三次北伐;不断举行经济斗争,要求规定最低工资,加强工人的团结;全国总工会在北方设立办事处,领导北方的工作","保持工会公开的或秘密的组织,进行组织、训练及鼓动工作"。④ 出席第四次劳动大会的代表——北京京华印

---

① 王建初、孙茂生主编《中国工人运动史》,第98页。
② 22日印刷工人做夜班准备收工,老板不允引发工人集体串联罢工。在罢工第二天中共北京区委即派出陈为人与罢工工人取得联系,指导工人罢工。参见北京市地方志编纂委员会编著《北京志·人民团体卷·工人组织志》,第355~356页。
③ 中华全国总工会中国工人运动史研究室:《中国工会历次代表大会文献》,工人出版社,1984,第64页。
④ 〔日〕中村三登志:《中国工人运动史》,第126页。

书局工人、共产党员赵铨林返回后,接受中共北京党组织指示,再次准备重新组建北京总工会。10月初,北方局决定在奉军败退卢沟桥时于城内举行起义,建立北京苏维埃政府,阻止晋军入京。北京总工会也于10月10日在西城藤牌营4号召开成立大会,健全了领导机构,组织了交通、纠察、破坏、特务、侦察、宣传等6会队,分别联系群众,做起义准备。由于北京市委一些领导人对北方形势的错误估计,采取了盲动主义的不适当行动,结果起义失败,北京市总工会系统首先遭受破坏,工会干部10人被杀害,北京总工会再次夭折。①

土地革命战争时期,北京市总工会由于现实政治环境的严酷和党内"左"倾错误的统治,影响力十分微弱。1928年中共顺直省委关于职工运动的决议案中明确指出,② 北京总工会应该恢复,但是未能恢复。之后,中共北京市委要求党员深入细致地做工人群众的工作,特别是产业工人的工作,以打破国民党领导下的工会,建立赤色工会。经过艰苦细致的努力,中共在平汉、平绥、平奉三条铁路的各大站、北京城内各行业和门头沟煤矿的工人中发展党员,通过建立党组织进而组织了秘密工会组织。但是由于党内的"左"倾统治,这些组织很快就断送在"飞行集会"等"左"倾活动中。

1930年4月,在中共的影响下,西单牌楼地区的人力车夫400人成立了自己的工会。8~9月间,中共北京市委领导的工会组织有北京工人联合会、汽车工会、邮务工会、铁路工会、人力车夫工会。10月5日,召开北京市工人代表会议,正式成立了北京总工会。1932年上半年,中共北京市委领导下再次成立北京市总工会,下设门头沟矿工工会、人力车夫工会、清河镇绒呢厂失业工人联合会。可是这两次成立的北京市总工会存续时间很短。实际上自1927年国共分裂以后,当时中共领导的革命力量非常弱小,没有可能冲破国民党的统治,争得赤色工会公开存在的可能。1930年全国总工会负责人之一的罗章龙就指出:"自1927年失败后,全国革命工会运动遭到了极残酷的摧残,毫无半点公开活动的机会,陷于极端秘密的

---

① 中共北京市委党史研究室编《中国共产党北京历史》(第一卷),北京出版社,2011,第163页。
② 中共顺直省委于1927年6月在天津秘密组建,其工作范围包括北京、天津、河北等地区。

状态，以至工会下层组织都趋于瓦解"，"赤色工会在这一时期内仅仅只表现在政治上的号召，对于组织的发展成为一种名存实亡的现象，更谈不上什么群众组织，即或者有组织的地方（如上海）基础极其薄弱。""到第五次劳动大会时，全国有组织的赤色工会会员将近3万人。当然在组织上还是表现得极其涣散，下层组织基础不健全，尤其是组织上表现不固定的形式，赤色工会组织和会员多半随着斗争成败而增减，形成极其流动而不固定的状态。"[①] 罗章龙分析了1928年到抗日战争结束以前国统区工人运动的情况，这期间中华全国总工会也迁移到中央苏区，工会运动主要在中国共产党的根据地展开活动。北京虽然还有中共地下党指示的各种形式的工人斗争，但工会领导的斗争却难成气候。

三 筹备入城：国共内战时期的中共北京市总工会

1945年9月，中共晋察冀中央局批准成立中共北京市委员会，市委下设工人工作委员会、平民工作委员会、铁路工作委员会、学生工作委员会、文化工作委员会、警察工作委员会。其中工人工作委员会、平民工作委员会、铁路工作委员会，主要负责在北京各工矿企业职工、各行业职工和铁路职工中建立工会组织，开展工人运动。1946年6月国共内战爆发，工作环境恶化，为了适应工作需要，北京市委撤销，北京地下党的工作由晋察冀中央局城工部领导，北京地下的各个工作委员会建制不变。

1948年5月晋察冀和晋冀鲁豫两个中央局合并为华北中央局，两个中央局的城工部合并为华北中央局城工部，北京地下党组织由华北局城工部领导。

1948年底国共战场上的军事形势已经明朗化，解放北京指日可待。为了做好北京解放后的工会工作并建立全市统一的职工总会筹委会，华北局城工委萧明首先把从华北解放区、北京地下党等处抽调来的人员组成一个训练班，白天大家分头跑工厂、下基层，晚上组织这些人学习中共政策。[②]

[①] 文虎（罗章龙）：《中国职工运动状况》（1928~1930），载《中国工运史料》第23期，第189、191页。

[②] 冯军：《北京解放初期工会干部队伍的组成与发展》，《北京市总工会成立四十周年纪念文集》，1990，第63页。

第一章　中共建政前北京市工会组织概况

其次派出39个工作组，分赴城外业已解放的各区、各厂进行工作。解放军解放平郊一个厂矿，就迅速建立一个基层工会筹委会，为入城后筹建市职工总会做准备、打基础，积累经验。①

1949年1月6日，中共北京市委在良乡召开准备进城接管工作的北京各区区委书记和区长工作会议，市委书记彭真在讲话中要求进城后，每个区都必须花相当大的力量做工人工作，北京市委责成市工委书记萧明具体主持北京市职工总工会的筹建工作。

1月中旬，北京市工委在良乡举办为期半个月的职工训练班，为进城后筹建北京市职工总会做组织上的准备。1月下旬解放军即将入城，萧明率领20位工会工作人员进驻青龙桥村，与中华全国总工会及中共北京市委有关部门一起拟定出北京市职工总会筹备委员会的组织及工作大纲。

为保证进城后工会工作计划的完成，进城前萧明反复抓了三个落实：

1. 反复研究进城后如何迅速展开"工总筹"的筹备工作。

2. 会同市委组织部门起草和落实进城后派至各较大厂矿企业和各区三十九个工作组的名单。

3. 根据彭真等中央领导同志接见进城人员的指示，对进城的工会机关干部进行了时事、政策和纪律教育。②

此外，为了保证工作顺利开展，萧明还请教了从北京城里出来向市委汇报工作的地下党市政工委负责人，听取他们关于建立"工总筹"和基层工会的建议："要多听取地下党员的意见，建立基层工会筹委会要先从地下党基础较好的大厂矿企业着手。"③

1月31日，北京和平解放，萧明率领部分工委干部由青龙桥出发进入北京，迅速在19个主要企业和20个区开展工作，筹建工会。1949年2月

---

① 陶小康：《北京工人运动四十年》（概况），载《北京市总工会成立四十周年纪念文集》，北京出版社，1990，第78页。

② 刘哲民：《北平市职工总会筹委会成立的前前后后——回忆肖明同志解放前夕和解放初期的一些活动》，载《北京市总工会成立四十周年纪念文集》，第16页。

③ 刘哲民：《北平市职工总会筹委会成立的前前后后——回忆肖明同志解放前夕和解放初期的一些活动》，载《北京市总工会成立四十周年纪念文集》，第16页。

7日，北京市34000名职工在东单广场举行"纪念二七罢工二十六周年大会"，宣布北京市职工总会筹备委员会正式成立。

17世纪末18世纪初，英国工商业中的行会组织已经衰落，不发生什么作用，由于经济的迅速发展，技术熟练工人为保护自己的经济利益不受雇主侵害而联合起来组成组织，这就是最初的工会。各国工会组织的产生方式并不一致，欧洲大陆国家受经济发展和历史传统的影响，他们的工会多由行会转身而来，但是工会职能、作用基本相同，都是维护并改善工人工作条件、环境的工人自治性组织。

近代中国社会的经济发展滞后，工人阶级及保护自己权益的工会组织的出现皆晚于欧洲，而且工人阶级最早还是产生于外国在中国创办的各类企业中，中国的工会组织也是受外部刺激下而产生的，它脱胎于半殖民地半封建的社会，因此它既有封建行会的影子，也有革命斗争的思想，种种内外因素的交汇融合，中国的工会往往很难成为工人阶级自治性的组织。

自中国进入风云动荡的革命战争年代后，无论什么政治力量都想控制、利用日益壮大的工人阶级及其组织，为特定的政治目的服务，这一方面使工人阶级及其组织脱离了自身发展的轨道，也注定了中国工人阶级、工会发展不会一帆风顺。

北京的工业并不发达，但特殊的政治地位使其成为各种政治势力必欲争夺的对象，自从20世纪20年代中期开始，国共双方都在争夺北京的工人阶级，并建立自己的工会组织。但是，1949年之前北京的工会领导权始终掌握在国民党政府手中，共产党支持和领导的工会组织基本上都处于地下活动状态。这也说明，工会深深地依赖于政府机构，单纯的、自治性质的工人组织不可能存在，工会一开始就有"官治"色彩。

第二章
北京市私营企业工会的建立

北京解放后，北京市总工会主要采取"自下而上"的方式在私营企业建立各级工会组织，但以这种方式组织的速度比较慢，所以从5月底开始，北京市总工会采取"自上而下"的方式迅速地组建各级工会组织，可是这种方式的组织速度仍然与北京市委要求迅速把工人阶级组织起来进行生产建设的目标不相适应。8月份开始使用"集体动员、分头行动"的方式来建立基层工会组织。由于中共长期以来的"左"倾影响，加之建立工会组织的速度太快、工作过粗，建立工会过程中不时发生"关门主义""形式主义"等现象。主持全国工会工作的李立三倡导"大家办工会"的模式，但是这一主张无论在理论层面还是在实践方面都与当时社会政治现实存在诸多龃龉。由于北京市委及总工会很难解决工会建立中出现的问题，已经建立起来的工会组织也难以保持独立、顺畅的发展，甚至很难给自己一个准确的职责定位，而是紧跟当时国家的号令开展工作，因此，建立起来的工会组织往往陷入涣散—整顿—再涣散—再整顿的循环模式之中。

第一节 北京市私营企业工会的创建

工会是维护工人阶级合法权益的群众性自治组织。中国共产党是工人阶级的政党，中共一大通过的决议中就明确强调："我党的主要目的，在组织各种产业工会"，要把全国工人组织起来。中国共产党成立后不久，就在上海建立中国劳动组合书记部作为领导与组织工人运动的总机构。自此之后，中共领导下的工会带领工人群众冲锋陷阵，"成为无产阶级向统治阶级斗争的有力工具"。①

中共领导的新民主主义革命即将全面胜利之际,工会工作更被提到一个特别重要的地位上来。1948年8月,在哈尔滨召开了第六次全国劳动大会,《决议案》中写道:"解放区的职工们必须很好的组织起来,并很好地进行学习,提高自己的觉悟","以便很有组织地很自觉地去积极参加新民主主义的国家政权、军队、经济、文化各方面的建设工作"。② 中共七届二中全会上,毛泽东明确指出,"党的工作重心由乡村移到了城市","在城市斗争中,我们依靠谁呢?有些糊涂的同志认为不是依靠工人阶级,而是依靠贫民群众","我们必须批判这些糊涂的思想。我们必须全心全意地依靠工人阶级"。③ 1949年4月,北京市委在《关于北平市目前中心工作的决定》中强调:"工人是我们恢复和发展生产的主力军和最基本的依靠,他们的组织程度和觉悟程度如何,乃是决定恢复与发展生产及其他建设工作成败的第一个关键。"④ 7月,中华全国总工会要求用一年左右时间,尽快把工人群众组织起来,投入建设新中国的伟大斗争。⑤ 8月,新华社发表社论再次强调,工人阶级"只有组织起来,才能胜利地担负起工人阶级在新民主主义中国的政权建设与经济建设中所负的领导阶级的历史使命"。⑥

很明显,如何在国民党政府原来控制的城市迅速有效地把全体工人组织起来进行新民主主义国家建设是新政府面临的一个十分迫切的任务。

一 进城之初创建基层工会的条件分析

北京是中共在华北解放的大型城市之一,虽然它的现代工业比上海、天津要逊色一些,然而解放它的政治意义却是上海、天津所无法比拟的。

---

① 刘明逵、唐玉良主编《中国工人运动史》(第二卷),第248页。
② 中华全国总工会中国工人运动史研究室编《中国工会历次代表大会文献》,工人出版社,1984,第463页。
③ 毛泽东:《在中国共产党第七届中央委员会第二次全体会议上的报告》,载《毛泽东选集》,人民出版社,1991,第1427、1428页。
④ 北京市档案馆:《北平和平解放前后》,北京出版社,1988,第452页。
⑤ 北京市总工会编写组编《工会基础知识》,经济科学出版社,1987,第41页。
⑥ 中央档案馆编《中共中央文件选集》(第十八册)(一九四九年一月至九月),中共中央党校出版社,1992,第559页。

因此，还在北京未解放之前中共中央就向全总党组发出指示，要求北京解放后，"全总即应迁至北平"，"派出得力干部"，"率领一批工会干部"准备参加北京的接收工作，"并在市委领导下进行工会工作"。① 在中共北京市委指导下，市工委做了大量干部储备与培训工作，以期在工会组建中顺利、稳步地建立起各级工会组织。

1949年1月31日，北京实现和平解放。31日晨，天还未亮，中共北京市工委书记"萧明同志就率领部分工会干部乘卡车由青龙桥出发，浩浩荡荡地开进了北平城"。②

相较于解放以前中共在北京市组建工会，这一次重建工会既有有利条件，也有不利因素。它的有利条件主要是：

其一，1949年之前中共是靠地下党组织或个别党员来秘密地筹建工会，秘密地开展活动。这一次是在北京和平解放，中共即将成为执政党的条件下，"时移势易"为建立工会组织提供了强有力的政权保障。

其二，北京市有大量的中共地下党成员潜伏在各工厂、企业，长期坚持"隐蔽精干"的方针，战斗在国民党政权的"心脏"系统。"到北京解放前夕，全市地下党员已发展到3376人，其中属于华北城工部系统的2862人"，"分属市政工人工作委员会的308人"。③ "市工委进城以后，立即吸收了一批地下党员参加工会工作"，④ 他们对北京市内情况比较熟悉，非常有利于就地开展工会工作。

但是北京的情况非同一般城市，在实际组织过程中还有许多不利的因素。

其一，工人分散、不集中，思想纷繁复杂。1949年之初，北京的工商业较之上海、天津来说并不发达，依然是一个消费城市。据1948年统计资料显示，北京的人口大约200万人，大小工厂、作坊共有

---

① 《中共中央关于请派干部准备参加平津接收工作给全总党组的指示》，中华全国总工会编《中共中央关于工人运动文件选编》，档案出版社，1984，第271页。
② 北京市总工会工人运动研究会编《北京市总工会成立四十周年纪念文集》，第16页。
③ 中共北京市委党史研究室编《中国共产党北京历史》（第一卷），第639页。
④ 冯军：《北京解放初期工会干部队伍组成与发展》，载《北京市总工会成立四十周年纪念文集》，第64页。

13286个，其中有44个是官僚资本企业，产业工人8万多人，仅占全市人口的2.8%。① 为数众多的是私营商业、手工业、小作坊等小型企业，这些企业分散在市内各个街区，这给中共组织和教育工人带来很大的困难。工人思想倾向及对工会的认识上也存在许多不同的观点。政权更迭影响下的北京工人大都有"左"倾的思想和行动，如中新印刷厂，"工人对资本家不尊重，不听说，怠工，到时间也不上班，说话态度不和蔼，仇视态度"。② 也有的工人思想模糊对工会认识不清，有"庸俗的近视的经济观点"，③ 只要求资本家提高其工资。而布业是封建传统相当强的一个行业，因此大部分工人对工会"怀着恐惧心理，怕工会强迫他们斗争资本家失掉饭碗"，甚至"对筹委最初就抱着敌视的态度，还不准筹委在柜前说话"。④

其二，有些资本家对中共在工人中组织工会持有很强的抵触心理。新中国成立之初，资本家对共产党"公私兼顾，劳资两利"政策理解并不深刻，加之受解放区土地改革及解放石家庄、天津之后工人"左"倾行为的影响，他们对共产党组织工会从内心中既抵触也害怕，害怕共产党的"共产"主义，担心自己几十年打拼的财产被"共产"掉；又害怕工会建立之后，工人自恃有工会撑腰难以管理。如第一区泰和兴鞋店，对"工人参加工会或上夜校仍是不满意或仇视的态度，如参加了工会就准备专找工人的毛病，言营业不好，准备遣散工人"。物彩华鞋店资本家认为成立了工会，自己"在厂内的权力就少了"，"我的工作为什么要叫职工代表商议？"⑤

其三，虽然工会工作人员对建立工会组织满腔热情，但是许多与工会相关的政策法令并没有及时制定出来，很容易造成混乱现象。对此，在1949年8月召开的全国工会工作会议上李立三直言不讳地指出："六次劳

---

① 宋湛：《北京现代工业基础的建立》，《北京党史》2005年第4期；北京市地方志编纂委员会编著《北京志·人民团体卷·工人组织志》，第27页。
② 《北京市工会第一区办事处1949年月度、季度工作报告、行业调查报告、各工作组工作报告、宣传工作报告》，1949，北京市东城区档案馆004/01/0001。
③ 《北京市外二区工商业情况》，1949，北京市档案馆038/002/00008。
④ 《北京市工会第一区办事处1949年月度、季度工作报告、行业调查报告、各工作组工作报告、宣传工作报告》，1949，北京市东城区档案馆004/01/0001。
⑤ 《北京市工会第一区办事处1949年月度、季度工作报告、行业调查报告、各工作组工作报告、宣传工作报告》，1949，北京市东城区档案馆004/01/0001。

大虽然规定了工运的方向,但对工会各方面的制度、规章都没有规定,如会员问题,工会如何组织,工会机关如何建立,工会经费、编制、系统及各种系统的相互关系等问题,都没有一定的制度,因而形成各地的混乱状态,许多工作的进行都非常困难,不能有条理有计划地去做。"①

综合以上情况可知,新中国成立之初的北京市工会工作非常艰辛,一方面有政治上的优势,另一方面在实际工作中又"关隘"重重,以何种方式把工人组织起来是工会工作者面临的一个重大考验。

二 基层工会的建立方式

(一)"自下而上"地创建工会

北京市总工会依据中共革命战争年代创建工会的历史经验,② 选择"自下而上"的方式建立工会组织,这种方式对于中共来说是非常熟悉的,"尤其是在白色恐怖之下或战争环境中,只能如此"。③ 同时,共产革命是群众革命,通过群众运动的方式实现既定目标符合自身逻辑,那么,发动与组织工人群众最好的方式就是"自下而上"。事实也是这样,北京解放后,工会工作组走街串厂对工人进行启蒙教育,促使积极分子队伍迅速扩大,"工人们和家属们组成了一支支秧歌队、宣传队,经常走上街头游行宣传。造成解放后万众欢腾的热烈景象,劳苦群众笑逐颜开、欢声飞扬。大众的热烈情绪,加速了人民政权和工会组织的建设工作"。④ 因此,采取"自下而上"的方式筹建工会既符合中共的历史经验,也关照了现实发动、教育工人群众的需要。

所谓"自下而上"的方式组织工会,李立三多次在关于工会组织工作的讲话中指出,"在各个小单位,先搞小组,然后组织分会,再组织总

---

① 中国工运学院编《李立三赖若愚论工会》,档案出版社,1987,第78页。
② 1949年1月称北平市工人运动委员会,2月改称北平市职工总会筹备委员会,5月改称北平市总工会筹备委员会,10月改称北京市总工会筹备委员会,1950年2月称北京市总工会,这里通用北京市总工会代称。
③ 中国工运学院编《李立三赖若愚论工会》,第89页。
④ 北京市朝阳区工会编《朝阳区工会志》,1988,第11页。

会",①"如产业工会，就是把一个厂一个厂的工会建立起来，然后再建立一种企业的总工会；手工业工会也可以这样建立，就是先一街一街的组织，后一区一区的建立，最后才组织全市的组织"。② 具体来说有以下几个步骤。

第一步，组成工作组作为开路先锋。中国人民解放军按区进行军管后设立军管会，军管会与北京市总工会抽调人员组成工运工作组开展工作，人员无具体分工，是"一揽子"工作方法。就是工运工作组把建立工会组织与筹建新政权活动结合起来同时进行，深入街道对各区市民展开各种形式的宣传和广泛的动员工作。也有的区是先抽调干部编成区工作委员会（简称区工委）接管各区政权，区工委下设工会工作组开展工作，第五区便是如此。③ 工作组首先根据各区的不同特点制定相应的工作计划。第十三区是"旧北平市贫困地区之一，各关厢聚居的大都是最贫穷的劳动群众，工作组最早接触到的就是三轮车工人、建筑工人和各种手工业工人，故工会活动首先是从这些人中开始的"。④ 在第五区，1949年2月7日工会工作组到区里，2月8日便开始工作。由于工作组对该区情况不了解，因此"在工作的头两天，专门进行打听哪儿有工厂"，⑤ 收集有关私营企业的资料，以便迅速开展工作。

第二步，发现并培养积极分子。想要组织工人，必须先向资本家、工人群众宣传党的方针政策，使工人热心参与工会组织，使资本家安心经营生产。于是工作组在下层劳动群众中，通过走街串户、找人谈话、开小座谈会和召开群众大会等方式对工人进行启蒙性的宣传教育，提高工人的阶级觉悟，由此培养并发现了最早的一批积极分子。然后依靠这些积极分子去联系更多的工人群众，串联其他工友。发现积极分子的途径是多种多样的，有的通过街道支部党员介绍，有的通过中共发起的各项运动中的表现

---

① 中国工运学院编《李立三赖若愚论工会》，第25页。
② 中国工运学院编《李立三赖若愚论工会》，第89页。
③ 《内五区政府关于干部配备接管统计及工作汇报》，1949，北京市档案馆001/001/00002。
④ 北京市朝阳区工会编《朝阳区工会志》，第11页。
⑤ 《三个月来工会工作总结》，1949，北京市东城区档案馆001/01/0002。

确定，还有的是在解决劳资纠纷中发现。① 确定积极分子以后，工作组对他们进行了"个别的或公开的培养与教育""给积极分子撑腰"，② 使他们在工人中树立威信，在工作中起到带头作用并成为工作组的得力助手。

第三步，成立各行业工会小组，组织行业工会筹备会。以积极分子为核心，工会工作组成立工会工作小组，按行业以街为单位组织起来。等到掌握一定的积极分子，时机和条件成熟后，工会干部再开始召开工人座谈会教育积极分子，"为什么要组织筹委会""筹委会是干什么事的组织""怎样选出筹委会的委员"。③ 积极分子有了充分明确的认识以后，再向下传达给全体工人群众，使成立工会筹委会成为大部分工人的共识。最后通过选举成立工会筹委会。

第四步，成立正式工会。筹委会一建成，便开始公开吸收会员，制定本厂工会章程。建立工会的条件是"有能够团结工人，尤其劳动进步的工人积极分子，有为该行大多数工人所拥护的进步的核心人物"，此行业"超过半数以上的工人参加工会小组"。④ 具备以上条件后，召开本厂或本行业会员大会，民主选举产生本厂工会委员会，则本厂或本行业工会正式成立并开始工作。

工作组采用这种稳扎稳打的方法，在三轮车工人、建筑工人、粪业工人中工作进展比较顺利，已经建立起来的工会组织一般比较坚实、稳固，能够很快开展工作。但是在动员私营工商业工人、店员和学徒时情况比较复杂，特别是店员，一部分人采取消极观望的态度，主要是他们有的与资方有亲朋关系或平时受到资方信任，待遇相对较好，不愿意做"对不起"掌柜的事。所以开始时只能通过1949年之前发展的地下党员和少数积极分子进行个别串联，一个一个地扩大人数。同时工作组对资方也做了大量的宣传教育工作，工会通知资方，所有劳方人员必须参加开会，不得阻拦，明确告诉他们组织工会的目的，不是专挑毛病，而是为了更好地执行"发

---

① 《北平市外二区工作检讨及计划》，1949，北京市档案馆 045/002/00053。
② 《怎样培养积极分子?》，《工人日报》1949 年 9 月 27 日。
③ 《三个月来工会工作总结》，1949，北京市东城区档案馆 001/01/0002。
④ 《北平市外二区工作检讨及计划》，1949，北京市档案馆 045/002/00053。

展生产，劳资两利"的政策。① 一些开明的资方人员给予一定的合作，一些资方人员勉强随大流，当然也有些资方顽强抵制不予合作。在吸收会员时，工人们的争执也比较大，大部分工人对职员成见很深，认为他们是帮助资方剥削工人的。这样工作组在登记会员时逐步确立一些规则，比如，"厂主不能加入，有股份的职员暂不能加入"，参加过"国民党组织的不能加入"，"工人或工头立场不稳，同时与厂主勾结的，暂时不得加入"，这些人要根据以后的表现再决定是否可以加入。②

实行"自下而上"的方法建立工会，是以广大会员群众的觉悟和要求与所在区的需要和实际状况为出发点。"工会'自下而上'的原则，集中地体现了工会作为工人阶级的群众性组织的特点"。③

但是，"自下而上"的方式组织工会最大的缺点或不足是组建工会的速度比较慢，原因是解放初期的北京没有太多的工会干部，而北京的工商业又很分散，因此，不能适应中共在建国以后急切地想把工人有序组织起来，"更进一步的提高觉悟，负起领导全国人民把革命进行到底，同时开始进行艰巨的建国工作的任务"。④ 为此当时主持中华全国总工会工作的李立三多次在不同的会议上强调要改变这种方式，称这是小手小脚的、手工业式的。1949年7~8月，李立三分别在北京市职工干部扩大会议和在全国工会工作会议上说，现在如果仍然继续用过去那种"自下而上"的办法，"表面上工作很深入很细致，但实际上是破坏组织工会。尤其如店员工会，手工业工会等"。继而李立三举例："木匠工人有一百人，你一家一家的去宣传，工人是一组织就要斗争的，你宣传了一人，他就起来要求增加工资，要求斗争，老板又不敢不答应，这样一家看一家，一起一起的来斗争。""这样劳资纠纷永远无法解决，不用说三百个干部，就是三千个干部也解决不了，这必将建成无组织、无政府状态。"所以今天组织工会不能再用"自下而上"的方式。"这是小手小脚的做法，在国民党统治时期，不可能"自上而下"的组织工会，由下而上是可以的。但是今天情况已经

---

① 北京市朝阳区工会编《朝阳区工会志》，第11页。
② 《三个月来工会工作总结》，1949，北京市东城区档案馆001/01/0002。
③ 罗丹主编《工会工作手册》，企业管理出版社，1995，第167页。
④ 中国工运学院编《李立三赖若愚论工会》，第32页。

变了，用不着小手小脚的了，而且要反对小手小脚。"①

北京市总工会第九区办事处1949年工作总结中也谈道："根据市总工会指示，解放以来，工运的组织工作可划作两个阶段来看，自二月至六月以前是一个时期，是以区委会中工作组的形式进行工作的，在了解情况中，培养骨干分子做核心进行串联与动员，'自下而上'的逐层组织了各行业的筹备会，由于积极分子、骨干做基础，能及时发现些问题敢于放手，惟因干部太少，组织非常缓慢，虽组织起来的较巩固，可是成绩是比较不大。"② 除了组织速度缓慢之外，这种工会组织方式也容易形成宗派主义、官僚主义倾向。北京市三轮车、洋车建立工会起初是"自下而上"进行的，"街里建立街工会，区里建立区工会，彼此之间没有联系，如十二区一街分会和二街分会就常起些不该有的争执，如'五一'劳动节那天，双方为了争一把旗帜，闹得几乎打起来。各区出现了一些工人自发组织的工会，早在二月就有工人发起组织了工会筹委会，一区竟出现了两个工会筹委会，使领导上无法掌握，两个工会筹委会之间，由于行会思想的作祟，互相闹对立，因而在吸收会员时，双方为了争会员，就产生了登记不审查的拉夫现象"。③ 北京市总工会的一份报告和请示中也写道："有的区在解放初便组织了工会，有的在六月底成立正式市工会时刚有了区筹委会，组织形式不一致，有的区以下是街会，有的是小组，因为工会是自下而上的由积极分子作骨干搞起来的，便在干部中存在了'自打江山'各自为政的思想，区与区不团结，街与街不团结，形成了闹宗派闹集团，一区同时存在着两个三轮车工会，统一时互争领导权，斗争的很厉害。其次是干部问题，干部不是群众根据自己的意见推选产生而由我们在短期的工作中依其表面表现好提拔的，这样群众觉得干部不是自己的，干部与群众的关系不够密切，因之形成了工会给群众解决了问题时，群众便高兴，否则便疏远了，认为干部是给公家办事，对干部的好坏不大关心。如四区的工会主任和一个委员的强迫命令官僚主义，群众给他起了'南霸天'的绰

---

① 中国工运学院编《李立三赖若愚论工会》，第25页。
② 《北京市总工会第九区办事处1949年工作总结》，1949，北京市档案馆038/001/00016。
③ 《组织工会方式问题——自下而上好呢？还是自上而下好？》，《工人日报》1949年11月13日。

号，但并未积极的提出解决意见，而干部本身则以为自己是公家提拔的，只为公家负责。"①

（二）"自上而下"地放手发展工会组织

面对上述种种情况，北京市工会筹备委员会接受全国总工会副主席李立三的指示，改弦易辙，实行"自上而下"的方式加快建立工会组织的速度。

所谓"自上而下"的方式组织工会，就是先把工会的架子搭起来，然后再解决枝节问题，即先把工人纳入工会组织内，然后再设立工会机构，组织教育工人。例如，要建立全市性的某行业工会，则市总工会筹委会，先召集该行业工人代表会议，在会议上讲形势，讲政策，讲工作，利用这个会议来培养教育积极分子；开过几次会，就提出组织工会筹委会，参加会议之代表作为发起人及基本会员，再选举筹备委员，成立该行业的工会筹委会。市总工会筹委会派干部经常具体帮助、指导他们，所有决议都要取得市总工会的同意。起初发展会员要经发起人通过，会员多了就分小组，以后发展会员小组通过，筹委会批准即可，会员达到全体工人的三分之一以上，即正式成立工会，如果有必要时工会下设分工会。②

1949年8月，李立三在全国工会工作会议上所做的报告中为了阐明怎样建立工会，专门举了一个纺织业"自上而下"建立工会的例子："不是一家一家去做，而是由市总工会普遍给各纺织厂下个通知，比如说通知他三百人选一代表，到市里来开会（这里一定要选举，而不能指定）。开这样全市的纺织工人代表会，就可以决议组织市纺织工人工会，讨论章程，并筹备各种有关事宜。同时，各厂代表会的代表都算基本会员，每人都可以发展会员，并把入会志愿书发到各厂，进行发展工作。这样过个时期，有百分之五六十的工人加入了工会，就可再开一个代表会，正式选举成立纺织工会。先建立了厂的工会，再去组织车间，而后

---

① 《关于建立产业工会、区办事处组织形式和基层改选等专题报告和请示》，1950，北京市档案馆101/001/00052。
② 《北京市工厂文艺工作委员会（由市文委、青委、总工会联合组成）工作总结、报告、萧明、张鸿舜、曾平等为下下训练班作的报告记录》，1950，北京市档案馆101/001/00269。

编小组。这就是有组织、有步骤、有计划的组织方法。"①

1949年6月初,北京市在装卸、清洁队、粪业、排子车、大车行业开始试用"自上而下"的方式建立工会组织。首先召开工人座谈会,了解一般情况,并进行了一般的政策教育,启发其成立工会的要求并给予在工人中进行酝酿的任务,建立起联系,经过了几次的教育酝酿后,便召开工人代表会议建立市工会筹委会,再以参加市筹委会的代表为基本会员,回到工人中发展会员,建立基层组织。这种建立工会组织的方式并不够严密,但有了这个组织架子和群众建立了联系,便于接近群众,可以在工作中不断教育群众,提高群众的觉悟程度,提高其对工会工作的积极性,这样组织不严密的问题,便逐渐得到克服。如清洁队的工人代表中混入了一个国民党员,很快被工人发觉,清除了出去;粪业工人从筹委会到建立正式工会的过程中,罢免了筹委会主任和14名代表;装罐工人开始时被旧工头欺骗威胁而"选举"了工头当代表,但在代表会上即展开了斗争,揭发工头过去对工人的剥削压迫及现在的阴谋,罢免了工头的代表资格,给了工人很大的触动,同时也改造了工头,会后工头即向工人坦白承认错误并号召其他工头转变。② 这些都说明工人自己选择的干部,工人会关心监督,使其真正成为工人的干部。

自上而下的办法来组织工会不仅比较迅速,而且对于解决劳资纠纷也很有利。如在第三区"自五月初改为自上而下的方式组织工会后,以市为单位统一按行业组织工会,半年中手工业所组织的行业共十二行其中包括建筑业、地毯业、织染业、洗染业、特种手工业、鞋业、缝纫业、弹棉、罗底、燃料、照相,在这些行业中大部已建立起本区的正式分支会,也有的正在筹备中,如缝纫、燃料、照相都是刚组织起来的新行业"。③ 其实北京市总工会采用"自上而下"的方式组织工会,除了追求工会组织速度外,还有更深层的考虑,也就是说,基层工会组织"速度还是次要的。重

---

① 中国工运学院编《李立三赖若愚论工会》,第90页。
② 《关于建立产业工会、区办事处组织形式和基层改选等专题报告和请示》,1950,北京市档案馆101/001/00052。
③ 《北京市总工会第三区办事处1949年工作总结》,1949,北京市东城区档案馆004/01/0061。

要的问题如一家一家组织手工业工人，会引起很多劳资纠纷。一家一家的解决劳资纠纷不仅麻烦而且愈解决纠纷愈多，我们对劳资纠纷便每日处在被动地位。故要一业一业一下子解决几百家劳资纠纷，自上而下的组织是最好的办法"。① 北京市总工会主要出发点是一个行业内制定统一的解决劳资纠纷的标准，避免标准不一引发新的纠纷。

可是，"自上而下"建立工会组织也有它的缺点。北京市第三区在1949年6月以后，由于上级工会组织认为"现在革命胜利形势的发展"，工人阶级掌握了政权，不要再以农村不放手的工作方式自下而上的建立组织，而应采取大规模的、公开的、自上而下的组织方式，很快地把全市工人组织起来了，而且由市总工会统一领导免去步调不一致的杂乱现象。但是在工作当中，又出现一些新的问题，即只图快搭了一些架子，由于情况没有深入了解，工人群众觉悟也还没有提高，因此，发生小组长代表不认识组员，组员也不了解为何成立工会，有的怀有顾虑，有的漠不关心。在办事处的工作组，也只是知道了几个代表和小组长，没法掌握全面情况，有些工人反映"共产党来了也不过换了几个头头而已"。② 有的工人连参加工会与缴纳会费也弄不清，有个别工人不愿佩戴会章，认为这是丢人，由于是速成组织，没有骨干，基础不巩固，区办事处将组织起来的行业一交到市总工会即搞垮了。第一区产业工会9、10月份工作总结谈到了"自上而下"组织工会的经验教训："相信、依靠工人全面大力'自上而下'推开，这一原则我们觉得很对，可是由于全区工人工作过去着重在点，忽略了面，工人的觉悟水平表现了很大的不平衡，因此在发动组织工作方面碰到了许多困难（如工人不了解工会，疑虑、犹豫、敷衍、欺骗、不到会，不愿做代表），结果草率从事，勉强产生几个代表，而代表不能代表大家，造成上下脱节，虽然现在尚是开始，但在这一方面，我们觉得架子是勉强搭起来了，要巩固的话是非得异常小心不可。"③

---

① 《朱德、李立三同志在全国工会工作会议及华北电业工作干部会议上的报告摘要》，1949，北京市档案馆001/006/00016。
② 《北京市总工会第九区办事处1949年工作总结》，1949，北京市档案馆038/001/00016。
③ 《北京市工会第一区办事处1949年月度、季度工作报告、行业调查报告、各工作组工作报告、宣传工作报告》，1949，北京市东城区档案馆004/01/0001。

（三）集体动员、分头行动

1949年7月底8月初,"自上而下"的方式也不能满足中共对于迅速组织工会的要求,于是中共中央在北京召开了全国工会工作会议,李立三在会上指出:"一直到今天（7月底）真正有组织的工人数量比起全国广大的工人群众来,还是少的很。就拿工人运动发展比较快、比较早的东北工业讲,据统计,一百一十几万产业工人当中,有组织的工人还不过499000,还不到50%,其他地区更薄弱。""这次工会会议的目的,就是要来讨论一下如何解决摆在我们面前的巨大任务。"① 当时中共领导人毛泽东、周恩来、朱德等都在会上讲了话,很显然正是在这次会议的要求下,工会组织方式发生了变化,全国总工会要求采取集体动员、分头行动,尽快地把工人群众组织起来。

这种方式主要是在组织手工业工人方面非常适用。手工业的行目繁多,性质复杂,各业工人非常分散,单靠有限的几个工作干部,组织工作的开展仍然很慢。因此,8月份起手工业工委会就按照北京市总工会的要求采取了集体动员、分头组织的工作方式,即先按区召集几个行业的工人大会,讲解组织起来的意义并让他们进行酝酿,依照各区各行业工人人数选出临时代表。然后由市总手工业工委会召集他们开一个各行业临时工人代表大会,会上分别选出各行业的工会筹备委员。这样就一次成立了几个行业的工会筹备会,省去了很多曲折手续。

各工会筹备会成立后,领导上充分发挥各工会筹备委员的积极性,指导他们开展工会筹备工作,这给工作干部减轻了不少负担,使他们有可能抽调力量再去开展新的工作。市总工会手工业工委会在领导缝纫、罗底、制革、造胰制碱、刺绣等五个行业工会筹备会时就采取了以上的方法,结果不到两个月,这个行业很快由筹备阶段跃进到正式成立市工会。而且工会的工作基础一般还是很健全。② 通过这样的新方式,手工业工委会在工会工作方面逐渐克服了小手小脚和包办代替等不良现象。

---

① 李桂才主编《中国工会四十年资料选编》,辽宁人民出版社,1990,第71页。
② 《北京市手工业工人现已基本上组织起来》,《工人日报》1949年12月。

综合建立工会工作中使用的三种方式，可以看到，"自下而上"的方式是最基础的，也是最有效的，尽管它的组织速度比较慢；"自上而下"的方式建立工会组织，基础不易牢固，但是比前一种方式要快；而集体动员、分头行动的方式是最快的，特别适合北京市手工业分散的现状。

其实，在1949年8月之前，北京市总工会对于"自下而上"和"自上而下"两种建立工会的方式都在使用，只是前期侧重于"自下而上"，后期偏向于"自上而下"的模式。"自下而上"离不开上级工会组织的帮助和领导，"自上而下"也不能不发动工人群众，提高工人群众参加工会的热情。例如，1949年之前在一些大型厂矿企业，有国民党的黄色工会组织存在，北京解放后"有些黄色工会的头头，企图同北京市总工会争夺工会的领导权，不少工人对工会性质不清楚"，这给筹建工会的工作组带来不少困难，"根据市委指示，建立基层工会和发展会员都采取既积极又慎重的方针"，"方法是自上而下和自下而上相结合"。[1] 北京市第九区办事处的一份工作总结中对于建立基层工会得出了经验教训："组织方式要自上而下要和自下而上相结合，自上而下不宜过长，基本上是自下而上的，加强基层组织，如此才可以巩固。"[2] 总之，无论是采取"自下而上""自上而下"，还是集体动员、分头组织的方式组织工会，都是对历史与现实的双重参照，更多地反映了中共对工人组织的需要与要求。

三 工会组建中的"关门主义""形式主义"

经过工会工作组的艰辛努力，到1949年底，"私营产业会员达到82%"，[3] "手工业会员达到76.7%；店员会员达到19.5%；搬运业会员达到90.6%"。[4] 基本上实现了北京市委提出的"争取在一二年内把本市的

---

[1] 刘哲民：《北平市职工总会筹委会成立的前前后后——回忆萧明同志解放前夕和解放初期的一些活动》，载《北京市总工会成立四十周年纪念文集》，第17页。
[2] 《北京市总工会第九区办事处1949年工作总结》，1949，北京市档案馆038/001/00016。
[3] 北京市地方志编纂委员会编著《北京志·人民团体卷·工人组织志》，第314页。
[4] 《北京市一年来的工人运动》，《人民日报》1950年2月1日。

工人群众大部分组织起来"的目标。① 但是在建立工会过程中由于受"关门主义""形式主义""命令主义"的影响，使得北京市的工会工作经常偏离正常轨道。

（一）屡禁不止的关门主义倾向

"左"倾关门主义曾经在中共历史上长期占据统治地位，几乎使它领导的革命事业毁于一旦，而且一直以来没有彻底肃清，甚至有愈演愈烈之势。中共领导的革命即将胜利之际，中共战略重心由农村转移到城市之时，"左"倾思潮与"左"倾行动又屡屡掀起"波澜"，它很自然地影响到北京解放后的工会工作。应该说深受"左"倾之祸的中共领导人对此早有警惕，因此，多次在会议上强调防止"左"倾关门主义的发生，但遗憾的是，北京在创建基层工会时并没有能够避免。

1948年8月，毛泽东看到"最近几个月，许多地方的通讯社和报纸，不加选择地没有分析地传播了许多包含'左'倾错误偏向的不健全的通讯或文章"后，指出"其特点是过'左'。其中有些是完全违背马克思列宁主义原则立场和完全脱离中央路线的"，要求各地报纸"对过去几个月的宣传工作，加以检查，发扬成绩，纠正错误"。② 1949年在中共召开的七届二中全会上，毛泽东论述中共与民主党派人士的合作时指出："我们党内由土地革命战争时期的关门主义作风所养成的对待党外民主人士的不正确态度，在抗日战争时期并没有完全克服，在1947年各根据地土地改革高潮时期又曾出现过"，"革命即将在全国胜利"的时候，必须反对"左"的关门主义。③ 8月中旬，毛泽东在全国工会工作会议的招待会上指示："关门主义，把多少工人关在门外，把我们的队伍缩小了。我们应该除了反动分子、破坏分子、资本家不让参加工会外，其余落后的、犯过错误的、参加过国民党的都让参加，把他们团结起来，变成了力量，我们有了

---

① 北京市总工会编《新中国北京工会50年文献汇编：1950~2000》，第9页。
② 毛泽东：《纠正土地改革宣传中的"左"倾错误》，载《毛泽东选集》（第四卷），第1280~1281页。
③ 毛泽东：《纠正土地改革宣传中的"左"倾错误》，载《毛泽东选集》（第四卷），第1437~1438页。

力量，也有了理。"①

1949年5月，刘少奇在华北职工代表会议上面对华北解放后出现的工人"左"倾行动，导致资本家恐慌，工人失业的现状，坚定地说："'左'的东西常常是有一股劲的，反'左'的劲头一定要比原来的劲头更大才行。反'右'的时候，他一听'右'倾机会主义就会改。反'左'，他往往会反过来说你'右'。"②

主持全国工会工作的李立三对"左"倾关门主义的阐述非常深刻："我们应当承认：正是由于我们过去的工作经验不够，虽然大家做出了努力，但是缺点仍不少。单是在组织问题方面，我们就有严重缺点。首先比较普遍的就是关门主义的错误，所以一直到今天，真正有组织的工人数量比起全国广大的工人群众来，还是少得很。……这里最大的障碍就是'左'倾关门主义"。③ 接着李立三讲道："工会是工人阶级的群众组织，不是工人阶级的先进分子组织"，"群众组织则是没有政治条件的，相信共产主义可以加入，甚至相信三民主义、佛教、基督教、道门等都可以加入。因为群众是有各种不同信仰的，不能拿政治条件来限制"，否则，"就是宗派主义倾向，会走向关门主义的"。④

事实的确如此，共和国之初的工会组织工作中关门主义倾向，主要表现在入会的条件太严格，工人们普遍反对职员加入工会，"如主张高级职员，政治上落后的，私生活不检点的分子都不让入会，甚至有查三代的"。⑤ 北京市第二区在吸收会员时，"有'六不要'和'八项纪律'的规定"，⑥ 类似情形在各区都曾发生过。

一区大华百货公司选举工会候选人里有一个资方的人，结果20多票中，他只得3票，没有选上。中华百货售品所的股长们一般都有很大权力，

---

① 李桂才主编《中国工会四十年资料选编》，第83页。
② 中共中央文献研究室、中华全国总工会编《刘少奇论工人运动》，中央文献出版社，1988，第362~363页。
③ 中国工运学院编《李立三赖若愚论工会》，第35页。
④ 中国工运学院编《李立三赖若愚论工会》，第85~86页。
⑤ 《市总工会筹委会11月及12月份工作总结》，1949，北京市档案馆101/001/00227。
⑥ 《组织工会方式问题——自下而上好呢？还是自上而下好？》，《工人日报》1949年11月13日。

靠近资方,中下级店员一向对股长就不满意,因此有工人就说:"股长不应加入工会,参加选举。"① 但实际上股长们也是领取薪金为生活资料主要来源的雇佣脑力劳动者,不能说他们不是工人阶级,而且股长中坏的只是一小部分,如果都不参加,反而把他们赶到资方大门里面去了,那就是关门主义。

"左"倾关门主义的出现实际是中共长期对工会工作人员阶级教育的结果,同时也有不让非工人阶级的人享受工会会员的权利,当然也与当时工会组织时在工人中鉴别敌、特、匪、伪等职责有关。中共明确是以阶级区分敌友的,同一阶级自然是朋友,不是同一阶级的就要看是什么情况,因此职员等靠近资方的人就成为工人首先反对的对象。当时加入工会是有权利的,某种程度上说也是一种荣誉,工会会员与普通工人至少起初是有区别的,会员可以享受的福利待遇、政治优先等权利,非会员是不能享有的,基层工会工作人员是不会也不愿让不是同一阶级的人享受权利。此外,工厂中鉴别并清除国民党的各类人员是北京市总工会入城之初就交代的任务,目的是保卫并巩固工人阶级的政权。在上述三点的情况之下,基层工会工作人员很难也不可能花费长时间去细致入微地做鉴定工作,因此,为了保证工作任务不失差池,只能严格会员入会的条件,"左"倾关门主义很自然就发生了。

(二)大量存在的形式主义作风

与"左"倾关门主义几乎同时出现的是形式主义,主要表现在工会工作内容未能充实,工会骨干发挥团结群众的作用差,小组生活不健全,有的工会小组生活内容与工人实际联系不密切。对此,市总工会总结道:"有的不开会或很少开会,甚至有的连小组都没有,这样有问题不能向上反映,也不能向下传达,形成只有少数的工会委员或脱离生产的干部忙,一般会员却无事可做的现象,在各行业工会中,小组生活,工会工作内容同样不充实不健全,因此当前组织工作的重点不论公私营企业工会或行业

---

① 《北京市工会第一区办事处 1949 年月度、季度工作报告、行业调查报告、各工作组工作报告、宣传工作报告》,1949,北京市东城区档案馆 004/01/0001。

工会均是如何培养与提高骨干能力,加强骨干与群众联系,健全小组生活,推动大家办工会,使工会小组成为完成工会任务的基层组织,以求迅速的克服工会目前相当普遍存在着的形式主义现象。"① 第一区在组织工会过程中,开始"忽略了工人觉悟水平",因此在"组织工作方面碰到了许多困难",工人不了解工会,对工会"敷衍、欺骗,不到会,不愿做代表",结果工作组草率从事,"勉强产生几个代表,而代表不能代表大家,造成上下脱节"。② 一区的百货业在工作的经验教训中承认:"我们的工作到现在为止(9月份),没有深入到群众中去,我们只掌握督促了几个筹委,而下层基础一点也没有健全起来,以致工人们认为工会不是他们的一切,听命于筹委,而筹委也因此大伤脑筋。"③

李立三对此十分清楚,也数次强调要避免工会组织中出现的形式主义。"工会应组织全国工人阶级,不是百分之九十而是百分之百,不是形式主义而是要工人真正过组织生活,现在认为组织生活便是参加会议这是不对的,组织生活是每一个会员都要做工会工作,工会工作要做到这一点。"④"没有真正地把工会工作建立起来,工会不是建立在自愿的原则上,而是把全厂所有的工人登记一下,有一个工人就算一个会员。"⑤ 他认为形式主义很危险,像这种"工会会员只登记一下,会员没有一定义务,不纳会费,工会工作也不做",那么它什么也"不能起作用","工会一定要有组织有纪律才能起作用",否则就不能成为"新民主主义政治上的支柱"。⑥在此李立三把工会组织中形式主义的危险上升到国家政治的高度。

北京市在工会建立过程中,另外一个非常普遍的现象是命令主义,主要是在建立工会过程中,缺少应有的程序,用委派、包办代替、命令的方

---

① 《市总工会筹委会11月及12月份工作总结》,1949,北京市档案馆101/001/00227。
② 《北京市工会第一区办事处1949年月度、季度工作报告、行业调查报告、各工作组工作报告、宣传工作报告》,1949,北京市东城区档案馆004/01/0001。
③ 《北京市工会第一区办事处1949年月度、季度工作报告、行业调查报告、各工作组工作报告、宣传工作报告》,1949,北京市东城区档案馆004/01/0001。
④ 《朱德、李立三同志在全国工会工作会议及华北电业工作干部会议上的报告摘要》,1949,北京市档案馆001/006/00016。
⑤ 中国工运学院编《李立三赖若愚论工会》,第35页。
⑥ 《朱德、李立三同志在全国工会工作会议及华北电业工作干部会议上的报告摘要》,1949,北京市档案馆001/006/00016。

式来代替选举。如一区产业组的一份总结中写道:"大胆放手组织群众的工作方针大体上是对的,但是由于临时抓,就不可能找到真正能为工人阶级的代表,所以工会会员的思想觉悟是没有得到普遍的提高,我们的工作只是少数筹备委员包办的工会",同样是一区的铁工业和印刷业厂,北京刚解放时工会工作很多,搞学习、福利、伙食等,"一天忙个死,工人是什么责任都没有,根据这情况就编了小组选出组长来,可是也没起什么作用,也没很好的领导,大家对工会工作也不甚重视",因此在后来"工会的工作越来事情越多,忙的还是忙,一直就是代表包办的性质"。[①]

这里涉及工会民主化的问题,应该说在中共党内提出工会民主化的,李立三是第一人,他对于工会建立过程中出现的形式主义、命令作风几近"深恶痛绝",多次在不同的会议上批评工会组织中缺乏民主的现象。

1949年4月,在北京市宣教会议上,李立三说:"筹委会结束,产生正式工会的时候一定要得经过选举,决不能再指定,从前的指定是因为工人还没有组织起来的原因","工会的民主制度是工会的灵魂,没有民主制度就没有灵魂,工会就等于死尸。"[②] 7月份,他在北京市职工干部扩大会议上批评道:"我们北平工会工作中一个很大的缺点,就是不民主,有许多工会成立不是民主选举的,而是包办指定的。工会是一个群众组织,工会不民主是工会脱离群众的主要原因之一。民主是工会的灵魂,没有民主,工会就会成为僵尸。只有实行民主,工会才能成为真正的群众组织。所以工会干部必须选举。"[③] 在平津铁路职工干部扩大会议上他又针对北京组织工会中不民主的问题时指出:"在北平这个问题最严重,组织时干部都是上面指派的,因而使工人不把工会看成自己的,这样的工会是假的。"[④] 李立三特别强调入会"自愿"的原则,"自愿就需要自己请求,须要经过一定的手续,填写志愿书",因为工会是一个团体,因此"还需要

[①] 《北京市工会第一区办事处1949年月度、季度工作报告、行业调查报告、各工作组工作报告、宣传工作报告》,1949,北京市东城区档案馆004/01/0001。
[②] 中国工运学院编《李立三赖若愚论工会》,第5页。
[③] 中国工运学院编《李立三赖若愚论工会》,第27页。
[④] 中国工运学院编《李立三赖若愚论工会》,第114页。

经过群众通过"。① 8月份，他又在全国工会工作会议上指出，"关于民主问题，有些干部很怕，这是由于过去我们有很多经验教训"，解放石家庄后放手让群众组织工会，结果被国民党特务分子掌握，"所以到平津就害怕了，不敢放手做。其实石家庄和平津在客观条件上有很大不同"，现在工人已经相信共产党能站住脚，工人敢出头了。②

工会组织中出现这些问题不是孤立存在的，想要把北京市乃至全国的私营工人队伍组织起来本身就是一项庞大复杂的任务，组织工人中出现的问题往往与其他问题密切相关，单凭解决一项必然困难重重。例如，在私营企业中劳资关系非常复杂，又很微妙，不能解决这些问题，工会工作也很难保证畅行无阻；工资问题、工时问题等诸如此类的问题都影响着工会组织的建立，影响着建立什么样的工会组织。说来这也不足为怪，每一个城市情形并不完全一致，以往的经验未必就能适应新解放的城市，尽管刘少奇说要"把一等的好干部放到工会中去，最强的干部放到工厂中去"，③可是北京解放时工会干部还是比较缺乏，主要由老解放区抽调的党员、中共地下党员和经过短暂受训的北京市大学生组成。④ 还是李立三说的好，"有些同志是新参加工人运动的，没有经验，有些同志虽然有些经验，也是国民党政权下工作的一套经验，至于在我们政权下的工作经验也是完全没有的"。⑤ 因此，在工会组织中出现瑕疵也是正常的。

当然，在建立工会过程中出现诸多问题，一个很重要的原因，就是1949年国家要求迅速把工人阶级组织起来参加经济建设与工会工作人员建立工会的速度缓慢之间的矛盾，要求过快过急，频繁更换工会组织方式，而且是一种方式比一种方式简单、笼统，那么，出现形式主义、命令主义问题就是必然的。

---

① 中国工运学院编《李立三赖若愚论工会》，第113页。
② 中国工运学院编《李立三赖若愚论工会》，第87页。
③ 中共中央文献研究室、中华全国总工会编《刘少奇论工人运动》，第330页。
④ 冯军：《北京解放初期工会干部队伍的组成与发展》，载《北京市总工会成立四十周年纪念文集》，第63页。
⑤ 中国工运学院编《李立三赖若愚论工会》，第80页。

四 大家办工会

全国各地在工会组织过程中不同程度地出现了与北京类似的情况，这些问题引发李立三深深的思索。他的解决之道就是"拿来主义"，即把苏联与东北已经在工会组织、运行过程中的一些有益经验拿来。这是因为苏联是中共学习的榜样，工会组建也不例外，李立三又在苏联待了15年之久，对苏联的情况比较熟悉，共和国之初苏联工会建设的经验又经常在中国的各大报纸上公开介绍，其中就有介绍苏联工会的民主情况。[①] 东北解放比较早，许多工作走在全国的前面，最早提出并初步实践"大家办工会"的就是"新中国成立之前的东北解放区铁路系统的基层工会组织"。[②] 1948年8月，在哈尔滨召开的第六次全国劳动大会上，李立三就把"大家办工会"写进了大会通过的决议案："工会内部须有充分的真正能集中群众意见的民主生活，须有切实的真正能够解决群众需要的经常工作，并须彻底整顿现在工会工作中的官僚主义作风和形式主义作风，做到工会名符其实地成为职工自己的组织。"[③]

因此当李立三面对工会建立过程中出现问题时，他很自然地想到"大家办工会"。

按照李立三"大家办工会"的具体想法，应该做到下面四点：

其一，工会的领导人要民主选举产生。李立三认为，普遍选举工会这一条是最基本的，工会的选举办法不应当与中共的选举办法相同，因为中国共产党是由工人中的先进分子组成的，工会则不然，它是一个工人的群众组织。工会候选人名单要自下而上地由工人提名，一个一个讨论，用秘密的不记名方式投票选，真正体现选举人的意志。如果由领导上提出候选人名单，许多会员即使不赞成也不敢公开反对。只有依靠会

[①] 新中国成立初期，《人民日报》《工人日报》等中共主流报纸经常介绍苏联各方面的经验，其中《工人日报》介绍苏联工会及工业成就的尤其多。如《人民日报》1949年4月25日曾发表克里亚契科、罗森科的文章《苏联职"工会"的民主》。

[②] 周德华：《从"大家办工会"到工会"建家"——关于工会自身建设工作的回忆与思考》，载《北京市总工会成立四十周年纪念文集》，第105页。

[③] 中华全国总工会中国工人运动史研究室编《中国工会历次代表大会文献》，工人出版社，1984，第470页。

员的大多数人的意志来确定工会领导人员，才能使会员群众觉得工会干部是自己人，工会组织是自己的，这样大家才有兴趣、有胆量监督、批评工会，也才会真正关心和支持工会的活动，工会干部也才有光荣感与责任感。

其二，工会领导人要定期向大家报告工会的工作，要接受大家对工会工作的批评。工会内部事务要民主讨论决定，绝不能推行首长负责制，一定大家商量办事，工会领导人把工会的事务定期向大会报告，虚心接受大家的批评，工会工作有了缺点可以及时纠正，避免出现工作中的重大失误。

其三，工会干部要吃群众的饭，不吃公家的饭。体现在工会经费上，要群众自己出钱，以群众的钱去给群众办事，不能靠政府供给。这样的好处是，一方面工会的领导人吃了群众的饭，就一定要认真地给大家办事，如果没有办好，他一定会自己感觉到对不住大家，加强了工会领导人的责任心；另一方面，对于会员来说，交了会费，就想知道会费都干什么了，加强了他们对工会的组织观念，就会使得大家认为工会是他们自己的事情，因为这是他们自己花了钱来办的。

其四，小组工作要由全体会员来做。先建立工会小组，由 20~30 人组成，选出组长，组长只是参加领导会议，分配工作给组员做，每一组员则担任通讯干事、劳保干事、储蓄干事等。这样有关通讯的事可以找通讯干事，单身工友害病可以找劳保干事，可以使小组中每一人都有事做，不必全由组长包办，也可减少脱产干部数量。通过倡导一种信条、一种道德、一种风气，使会员觉得为工会分担工作是自己的义务，为工会做贡献是光荣，不替工会做一点事是没有尽到应尽的责任。①

可以看出，李立三倡导的"大家办工会"是用通俗的语言，体现一种群众观点很强、民主气氛很浓的群众工作方针，目的在于使工会工作民主化、群众化，并以此来消除工会组织过程中出现的形式主义、命令主义等

---

① 参见中国工运学院编《李立三赖若愚论工会》，第 86~87、114~115 页；周德华《从"大家办工会"到工会"建家"——关于工会自身建设工作的回忆与思考》，载《北京市总工会成立四十周年纪念文集》，第 106~107 页；工人日报社编《大家办工会》，工人出版社，1950，第 1~3 页。

问题，这在当时是非常难能可贵的。

但是北京市总工会在实践中，并不像李立三设想的那样可以解决一切问题，就是形式主义与包办、代替问题也不能完全消除。问题的症结还在于新中国成立以后的工会是中共领导下的一个工人群众组织，它不可能脱离中共的思想、组织领导，更离不开社会大环境的影响，"大家办工会"之所以1951年李立三在全总党组第一次扩大会议上受到批评后便"销声匿迹"，始终没有回归，说明它在中国社会并没有扎根，也得不到工人群众的认可。兹以北京市第三区4家私营企业为例可窥一端。①

1. 仁立地毯厂

自从5月份打破由下而上的组织工会，实行"大家办工会"后，基本上克服了在工作中包办、代替作风。工厂工会的一个委员说："你们在这里住的时候，我总觉得自己不能工作，什么事情都等你们来做，你们走了我们慢慢也能做了。"一般的会议都由工人自己主持，同志们在工作中都能够相信工人并依靠工人来推动工会工作，当然在"大家办工会"这方面做得还不够。

2. 宏仁堂（国药业）"大家办工会"的过程与收获总结

（1）当时情况与组织过程：在未签订合同前工资虽高，伙食虽好，但工人的心情是不安定的，因为收支不平衡，感觉前途危险，当定立了合同以后工人知道唯一的任务即是生产，但是委员们在工作中便随之产生包办的现象，当时我们即提出大家办工会的意见，但是委员不相信自己可以办工会，工人王存善说："工人们的觉悟还不够呢，我们那里能和公营工厂相比。"认为自己是不能办的，于是我们首先向委员说服并通过夜校向大家宣传解释，同时进行讨论一般的反映赞成人民坐天下，这样经过半月的工夫就开始进行选举了，编制是依照工作部门工作性质（杂工初选为卫生干事、厨师被选为节约干事），因北京宏仁堂分栈行、南号、东号，因之按地区工作需要（生产需

---

① 《北京市总工会第三区办事处1949年工作总结》，1949，北京市档案馆004/001/00061；《北京市工会第一区办事处1949年月度、季度工作报告、行业调查报告、各工作组工作报告、宣传工作报告》，1949，北京市东城区档案馆004/01/0001。

要）编十一个小组，每组七人，组长领导六个干事即生产、学习、节约、组织、文娱、卫生等干事，同时组长亦考勤干事。工作上由各委员直接召开干事会议、讨论计划，实行大家办工会的民主制度。

（2）结果

生产方面：经大家办工会后流水折实小米虽不如春季三四个月，但在销货数量上已超过全年任何一月，成立生产互助站，因为市场销货分季节性，有时忙有时不忙，因之利用彼此不忙的时间来互相帮助工作，另一个任务即是整理货底，节省原料。

节约方面：这一方面获得的成绩比较最大。大家办工会后正当救灾运动，因此工会号召不但要生产竞赛而要实行节约运动，结果在与1948年比较这年中（人数相等）食粮方面节约了约5000斤，煤24350斤，水49吨，电874度，这个数目字总的计算起来，近似北京宏仁堂在1949年上半年的税收总数。

上述两个企业是贯彻"大家办工会"较好的例子，不过也有相反的情况出现，以下两个企业的情况又是另一回事。

1. 织染业

自打破自下而上的组织工会实行"大家办工会"后，在工作中选择典型推动全面，因此工作更易于迅速进行，但是在大家办工会这方面做得还不够好，除地毯业与建筑业外，一般行业都不能坚持小组生活，因此不能发挥群众力量，如织染业过去每周都能按期召开小组会议，并建立了各种会议制度，最近因普遍发生劳资问题，因此影响了小组的基层活动，甚至连各种会议都不能坚持了。

2. 百货业

筹委产生以后，下半月就开始了建立基层组织的工作，并在组织过程中进一步进行大家办工会的教育和深入了解情况，筹委召集了代表的会议，讨论了组织的方法，原则上仍旧依照原来所编的组，由代表召集会议选举组长。这个工作进行了十天左右。旧式铺子的工人始终不了解工会的真义，抱着敷衍了事的态度，因此基层组织至今不够健全，要培养出能负责任的积极分子来，必须开办一个夜校。

出现这种看似矛盾的现象并不奇怪,也不难理解。客观地讲,初期组织工会不可避免要出现包办、代替等现象,首先,工人的思想认识不可能达到中共要求的水平,甚至有些工人反对工会组织。其次,如果没有包办、代替,根本就组织不起工会来。"大家办工会"无疑是正确的,这一点不容否认,李立三也抓住了解决中国工会问题的症结所在,开出的药方也是恰当的。但是李立三"探索所获得的理论认识,从一开始就同当时已经显露端倪,并且在趋势上不断得到加强的高度集中统一的政治经济体制存在着深刻的理论认识"矛盾,"探索所获得的理论成果,始终没能转化成全党的共识",在企业中,工会如果强调民主,要求"大家办工会",无疑会有"工团主义"嫌疑,如果不要求"大家办工会",就会出现完成党和政府提出的经济上、政治上的任务方面时,"存在着工作方法上的'命令主义',工作立场上的'行政化',工作作风上的'官僚主义'等使职工群众感到失望和不满的现象"。[1] 因此,无论全国总工会也好,北京市总工会也罢,往往处于一种进退维谷的境地,只好根据国家的要求与方针部署自己的任务,而自身的建设与独立性很难从容进行。

第二节　共和国之初北京市工会组织的运行机制

中国共产党建立伊始就确定了按产业原则组织工会,既继承了马列主义工会的组织原则,又适应了革命年代里与敌人斗争的需要。中华人民共和国成立以后,虽然组织原则没有变化,但是,工会的职能与任务不断随着国家的中心任务而调整,北京市总工会的组织结构也变得越来越复杂,职能频繁变动是北京市总工会的一个显著特点,实质上它一直在寻找自己职能的准确定位。从北京市各级工会的权力运行机制看,两个特点非常明显,一个是各级党委对各级工会的领导逐渐加强;另一个是工会的职责重心逐步从市总工会向区级工会转移。

---

[1]　汪洋、富秋:《论50年代对中国工会道路的探索》,《辽宁大学学报》1995年第3期。

一 新中国成立之初工会系统的组织结构

"马克思主义者是赞成产业工会的。"① 列宁在1919年在《俄共（布）党纲草案》中写道，发展苏联工会的工作"必须一直做到把全体劳动者都一无例外地联合到严整的、集中的、有纪律的、按产业建立的工会中来为止"。② 苏联的工会就是按产业原则组织起来的，它有两个系统，即产业工会和地方工会，但它"以产业工会为主，地方工会的工作不多"。③

中共按照苏联工会的组织原则，也是依据产业原则建立工会。中共一大通过的《中国共产党第一个决议》中关于工人组织问题规定："本党的基本任务是成立产业工会。凡有一个以上产业部门的地方，均应组织工会。"④ 1922年召开的第一次全国劳动大会上写道："应当以产业组合为原则"，"凡能采用产业组合的，都应一律采用产业组合法去组织工会"，并指出，"将每个地方所有各产业组合和职业组合的工人，将来由各地方联合会组成全国总工会"。⑤ 这些决议都昭示了工会的组织原则，也确定了全国总工会与产业工会的领导与被领导关系。革命战争年代里，中共领导下的工会职责主要是组织并领导工人与"敌人"进行坚决的斗争，以便夺取政权，所以采用产业原则组织工会适应了革命斗争的需要。因此，1925年召开的第二次全国劳动大会，通过的《关于组织问题决议案》中再次明确指出："最好的组织是产业工会"，它可"马上很坚决地起来奋斗"，"对工人是有极大的帮助"。⑥ 1927年召开的第四次全国劳动大会上，为了集中工会职权，免除组织上的混乱，特将全国总工会的组织系统确定如图2-1所示。⑦

---

① 中国工运学院编《李立三赖若愚论工会》，第37页。
② 中国工会访苏代表团翻译组译《苏联工会建设讲义》，工人出版社，1955，第49页。
③ 《李立三同志在全国总工会工作会议上关于工会组织问题的报告（提要）》（1949年7月24日）、《朱德、李立三同志在全国工会工作会议及华北电业工作干部会议上的报告摘要》（1949年8月16日），1949，北京市档案馆001/006/00016。
④ 《中国共产党第一个决议》（1921年7月），中华全国总工会编《中共中央关于工人运动文件选编》，第1页。
⑤ 中华全国总工会中国职工运动史研究室编《中国历次全国劳动大会文献》，工人出版社，1957，第3页。
⑥ 中华全国总工会中国职工运动史研究室编《中国历次全国劳动大会文献》，第24页。
⑦ 中华全国总工会中国职工运动史研究室编《中国历次全国劳动大会文献》，第249页。

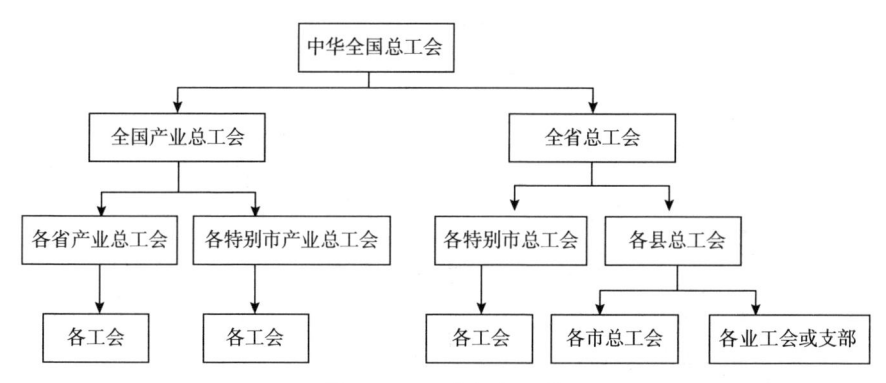

图 2-1　工会组织系统

并且还明确规定了"各地方产业总工会加入各地方总工会，有关地方的问题受地方总工会的领导；有关产业性的问题受该产业的上级总工会领导。各工会只向其直属上级总工会缴纳会费。下级工会服从上级工会的领导"。[①] 此后，工会的领导与组织体制虽然有过微小的调整，但是基本上按照上图模式被确定下来。

随着解放战争的节节胜利，大量的城市控制在中共的手中，各地、各城市组织起来的工会如何理顺上下级关系，工会内部的关系如何界定、厘清显得尤其必要，种种问题需要中华全国总工会给予回答。于是1949年8月，中华全国总工会颁布《中华全国总工会关于工会系统与工会关系问题的决定（草案）》，它对工会的种类、组织结构、内部关系等都做了详尽的规定与说明。工会的组织结构与内部关系如图2-2所示。[②]

由图2-2可知，中华全国总工会是中国工会组织机构中的最高组织形式，它负责领导全国工人运动，指导全国工会工作，是全国产业工会和地方工会［省（市）总工会及以下］自下而上联合起来的代表机关及领导机关。它有双重系统，其一是全国性的产业工会系统，它下面有三个层次，即地区总分会—工会—分会，支会则具体到企业的车间，如车间支会，最底层的是会员小组。城市工会的组织系统为市总工会—各种工会—

[①] 中华全国总工会中国职工运动史研究室编《中国历次全国劳动大会文献》，第249页。
[②] 《中华全国总工会关于工会系统与工会关系问题的决定（草案）》，《一九四九年中华全国总工会关于全国工会工作会议的几个决议（草案）》，1949，北京市东城区档案馆004/02/0024。

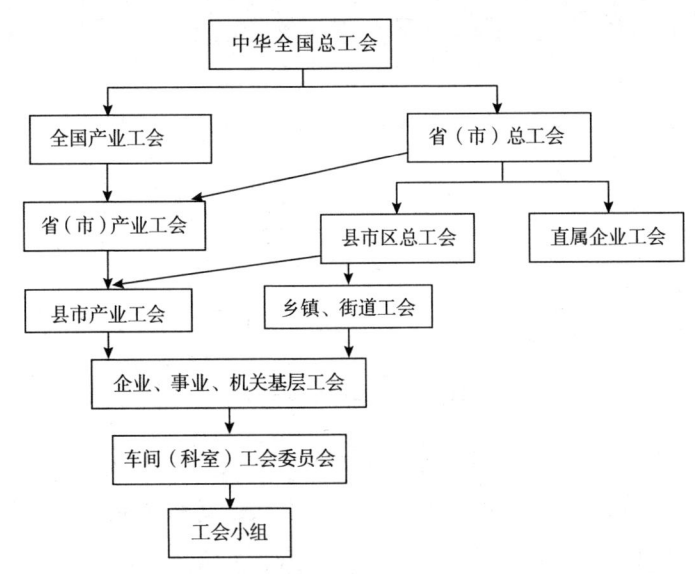

```
                    中华全国总工会
                   ┌──────┴──────┐
              全国产业工会      省(市)总工会
                   │          ┌────┼────┐
              省(市)产业工会  县市区总工会  直属企业工会
                   │         │
              县市产业工会  乡镇、街道工会
                   │
              企业、事业、机关基层工会
                   │
              车间(科室)工会委员会
                   │
                工会小组
```

图 2-2　工会组织结构

分会—支会—会员小组。在实际的工会组织过程中，并没有严格按照图示的组织系统来进行设置，像店员工会开始组织时一般只有两级，即店员工会—××分会，支会一般不设。而搬运工会则分会、支会比较齐全，甚至在支会下面设立大组，大组下面才是工会小组，这是起初组织搬运工人时由于工人分散主要以街道为基础来组织，因此一个区包括好几个街道，为了有效管理，设立的层级就比较多。在产业工会与地方总工会的关系上，"地方总工会对产业工会下级组织日常工作"有领导之权，但"应注意该产业管理机关与产业工会所规定之统一制度"，简言之，"属于产业统一性的问题归产业总工会领导，属于地方统一性的问题归地方总工会统一领导"，不能以"地方的统一性去妨碍产业的统一性"。①

从图 2-1、图 2-2 也可以看出，全国产业工会是个垂直组织，它的层级和组织简单明了，专业性很强，结构并不复杂，在实际工作中需注意的是与地方工会的关系。而地方总工会则显得比较复杂一些，这是因为地

---

① 《中华全国总工会关于工会系统与工会关系问题的决定（草案）》，《一九四九年中华全国总工会关于全国工会工作会议的几个决议（草案）》，1949，北京市东城区档案馆 004/02/0024。

方工会是行政机构，是国家政权的一个重要组织部分，它的职能、职责与产业总工会不同，因此它内部设立的机构和层级也相应地比较多。这一点从共和国之初北京市总工会的组织机构图中可以清楚地看到。

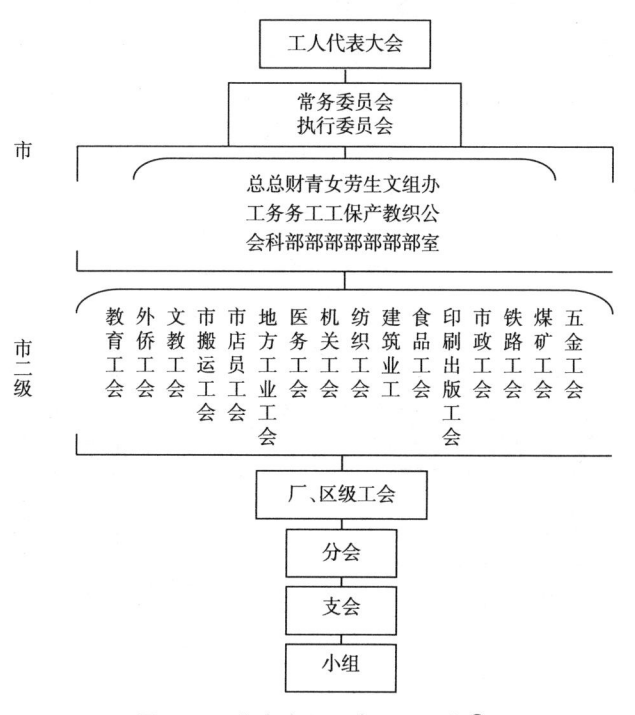

```
                    ┌─────────────┐
                    │  工人代表大会  │
                    └──────┬──────┘
                    ┌──────┴──────┐
                    │   常务委员会   │
                    │   执行委员会   │
                    └──────┬──────┘
      ┌────────────────────┴────────────────────┐
  市   │ 总  总  财  青  女  劳  生  文  组  办 │
      │ 工  务  务  工  工  保  产  教  织  公 │
      │ 会  科  部  部  部  部  部  部  部  室 │
      └─────────────────────────────────────────┘
      ┌─────────────────────────────────────────┐
      │教 外 文 市 市 地 医 机 纺 建 食 印 市 铁 煤 五│
 市    │育 侨 教 搬 店 方 务 关 织 筑 品 刷 政 路 矿 金│
 二级  │工 工 工 运 员 工 工 工 工 业 工 出 工 工 工 工│
      │会 会 会 工 工 会 会 会 会 工 会 版 会 会 会 会│
      │       会 会             会    工           │
      │                              会           │
      └──────────────────┬──────────────────────┘
                  ┌──────┴──────┐
                  │  厂、区级工会  │
                  └──────┬──────┘
                      ┌──┴──┐
                      │ 分会 │
                      └──┬──┘
                      ┌──┴──┐
                      │ 支会 │
                      └──┬──┘
                      ┌──┴──┐
                      │ 小组 │
                      └─────┘
```

图 2 - 3　北京市总工会组织机构①

由图 2 - 3 可知，工人代表大会是它的最高权力机关，它制定和修改章程，决定全市工人运动的方针任务。市总工会下分三级组织即市二级工会、厂区级工会和分会。实际上 1949 年北京市总工会开始筹备时，工作机构相对较简单，只设有：组织部、宣教部、生产部、劳保部、妇女部、青工部、行业部。4 月份刘少奇在华北职工代表会议上关于工会组织问题指示："为适应将来全国的工运，大致可组织六种工会（即产业工会、手工业工人工会、苦力工人工会、店员工会、文化

---

① 《关于本会组织形式、划分产业的意见、区联合办事处工作条例及工会组织登记、学习工会法、清理经费的通知》，1950，北京市档案馆 101/001/00283。

教育工作者工会、机关工作人员联合会)。"① 根据刘少奇的指示,北京市建立了产业工人工作委员会、手工业工人工作委员会、搬运工人工作委员会、店员工人工作委员会、文教工作组,撤销了合作部和行业部。同年 8 月成立秘书处,9 月成立研究室,10 月把产业工人工作委员会划分为公营产业工人工作委员会、私营产业工人工作委员会,12 月成立外侨雇佣工人工作组。1950 年首届工人代表大会召开以后,市总工会工作机构一共有 17 个部、委、办。② 此后屡有调整和增撤,但其基本组织机构大致如图 2－4。

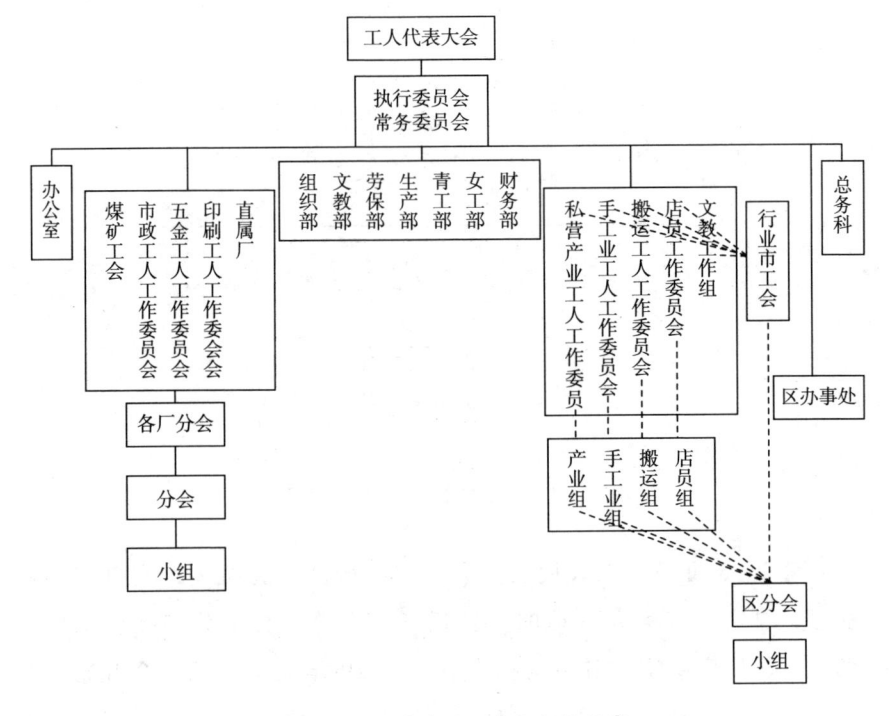

图 2－4　北京市总工会组织结构③

从以上这些结构图中,可以看到北京市总工会的有两个明显的特点。

---

① 中共中央文献研究室、中华全国总工会编《刘少奇论工人运动》,第 328 页。
② 北京市地方志编纂委员会编著《北京志·人民团体卷·工人组织志》,第 282 页。
③ 《关于本会组织形式、划分产业的意见、区联合办事处工作条例及工会组织登记、学习工会法、清理经费的通知》,1950,北京市档案馆 101/001/00283。

一个是它的机构设置与工会的本质功能之间并不完全吻合，而是紧跟时代步伐。工会从产生的过程就已证明，最主要的功能是代表工人向资本家或政府来争取并维护自身合法权利。为了更有效地实现这个目标，就应在机构中设置一个部门并突出其地位，但是无论在中华全国总工会的机构中还是北京市总工会的机构设置中都没有，反而较多的是与工会职能并不相关的机构，如妇女部、青工部、财务部、生产部等，就是宣教部、组织部也并不直接反映工会的本质功能。反而是工会机构的设置跟着国家政策频繁变化，1949年9月成立工会研究室，1950年4月被撤销。1952年为集中力量加强调查研究工作又撤销生产部、青工部，建立研究室。1953年5月，为了加强办公室，又把研究室并入办公室。① 其他工会机构变动也很频繁，一个机关单位的机构设置不稳定，实际上是它的职能定位不准确，或者是没有找到基本职能所在。另一个是工会的横向机构设置与纵向的机构层次太多。这需要严密的法规，甚至是法律来规范上下左右的运行规则，否则往往容易造成机构臃肿，效率不彰的后果。可是新中国成立之初，一切均在摸索之中，法规的制定远远落后于实践发展的需要。横向机构从一开始的8个部，一直增加到17个部、委、办，表面看上去分工更细致了，可是经常出现各部之间遇事扯皮现象。工会层级最多增至五级，文件的上传下达经常因为层级过多出现半途而废的现象，在工会的日常工作中，经常发生关系的机构是市总工会—各区办事处—分会这种垂直体系式的，其他层级往往需要调整和它们的关系才能开展工作。

二 新中国成立之初北京市工会的运作机制

最能集中反映工会运作机制全貌的是基层工会或工会的基层组织，它是"工会一切活动的组织基础",② "最接近和联系广大工人、职员群众。工会的全部工作都是经过基层组织来进行"，因此，想要了解工会的运作机制，研究"基层组织有特别重要的意义"。③ 可以说，基层是社会和国家

---

① 北京市地方志编纂委员会编著《北京志·人民团体卷·工人组织志》，第282页。
② 周永浩主编《北京志·人民团体卷·工会志》（终审稿），第127页。
③ 工人出版社编《工会组织工作手册》，第1页。

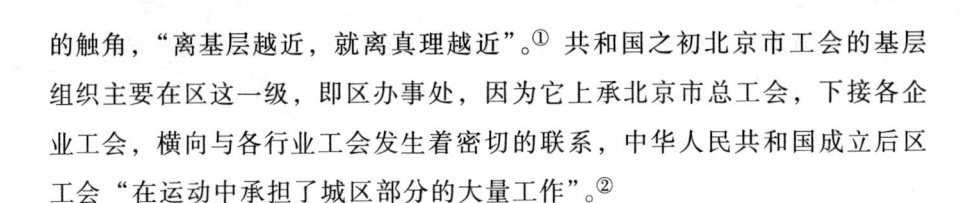

的触角,"离基层越近,就离真理越近"。① 共和国之初北京市工会的基层组织主要在区这一级,即区办事处,因为它上承北京市总工会,下接各企业工会,横向与各行业工会发生着密切的联系,中华人民共和国成立后区工会"在运动中承担了城区部分的大量工作"。②

(一)区工会与市总工会的关系

北京市总工会是北京市各工会组织之联合领导机关,即中华全国总工会直接领导下的地方组织,它的组织原则为民主集中制,即少数服从多数,下级服从上级;它的宗旨为"团结全市工人、职工、保护工人阶级的利益,联合全市人民,为恢复与和发展生产,建设人民首都与新中国而奋斗"。③ 它除了领导区工会及下属工会之外,还直接领导北京市许多大型企业的工会组织。区工会是1952年由区办事处发展而来,区办事处于1949年7月成立,最初形式是各区的工会工作组。区级工会组织不是一级独立的工会组织,它是市总工会的派出执行机构,"代表本会(市总工会)与该地区之工会组织相联系"。④ 区工会管理的主要是一些小型企业、私营企业,像产业工会、店员工会、搬运工会、手工业工会等。职责主要是团结和组织工人成立工会,协助处理劳资纠纷;教育工人,提高其政治觉悟;在市委及市总工会的统一领导下,对该区各项工作起保证作用和带头作用,保证完成该区的工作计划。⑤

北京解放后,在开始筹建工会阶段,权力主要集中于北京市总工会,为的是加强工会集中统一领导,尽快在各行业建立起工会组织;随着市总工会在实践中开展工作,区工会的权力有不断扩大的趋势。

---

① 转引自赵健杰《立足劳动关系现状 破解工会维权难题——2010年全国工会学研究会和中国工人历史与现状研究会理论研讨会学术观点综述》,《中国劳动关系学院学报》2011年第2期。
② 北京市朝阳区工会编《朝阳区工会志》,第79页。
③ 北京市总工会编《新中国北京工会50年文献汇编:1950~2000》,北京市总工会,1999,第47页。
④ 北京市总工会编《新中国北京工会50年文献汇编:1950~2000》,第50页。
⑤ 《市总工会各区办事处组织形式及工作任务》,1949,北京市档案馆101/001/00252。

1949年北京市总工会数次发文强调"一切纠纷集中到市级机关解决",①限制并纠正区办事处处理劳资纠纷,但是北京市的工商企业规模比较小,工人又分散各区,过度强调权力集中于市总工会与北京市商业的特点并不适应。况且,市政府或市总工会解决劳资纠纷耗时太长,导致发生劳资纠纷后劳资双方私下解决,不利于发挥区工会的领导作用,也可能使资本家与工人脱离中共的管控范围。因此北京市各区工会都要求市总工会适当放权,加强区级工会的权责。随后,"一切纠纷集中到市级机关解决"的原则被废除,劳资纠纷又回到区办事处解决。

1952年9月,为了适应工会组织迅速发展的形势,市总工会根据全国总工会华北工作委员会的决定,北京市再次对市总工会与区工会的权力进行界定。(1) 撤销了区办事处,建立区级工会,实行科室建制;(2) 市、区两级工会做了明确的分工。北京市总工会及产业工会集中领导大型公营工厂,小型工厂、行业则都交给区工会管理,把区级工会扩大,设置组织、文教、劳保、女工、财务五科和建筑、私营、搬运、店员四个工作委员会,使区级工会成为有职有权的部门。同时市总工会决定充实区级工会干部的人数,在这之前,全市区办事处原有干部共265名,②之后,"全市共编制四百四十六人"。③

(二)区工会与区党委的关系

在区工会还处于工作组阶段,也就是说在1949年8月以前,工作组采取"一揽子"工作法,既筹建新政权又组织工会,即全区基层(行业)工会和基层(街道)政权的建立结合进行,"所有的街政府都是以工会组织为基础建立起来的",因而,"解放初期的党、政、工在群众心目中难分彼此"。④以朝阳区为例,在"1949年8月以前,所属城区部分的七个街政权(朝阳街、市场街、神路街、东便门街、广渠门街、东直门街、西中

---

① 《市总工会第八区办事处一年工作总结汇报》,1949,北京市档案馆038/001/00018。
② 黄利新:《解放初期北京市城区基层工会组织的创建》,《北京党史》2010年第3期。
③ 《关于区级工会组织情况》,1952,北京市西城区档案馆001/04/0007。
④ 北京市朝阳区工会编《朝阳区工会志》,第4页。

街），都是以工会组织为基础建立起来的"。①

1949年7月，中共北京市委和北京市总工会决定建立各区工会办事处作为市总工会的派出机构，于是各区在原工会工作组基础上组建工会工作机构，扩充人员，成立办事处，但在工作开展上，仍为工作组方式。区工会办事处成立以后，区党委与它的关系是领导与被领导的关系。具体来说，在人事管理体制上，党委系统与工会系统互相渗透。1949年7月，北京市13个区工会办事处主任都分别由各区委书记兼任，无一例外。1950年2月，在北京市首届工人代表大会上，北京市委书记彭真当选为北京市总工会主席。

工作开展上，党委更多的是扮演幕后指导，工会则是充当前路先锋。尤其是群众广泛参加的各类政治运动，如"抗美援朝"、"镇压反革命"、"民主改革"、"三反"运动、"五反"运动等，"基本上都是区委派工会出面发动、组织或协同有关部门开展的"。②区工会办事处虽然是市总工会的派出机构，但实际上区党委的领导更直接，"双头"领导中，偏重于区党委而不是它的直接上级。1950年，"为了工会与党区委在工作配合上"的便利，"在党的组织方面，建议工会联合会区分会及产业工会区分会设有党组，受区委的领导"。③1952年，北京市的相关文件中规定："地区性的重大问题不能解决的，主要请示区委解决，属于全市统一性的问题则请示市总。"④ 从前门区工会1953年的工作汇报制度中也可看出这一特点。

工作总结：区工会各部门应按季度及每月做出工作总结，于每月二十五日前交区工会办公室，由办公室整理于月末二十八日送区委指示后，于月底送市总办公室；

专题报告：各部门应根据本部门各个时期具体工作（包括重点工作）定出专题报告，区工会每月至少写专题报告一份，送区委审查，

---

① 北京市朝阳区工会编《朝阳区工会志》，第7页。
② 北京市朝阳区工会编《朝阳区工会志》，第4页。
③ 《关于本会组织形式、划分产业的意见、区联合办事处工作条例及工会组织登记、学习工会法、清理经费的通知》，1950，北京市档案馆101/001/00183。
④ 《市总组织形式改变后各部各产业工会、各区工会之工作范围》，1949，北京市档案馆101/001/00367。

再送市总办公室。[①]

以上这些相关的规定中，区工会的工作计划、总结、专题、简报等都要先送交区党委审核，获得指示后才交市总工会，孰轻孰重，一目了然。

总之，中共建政后，通过人事管理体制设置和工作制度，确保各级工会组织在各级党委领导之下，造成社会组织行政化、国家化，工会属于群众自治组织的相对独立性逐渐被弱化，因此"党、政、工在群众心目中难分彼此"，[②]有的工人干脆"把党和工会看成是一个机关"。[③]

第三节 私营企业工会的组织整顿

新中国成立之初北京市情况非常复杂，工会的任务也异常繁重，加之北京市委要求迅速地把各类工人组织起来，导致组织工作过粗、过快，已经建立起的机构本身运转效率不彰，因此基层工会组织在1949年之后不久便开始了整顿工作。

1950年6月，全国总工会公布《组织工作条例（草案）》，开始对新建的基层工会进行整顿。它的目的是要"改变工会组织形式不统一、工作内容不充实、骨干与群众联系不密切的状况，使基层工会得以巩固和发展"。[④] 根据已经掌握的档案资料显示，早在1949年10月的时候，北京市已经有工会组织开始整顿。例如在第三区工会办事处，"为使工会成为群众所拥护的组织"，为了提高工人对工会的认识和觉悟，就采取各种方式对工人进行教育，"从组织中整顿，并对进步和落后者分别给以奖励与惩罚"。[⑤] 1950年初，第十三区按市总工会规定"巩固扩大组织，加强小组活动"的方针下，区工会办事处就按这个方针制定了本区"培养教育，提

[①]《前门区工会一九五三年度各种制度草稿》，1953，北京市档案馆 038/002/00090。
[②] 北京市朝阳区工会编《朝阳区工会志》，第4页。
[③]《在区里私营企业中进行政治教育存在的问题及今后工作意见》，1953，北京市档案馆 026/001/00367。
[④] 北京市地方志编纂委员会编著《北京志·人民团体卷·工人组织志》，第314页。
[⑤]《第三区工会办事处十月份工作总结汇报》，1949，北京市东城区档案馆 004/01/0061。

高觉悟和整顿清理，纯洁队伍"的工作计划并开始进行组织整顿。① 此次在私营企业工会组织整顿（机关工会、国营、公营企业工会组织也同时进行整顿）的工作历时很长，几乎伴随着私营企业走入"历史"；规模也很大，运用"整风""运动"的方式来进行组织的整顿。从整体的整顿效果来看，部分达到了整顿目标，但是远远没有达到整顿者的初衷，个中原因正是本节主要探讨的内容。

一 工会组织整顿的原因分析

工会组织的整顿主要包括三方面：（1）工会管理机关本身的组织、制度整顿；（2）工会管理人员，即工会干部的整顿；（3）工会会员的整顿。概括地说，一个是"死"的管理体制，另一个是"活"的管理者和被管理者。

（一）工会管理机构不协调

1. 工会管理机构不健全，基层工会组织涣散、自流

自1949年1月底开始，北京市总工会迅速在各区建立各级工会组织。但是工会组织成立时间和组织形式并不统一，"有的区在解放初便组织了工会，有的在六月底正式成立市工会时刚有了区筹委会，组织形式不一致，有的区以下是街会，有的是小组"。② 加上时间仓促，任务紧迫，所以出现了许多建立起来的工会组织机构并不健全，基层组织有自流的倾向。

北京市产业并不发达，但是在中共的认识中，产业工人是工会组织中的重点，也是最早被组织起来的。与其他组织形式不同，产业工会的组织形式是垂直的，各行业与市区的联系，并不全是市总工会私营委员会与区产业组之间，大多时候是主观交接意见，因此会议制度不健全，如在工人夜校的宣教工作、合作社的福利工作上都"表现了工作缺乏整体性，负责各行业的对宣教、福利漠不关心"。产业工会建立起来以后，应该是"了解各厂生产情况，制订集体合同草案"，但是在市总工会没有布置具体任

---

① 北京市朝阳区工会编《朝阳区工会志》，第13页。
② 《关于建立产业工会、区办事处组织形式和基层改选等专题报告和请示》，1950，北京市档案馆 101/001/00052。

务的情况下，工会组织"便觉得松懈，没有主动地去了解情况，收集工人意见"。①

在一区店员组，像百货业、布业、五金业因为过去开始组织时对一般会员的教育很少，只抓紧一些上层干部，而当这些干部转业或离去时工作马上就陷于停顿，五金业原有 4 个干部，后来只剩得 1 个；百货业原有 5 个，后只剩下 2 个。②饭食旅店业工会的情况是，分会与会员联系少，小组又不健全，分会是解决了一些问题，但没有把所做的工作及时总结经验教训来教育会员，因此导致大多数会员认为工会没有用，只知道要会费，于是对工会不感兴趣，面对这种现象，饭食旅店业分会不得不进行整顿。

工会干部的素质与责任心如何也直接影响工会管理机构的运作和组织工作的进展。店员组东三区的工会干部，就存在两种极端的现象：一种是包办代替不相信群众；另一种是根本不负责任，推一下动一下。造成前者的原因主要是工会内部还没有民主生活，工人与工会仍有很大的距离，如油盐粮业分会主任蔺春元、副主任王志斌都未经群众选举产生，是指定的。王志斌自己都承认："我由组长，支会委员，分会副主任，一直上升未经选举，是偷偷摸摸上来的，是不合法的，觉得群众觉悟低，只有干部搞才成"，结果他一人身兼数职（收会费、开介绍信、开会），工作忙得不可开交，但是没有什么成绩，会员问题也不能解决。茶业分会主任赵福元有事自己干，半年未开小组会，他回家工会工作就停顿起来，别人插不上手去，开会内容不传达，也不说清道理，到时就是缴纳会费，这种现象最普遍。有时群众反映也不向上级汇报，如庆仁堂支会主任徐文奇，1949 年为救济上海失业工人捐款时向工人说："每人拿 500 元算了"，③也不讲清理由，因此收会费就成为工会的经常工作，除此之外，再找不到内容。

搬运组工会组织系统很复杂，有全市的市工会，市工会下设分会，分

---

① 《北京市工会第一区办事处 1949 年月度、季度工作报告、行业调查报告、各工作组工作报告、宣传工作报告》，1949，北京市东城区档案馆 004/01/0001。
② 《北京市总工会第一区办事处各工作组 1950 年月度工作计划、工作报告，组织、女工工作计划、工作报告》，1950，北京市东城区档案馆 004/01/0005。
③ 《东三区办事处 1950 年工作总结、报告》，1950，北京市东城区档案馆 004/01/0063。

会以下为小组。由于三轮车工人数字比较庞大,一个分会下面有两三百个小组,很难领导,在刚开始组织时曾有过街分会的组织,因为层次过多,工作不容易贯彻,而且街分会为一级,解决问题不易统一,所以采取分会下设大组,但大组不为一级,只负责分会与小组的联络责任。① 在一区,搬运工人工作委员会"干部调动频繁,谁负责搬运工人工作没有明确宣布",由于"人力不足,分工不明确,过去搬运工人工作干部只有三个人,有时候简直就忙不过来","最近工作日愈增加,而工作组的干部却日愈减少,到现在为止,第一区做搬运工人工作的干部只有两人,眼看着一大堆工作没法做",造成的结果就是"工作缺乏通盘计划,工作零零碎碎,以致处于被动地位,每天早上临时商讨应做的工作,既没有准备又没有步骤,所以有些事觉得进行得很乱"。②

手工业组的鞋业原是一个分会,有7个委员,"委员大部分走了,工会工作无人组织,基本垮台;于7月(1950年)内召集了会员大会,出席167人,分别成立在业工人的支会75人,一个失业工人的支会92人,共259人,每个支会5个委员,成立了10个小组,分会还未恢复"。③ 用品修造业,原是一个分会,由于"组织不健全,工作进展不开,随着总工会形式的改变,用品修造业分会于6月份改了组,分会改为4个委员,成立了两个支会"。④

北京市第六区办事处的一份总结报告中对工会组织情况有较充分的说明。

> 1950年初主要是发展与健全工会组织,全区职工共21244人,已参加工会的1382人,占总工人数的63.96%。这期间的组织一般是不巩固的,基层组织不健全,自3月经济改组后,各行业营业情况不好,

---

① 《关于建立产业工会、区办事处组织形式和基层改选等专题报告和请示》,1950,北京市档案馆 101/001/00052。
② 《北京市工会第一区办事处1949年月度、季度工作报告、行业调查报告、各工作组工作报告、宣传工作报告》,1949,北京市东城区档案馆 004/01/0001。
③ 《北京市总工会第一区办事处各工作组1950年月度工作计划、工作报告、组织、女工工作计划、工作报告》,1950,北京市东城区档案馆 004/01/0005。
④ 《北京市总工会第一区办事处各工作组1950年月度工作计划、工作报告、组织、女工工作计划、工作报告》,1950,北京市东城区档案馆 004/01/0005。

甚至关门，工人被解雇的很多，工会组织因此陷于瘫痪状态。4月到8月期间，工会贯彻劳资协力渡过困难的方针，根据实际情况，成立劳资协商会议和临时协议，这时的工会组织没继续垮下去，但还是活动不起来。9月初，由于营业渐趋好转，工会组织开始活跃，正在整顿基层组织，办事处组织形式改变，宣教组人少事多，不能掌握整个工会组织，所以基层组织还没恢复和巩固，会员人数反比年初少。[①]

2. 区办事处与市总工会、行业工会工作不协调

区办事处是市总工会的派出机构，受市总工会的直接领导，应该说上下级关系非常明确，工作中应该能很好地配合。可是实际工作中，"对这一点大家的意见较多，由于组织形式的限制，办事处须满足本区工人若干要求，如文教、福利等，所以许多工作市总对区工会失去领导，也有许多工作市总直接布置，区茫然不晓，弄得头尾不接"，如一区卷烟业，"市总布置的成立正式市总代表之事，一区工会负责卷烟的同志就不清楚，而这个事情又是很重要的，因为了解具体情况的区里同志，应该而且也确实比市总工会的同志要多"。同样是在一区，产业组工会在一份工作总结的经验教训中写道："行业调查组织工作产生了临时代表之后，一切工作集中到了市总，区里马上失去了联系，自从上星期各行业代表会开过以后，区里尚未接到市总一张书面或一个口头通知，这一点我们觉得很棘手，不晓得今后该怎么做才对。"[②] 第九区办事处在1949年的总结中也写道："在工作当中，还发生了一种偏向即是市总与区办事处脱节，工人干部与工人群众脱节，工人干部听市总的指示与调动，工人却听区办事处工作组领导。"[③]

这些都说明市总工会与区办事处的工作关系是不密切的。市总工会开会布置了工作，下面直接去搞，出了问题后才来找区办事处的工作人员了解情况。特别是由于管理基层工会机构既有市总工会、区办事处，还有行

[①] 《北京市六区工会工作总结报告及六区工会办事处的编制》，1950，北京市档案馆038/001/00032。

[②] 《北京市工会第一区办事处1949年月度、季度工作报告、行业调查报告、各工作组工作报告、宣传工作报告》，1949，北京市东城区档案馆004/01/0001。

[③] 《北京市总工会第九区办事处1949年工作总结》，1949，北京市档案馆038/001/00016。

业工会，它们的关系也经常出现问题，往往是一个行业刚建立工会时，这几者关系尚比较密切，越到后来关系便自然而然地断了。以面粉业、铁工业来看就是比较典型的例子，区办事处的人不知道自己应该在面粉业这一行业上做些什么工作；铁工业也是如此，一区面粉业干部同铁工业分会干部谈起1949年12月份市总工会给分会布置了什么工作，铁工业组说什么也没有，而区办事处也一样不知道，12月份市总工会同区的联系也同面粉业一样，逐渐断了。可是月底或年终结账，市总工会向区办事处要很多的汇报、总结和材料，这让区办事处感到很棘手，这些意见区办事处提了许多次意见，"怎么样来改善，也没有具体的成熟的意见"，因此行业工会呼吁："尤其在布置行业工会工作的时候，能让我们也参加，也多少能给我们对工作上的一些帮助。"① 反映出区办事处、行业工会干部对于市总工会既无奈又充满期待之心情。一区办事处在检查自己的工作时写道："自从办事处成立以来，始终存在上下级领导关系包括了办事处、产业组和市总的关系，行业工会与本组的关系，公私营我们对其领导关系等等，在今年（指1950年）6月份前一直没有很好明确，就到目前为止（1950年12月），我们与行业工会的关系还是模糊的。"②

出现这样的问题，有市总工会的原因，也有区办事处原因，还有工会组织设置层级太多且分工与职责不明确有关。市总工会由于受市委的直接领导，主要着眼点在上级，并不在基层，因此在领导方法上，重点工作与一般工作结合差，经常是做三轮工作，其他工作就不管了，今年作搬运工作，三轮工作又不管了。在布置与决定工作时也有主观随意性，如让三轮工人拉土，"布置三区出141人，头天布置第二天就要，结果报了大车后，始终无信。后来调查来了，三区又没土可拉，结果引起工人埋怨，发牢骚，说：'工会也欺骗人啊？'"③ 三轮工人居住分散，成分庞杂，普遍极端贫穷；三轮车又属于没落行业，因此国家动员工人转业东北、西北，一个

---

① 《北京市工会第一区办事处1949年月度、季度工作报告、行业调查报告、各工作组工作报告、宣传工作报告》，1949，北京市东城区档案馆 004/01/0001。
② 《北京市总工会第一区办事处各工作组1950年月度工作计划、工作报告，组织、女工工作计划、工作报告》，1950，北京市东城区档案馆 004/01/0005。
③ 《东五区办事处1950年工作总结、报告》，1950，北京市东城区档案馆 004/01/0063。

街区人员很不固定，工会会费很难收取，市总工会于是决定"停止吸收会费"，也不向工人解释，结果"使工人以为工会垮台了，影响很坏"。[1] 区办事处是工会组织最低层，接触方方面面的事，特别需要有能力，懂政策的干部，可是区办事处的干部水平参差不齐，也影响工会组织功能的有效发挥。

（二）工会工作不深入，停留在小组层面

工会组织建立起来以后，许多工作只停留在工会干部身上，最多到工会小组这一层，不能有效地深入下去，在工会组织整顿以前，店员组工会表现得最明显。三区店员组"工作不深入，自上而下的包办代替的工作作风"，油盐粮业在劝募寒衣时，都是支会主任亲自到各家去动员，否则无法进行。三区店员支会主任余宝华说："会员对工会没有起码认识，分会工会主任不知是谁，工会怎么回来也不晓得，就认识主任"，"认为每月要钱的就是主任，入会为什么就是纳会费，会员说入会有三件事，一是交会费，二是看资方白眼，三是费鞋（经常开会）"。[2] 说明下面工会组织非常乱，而且有要求自动退会的现象。有时工会干部"光做一般布置而不做具体帮助和检查"，三区的浴堂业午校自动报名每天应为 20 人，到上课时教员到校已过半小时，工人只到 4 人，不得已又亲自到松竹园请学生，总共才 15 人。[3] 这就说明平时只布置不检查，不做充分的思想动员，光靠组织推动，日常工作没有深入到工人中间，这样的工作做法是根本不够的。

第一区文教组工作人员都有这样感觉，"在领导各文教行业工会时，工作无法深入，白天到下面去时，人家却在工作，不能谈话，只有下班后的一点时间，有时人家还忙着回家，这样在领导工作时只能通过会议领导，所以工作不易深入"。[4] 因此文教组在 1950 年的一份"整风总结"中

---

[1] 《东五区办事处 1950 年工作总结、报告》，1950，北京市东城区档案馆 004/01/0063。
[2] 《东五区办事处 1950 年工作总结、报告》，1950，北京市东城区档案馆 004/01/0063。
[3] 《东五区办事处 1950 年工作总结、报告》，1950，北京市东城区档案馆 004/01/0063。
[4] 《北京市总工会第一区办事处各工作组 1950 年月度工作计划、工作报告，组织、女工工作计划、工作报告》，1950，北京市东城区档案馆 004/01/0005。

自我检讨时指出:"工作只在执委会中,不深入,缺乏系统了解。在工作中我们多半只和工会委员接触,参加一些执委会,根本就很少和一般会员接触深入地、系统地了解来解决问题,就以第三医院为例,我们仅仅是经常去该院工会的执委会,在会上提出我们的意见,帮助他们处理一些问题,至于工会小组的实际情况,会员情况,……究竟是怎样的我们不了解,这都严重表现了我们工作的不深入、不仔细。"①

(三)工会干部的消极动摇思想

工会管理人员因为受旧社会的影响,相互之间有时也有矛盾,最典型的是在搬运工人工会中,此行业在北京解放前一直是封建家长式的管理办法,工人及干部说话开口闭口"爷儿们""哥儿们",是论辈说话,行会思想很严重。刚开始组织工会时,车主反对但无力阻止;工人欢迎,但工会干部总是认为他们"落后",因此工会组织与工人之间互相并不信任,经常出现的情况是"会费收不上来,会员福利得不到,上下不通气",而且在市总工会下有分会,分会下设有支会,各层级"干部闹不团结,会员交了会费不往上缴",三区支会组织委员"只管他的街内,不管外街",支会干部宋尔奎竟在白天倒锁门,"怕会员找他有麻烦事,硬充不在家,搪塞了事"。② 一区搬运工人工会中,第四大组组长戴敬顺因为贪污被撤换掉组长的职务,开改选会时由分会掌握,结果最后发觉是由张毓秀包办的,他事先做好了选票,发给每个选举人,最后结果当然是张毓秀当选。他当选后开始排挤原有的工会干部,副组长常俊本来对工作没有错误,被张毓秀无理由地撤职了,而补选了他们同流合污的几个人,如怀金泉,他原来在国民党侦缉队干过,被选为福利干事。张毓秀本人在北京解放前当过四年司法警,两年侦缉,两年警察。自当选为工会干部后,他就又拿出过去的老一套,任意勒索敲诈,如让他解决些纠纷,他就要让买东西请客,物价波动时大街上禁止流通大批面粉,他假公济私盖工会公章,让他的朋友把五袋白面送往海北寺街,私自利用职权扣留会员证,涂改后发给别人,收

---

① 《北京市总工会第一区办事处各工作组 1950 年月度工作计划、工作报告,组织、女工工作计划、工作报告》,1950,北京市东城区档案馆 004/01/0005。
② 《东五区办事处 1950 年工作总结、报告》,1950,北京市东城区档案馆 004/01/0063。

的登记费自肥。① 一区三大组组长周松山也不是工会会员选出的，利用他弟弟副主任的威信自命为组长，并把他的朋友秀荣光（车主）拉进来当副组长，在三组掌握全权，任意扣留别人的东西。秀荣光与工人的劳资纠纷案的存根，周松山看见了说："这是我的朋友，谁说他是车主。"② 就把存根给撕碎烧了，并大发雷霆。

一区合作社内，"被选举出来的业务人员，大部分都不称职；而工人中表现积极、自告奋勇的人大多另有企图，表面上满口为大家服务，实则完全由一私之名利出发，经过实际工作的考验，他们的种种弱点和不良动机都暴露无遗，不是消极怠工便是排斥异己，彼此猜疑不合作，结果人事混乱屡次更换，使合作社无法巩固与发展，陷于动荡不安之境"。③ 对工会的这种评论是相当深刻的，说明当时工会干部在工会内部争权夺利的斗争状态。

在普通大众的思想认识和印象中，共和国成立之初的贪污腐败问题应该是一个不太严重的问题，更不是一个普遍的问题，甚至根本就算不上一个问题。但从档案材料中反映的情况来看，却并非如此，凡是与钱有直接关系的机构和人，贪污几乎不可避免，集体贪污也不是个别事件。从贪污的主体来看当然是各级工会干部，一般工会会员没有条件与可能；贪污的领域主要是在合作社财物、工会会费和工会的各种文教费、保险金等。从贪污的时段来看，"三反"运动、"五反"动前有，这两次运动以后仍然没有禁绝。

各业工会成立合作社的目的本来是"节省开支、减少浪费，避免工人购粮受地区的限制麻烦，消减工人的行会思想，促使全区各行业工人团结一致"。④ 成立之初带有工人福利性质，可有效地避免物价波动对工人生活

---

① 《北京市工会第一区办事处1949年月度、季度工作报告、行业调查报告、各工作组工作报告、宣传工作报告》，1949，北京市东城区档案馆004/01/0001。
② 《北京市工会第一区办事处1949年月度、季度工作报告、行业调查报告、各工作组工作报告、宣传工作报告》，1949，北京市东城区档案馆004/01/0001。
③ 《北京市工会第一区办事处1949年月度、季度工作报告、行业调查报告、各工作组工作报告、宣传工作报告》，1949，北京市东城区档案馆004/01/0001。
④ 《北京市工会第一区办事处1949年月度、季度工作报告、行业调查报告、各工作组工作报告、宣传工作报告》，1949，北京市东城区档案馆004/01/0001。

的影响，对下层的搬运工人特别有利，因此很受他们欢迎。可是合作社成立起来以后，干部贪污、盗窃现象却屡屡发生。三区五、六、七、八街合作社主任王福贪污 20 袋面粉，据他自己说卖了 24 万元，① 事情发生后他把账册全部烧了，使别人无账可查。② 三、四街合作社主任王锡伍贪污 4900 斤粗细粮，还有其他粮 56 斤，在事情发生的时候，他坚持不承认，后来把他卖给加工店里的证据（2104 斤粮食）拿出后，他没法反驳而承认，但对其他的一概不承认，结果被送到法院；该社会计班超生，因受王锡伍的收买（给做衣服）而替他掩盖事实，还有该社的几个大组长也帮他辩白，原因也都受王锡伍的收买，因借过他们（大组长）粮食。③ 由以上这些情况可以得出，他们是集体贪污，问题并不简单。

门头沟区总工会管理员李春年是 1949 年 6 月 20 日到机关工作的，自参加工作以来，一贯表现不负责任，生活腐化，经常游街看戏，动用公款 17000 元买东西和零用，此外还借给一个唱戏的 19000 元。查明后大家叫他设法归还，并且为了争取教育他，并没有给予他处罚，但李春年不知改过，不出几天又挪用公款 40000 元。查出以后，李抵赖不过，只好承认错误。区总工会认为李春年两次挪用公款不知悔过，经市总工会批准以后把李春年送到门头沟公安分局看押起来。④ 森隆饭庄工人代表侯桂森（分会委员）私自挪用会费，"共贪污 52.3 万元，偷了柜上□□三打，白布两疋，还有其他小的东西"。⑤

印志伯是北京市私营文光装订厂资方的外甥，1951 年下半年他参加了工会，当了文光装订厂工会委员会的主席。从此以后，资本家便用亲戚关系和增加工资等办法把他拉过去。工人向工会或资方提意见，印志伯便不满意。他和资方勾结在一起，用调动工作和降低工资的手段，来压迫工人、打击积极分子。工人向资本家要求福利待遇，印志伯便利用代表资

---

① 1955 年国家币制改革，旧新比值为一万比一。以下币值皆指旧币。
② 《东三区办事处一九四九年工作总结》，1949，北京市东城区档案馆 004/01/0061。
③ 《东三区办事处一九四九年工作总结》，1949，北京市东城区档案馆 004/01/0061。
④ 《贪污腐化受惩戒——门头沟区总工会管理员李春年被看押》，《工人日报》1949 年 8 月 21 日。
⑤ 《北京市总工会第一区办事处各工作组 1950 年月度工作计划、工作报告，组织、女工工作计划、工作报告》，1950，北京市东城区档案馆 004/01/0005。

方,设法敷衍工人或拖延不办。印志伯被资本家收买后,生活腐化堕落。他屡次利用工会职权,调戏、侮辱和打骂女工。1951年8月,他给工人领取工会会员证时,向每人多收了2400元,后来到市总工会去打钢印时,又向工人索取了2100元,另外还多收工人严淑珍10000元。工人质问他,他搪塞说:"我给你们办事,多收点车钱,也值得一问!"更严重的是贪污了1952年7月份职工抗美援朝购买飞机大炮的捐款136000元,北京市总工会四区办事处的负责人向他查问这件事,他撒谎说已丢失了收据。①

前门区工会于1955年对建筑业、三轮车、排子车等问题较多的行业为重点进行了工会财务检查。检查结果发现贪污、挪用及其他违反财务纪律的51人,钱数是21190250元。其中区工作委员会6人(主任、副主任各1人,秘书1人,财务委员和干事各1人,宣传1人),基层组联委员20人(主任9人,副主任4人,财务委员2人,干事1人,福利委员1人,组织、劳保、宣教委员各1人),小组长15人,会员10人。② 至于贪污的原因也有许多,首先,三轮车、排子车、建筑行业的工会组织的账目不健全,制度混乱,因此,有些生活腐化或生活困难的干部趁机贪污、挪用。如建筑业工会自1951年6月到1952年6月,他们经手的各种款项有的记载,有的根本没有记载,而区工会财务科成立后,余款也未上缴,仍混乱使用,因此,不好查出确切数字来,已知的是"区工作委员会主任和秘书各挪用了50万元左右"。③ 其次,工会对干部和会员进行教育不够,有些干部贪污、挪用公款工会一直未能发现,因此,使问题有所发展,由于缺乏教育,有的干部和会员认为挪用会费或其他公款没什么关系,甚至有的个别干部存在着"为大伙跑腿,不贪污点不够本"的错误思想。④

综合以上材料可以看出,贪污腐败在政治高压下仍然频繁发生,说明

---

① 《工会干部印志伯被资本家收买贪污腐化出卖阶级利益已被撤职》,《工人日报》1952年2月20日。
② 《前门区工会财务、劳保女工科工作计划、报告、办法等》,1955,北京市档案馆026/001/00047。
③ 《前门区工会财务、劳保女工科工作计划、报告、办法等》,1955,北京市档案馆026/001/00047。
④ 《前门区工会财务、劳保女工科工作计划、报告、办法等》,1955,北京市档案馆026/001/00047。

贪污行为发生既与工会管理体制有关系，也与工会管理人员的思想有关系。体制的设计与运行中有漏洞，埋伏下贪污的可能。部分工会管理人员利用工会管理中的制度缺失放松思想不自觉地陷入贪污的泥淖。

说起来，中共历来重视干部队伍建设，注重从日常工作中培养和发现干部，干部队伍的素质关乎中共革命事业的成败。人民军队进入北京之后，为了迅速地把工人组织起来进行生产，1949年3月，刘少奇对北京工会工作指示中要求"把一等的好干部放到工会中去，最强的干部放到工厂中去，区委干部弱一点可不急，各单位要计划一下如何分配干部，帮助解决干部问题"。[1] 面对进城之后工会干部的缺乏，一方面从老解放区、地下党与职工中的进步分子中抽调形成工会领导核心，另一方面通过华北职工干部学校来培养大批工会干部，以解缺乏干部的燃眉之急。

工会干部如此重要且缺乏，主要反映的是工会组织的重要性和工会在共和国之初地位之隆。这一点可以从许多方面得到印证，在公营企业中，属于领导集团的是党、政、工、团；私营企业中是党、工、团。工会的地位几乎与党是平起平坐，共同出席重要活动，一起研究解决重大问题。1949年8月朱德在全国工会工作会议上讲道："工厂党的支部也要执行上级工会的指示。可以有批评，关系是相互帮助，都是工人阶级应有阶级观念，不要带个人的念头。"[2] 可见共和国之初工会机构地位非常重要，权力也很大。但是工会干部到实际工作中以后，一边是强势的、有权的党政机关及有钱的资本家，一边却是"一无所有"的工人大众，自己本身又是有"官治"色彩的组织，工会组织的重心究竟倒向谁是不言而喻的。因此到了1950年5月工商业开始好转以后，"这时工人的正当利益理应得到维护，但工会工作干部却站在企业行政一边，甚至片面替资本家叫困难、压制工人的正当要求，引起工人不满，以至出现工会会员要求退会、拒交会费、包围工会、殴打工会干部和严重的骚乱事件。"[3] 在公营企业，工会与行政"毫无分别"，被称为"官僚主义的舌头""行政的尾巴"；在私营企业，

---

[1] 北京市总工会编《新中国北京工会50年文献汇编：1950~2000》，第7页。
[2] 《朱德、李立三同志在全国工会工作会议及华北电业工作干部会议上的报告摘要》，1950，北京市档案馆 001/006/00016。
[3] 林蕴晖：《国史札记：事件篇》，东方出版中心，2008，第45页。

工会干部为资方说话，被称为"厂方尾巴""资方走狗"，有些工人直接说："哪里有工会，哪里的工人就倒霉。"[①] 这种状况一直没有得到很好地解决，直接导致了1949年之后两次工会工作的"危机"，第一次是1953年1月至8月，"半年来工人罢工、怠工、请愿、捆打干部等事件不断发生"，"少者数名'工人代表'，多者数百名或数十工人一起去全国总工会请愿者已达21次"，远的有上海、广东等地，近的有北京、天津等地，"这些都是相当严重的群众性纠纷事件"。[②] 1956年工人罢工规模更大，据不完全统计，在1956年，全总收到的报告和直接处理的事件就达86起。每起请愿、罢工的"人数一般有十数人至数十人，多者有一二百人，甚至近千人"，全总党组向中共中央的报告中说："值得注意的是，在这些事件中，有共产党员和青年团员带头参加，有基层工会主席参加"，"从这些事件的发展趋势来看，次数越来越多，范围越来越大，问题越来越严重"。[③]

不过，需要肯定的是，新中国成立之后，各级工会组织在组织和动员工人完成各种任务，特别是对国家的各项建设中都起了十分重要的作用。可是，随着国家各项事业的发展，国家、生产单位、生产者三者之间的利益如何平衡与协调，又是一个非常难以处理的问题。这时的工会变显得左右为难。如果他们竭力为绝大多数工会会员争利益则有可能被戴上"工团主义""对党闹独立性"等的帽子，李立三被批判像无法驱散的阴霾萦绕在各级工会干部的心中。可是如果对于工会的一些合理要求无动于衷，那么工人又说工会"只知道收会费"，工人和工会离心离德，工会的作用体现不出来。因此，工会干部一般都有双重面孔："在党内他们尽可能的为工人争取合理的权利，指出党的各种官僚主义规定，当他们的意见被党否定时，他们又转向不得不去做安慰工人的工作，要求工人服从大局。于是在上级领导和下层工人群众的双重挤压下进行工作，搞得自己两面不是人，两头不讨好，经常受'夹板气'，自己感到成了'豆饼干部'。"[④]

---

① 李桂才主编《中国工会四十年资料选编》，第65页。
② 中华全国总工会办公厅编《建国以来中共中央关于工人运动文件选编》（上册），中国工人出版社，1989，第173页。
③ 李桂才主编《中国工会四十年资料选编》，第574~575页。
④ 林蕴晖：《国史札记：事件篇》，第213页。

正是由于上述原因，在第一区一般工会干部都存在怕搞工会工作的思想，他们感到工会工作很空洞，他们说："党委干部是一等干部，行政干部是二等干部，工会干部是三等干部。"① "有了问题解决不了（如工人生活福利问题），长期的工会工作弄得自己一点闲时间没有，上级组织对工会干部没有什么照顾，费力不讨好"，② 因此就越来越消极，害怕当选工会干部。一区三轮车、洋车工会里的一部分干部把工会工作看作是一种沉重的负担。③ 1954年第十三区建筑业工会改选中，除一些人积极争取把自己选上外，还发现一部分原有干部有"换肩"思想，他们在民主协商中，一再要求把自己选掉，以便省心。④

（四）工会会员成分复杂，组织不纯

北京解放后，把北京市各业工人组织起来进行生产是北京市总工会既定的任务。但在开始自下而上建立工会基层组织时，工会干部的"左"倾关门主义思想和工人的"左"倾行动，严重影响了工会迅速地把各业工人组织起来的需要。全总派到长辛店的工作人员也曾犯"左"倾错误，带领工人群众包围公安局，坚持开群众大会要公安队员坦白，公然违抗北京市委屡次指示。李立三认为："这些是客观上帮助反革命的错误。"⑤ 正因为工会组建过程中"左"倾关门主义盛行，中共中央决定于1949年7月23日召开全国工会工作会议，"严厉地批判了工会组织工作中关门主义的错误，及时地预防了在将来大量发展会员可能发生而且在个别地方业已发生了的形式主义错误"。⑥

---

① 何书林：《我的回顾与思考》，北京市总工会工人运动研究会编《北京市总工会成立四十周年纪念文集》，第148页。
② 《北京市总工会第一区办事处各工作组1950年月度工作计划、工作报告，组织、女工工作计划、工作报告》，1950，北京市东城区档案馆004/01/0005。
③ 《北京市工会第一区办事处1949年月度、季度工作报告、行业调查报告、各工作组工作报告、宣传工作报告》，1949，北京市东城区档案馆004/01/0001。
④ 北京市朝阳区工会编《朝阳区工会志》，第17页。
⑤ 《朱德、李立三同志在全国工会工作会议及华北电业工作干部会议上的报告摘要》，1950，北京市档案馆001/006/00016。
⑥ 中华全国总工会中国职工运动史研究室编《中国工会历史文献》（1945.9～1949.9），工人出版社，1958，第399页。

在上级组织的要求下，北京市总工会从 6 月份采取自上而下的组织方式，很快地把全市工人组织起来。① 但是大量吸收会员也不可避免鱼龙混杂现象的发生。东三区组织工会中，审查工作不够严，非工人成分也加入了工会，例如，油盐粮业各店工人登记一下就成了会员；永生、永康粮店一部分资方也加入了工会。② 组织工作上又有形式主义，只顾大量开展成立组织，而不注意巩固，如百货业店员感到马上就要失业，为了完成任务也要求组织起来，不开会就打电话催，不得不开会。"宝源金店工人 20 人，入会只有 2 人，就说 2 人落后不觉悟"，③ 本来失业就已经在眼前，工人根本无心组织工会，而结果工人大部分失业，所以其余大半都与工会脱离关系。由于进城初期第一区工会工作繁忙，工会干部也缺乏，工会工作不是普遍地进行而是采取有重点的进行，但工人要求组织工会则是一个普遍而急切现象，因此在工会工作组尚未达到的地方，工人便开始组织自己的工会。如翠花楼饭庄的职工会、清华园澡堂的职工会、协和医院的工人会、公懋汽车行的职工会便是没有通过工作组而组织起来的工会。可是这些工会的组织是很不健全的，像协和医院的工人会、翠花楼饭馆的职工会成分不纯，会员有的竟是其他饭馆的股东，职工会为少数分子操纵，以致很多时候站在资方立场上说话，清华园职工会五位筹备委员有两位是以前国民党职工会的干事，且其中一位为副主任，④ 工会成立后副主任张玉典即操纵柜上大权，一切开支须他来管，其实这种行为是超乎工会权利范围的。

第十三区建筑业三元庵支会有一个会员曾是国民党统治时期的保长，还是个地主；十三支会会员中有一个是原国民党兵役干事、一个是封建把头，这两人被开除会籍后，送至法院；恒兴窑工会在审查会员时，发现一个叫汪俊的人历史可疑，经查，其在当八路军时，曾掳走枪支投敌，后当

---

① 《北京市总工会第九区办事处 1949 年工作总结》，1949，北京市档案馆 038/001/00016。
② 《东五区办事处 1950 年工作总结、报告》，1950，北京市东城区档案馆 004/01/0063。
③ 《东五区办事处 1950 年工作总结、报告》，1950，北京市东城区档案馆 004/01/0063。
④ 《北京市工会第一区办事处 1949 年月度、季度工作报告、行业调查报告、各工作组工作报告、宣传工作报告》，1949，北京市东城区档案馆 004/01/0001。

国民党军队长时，杀害过共产党干部。①

也有部分工人加入工会后，品行不端，被开除会籍，甚至被法院逮捕。北京市第六区清洁队二分队第三班队员郑云翠，在1950年9月11日晨强奸邻居于某之妻，于妻哭闹至分队，工会经会员提出，支委会讨论后开除其会籍。②

综合以上种种情况可以看出，工会组织的整顿势在必行。

二 工会组织的整顿

从整顿的范围来看，主要有工会干部队伍、工会会员、工会工作机构和工会工作制度建设四方面展开。

（一）工会干部队伍整顿

工会干部队伍的整顿是工会整顿中非常重要的一环，中共历来重视干部在革命斗争中的作用，把发现、培养干部放到一个关乎革命事业成败的关键位置上。毫不隐讳地说，在中共的意识里："干部决定一切"，③也就是说，干部是决定一切的因素，很自然，当工作中出现问题时首先想到的就是干部出了问题。工会干部也是中共领导下的一批管理工人阶级的重要队伍，由于在已经建立起来的工会组织中干部出现诸多问题，因此工会最初的整顿就是从整顿干部队伍开始的。

1950年初，十三区培训了搬运和建筑业基层干部、会员269名，④为整顿清理准备了基本的骨干力量。第一区开始整顿前也是"首先补充分会干部，以便展开工作，然后在支会调整干部，干部要多一些"，"小组方面干部也扩充"。⑤开始干部要向会员做总结汇报工作，让大家讨论，对有问题的干部或会员，可以提出批评，也可以向办事处反映、检举。经过反复动

---

① 北京市朝阳区工会编《朝阳区工会志》，第15~16页。
② 《北京市第六区工会1950年月份工作计划及总结等》，1950，北京市档案馆038/002/00018。
③ 《东单区工会1952年工作总结》，1952，北京市东城区档案馆004/01/0009。
④ 北京市朝阳区工会编《朝阳区工会志》，第13页。
⑤ 《北京市总工会第一区办事处各工作组1950年月度工作计划、工作报告、组织、女工工作计划、工作报告》，1950，北京市东城区档案馆004/01/0005。

员以后，大多数会员积极起来，在讨论会上，纷纷指出混入工会的坏人和一些干部的错误问题，使办事处掌握了大量的情况，然后改选工会干部。据统计，1950年在第十三区"四大口工会在整顿中，共改选掉干部六十二名，占总数的百分之二十一"。① 第三区店员组，"提拔新的干部116人，落选的干部70人。在油盐粮业中绝大部分是在整顿中出现的积极分子，组织员49人中26人是新的，干事25人中20人是新的"。② 下表是十三区工会干部1950年的改选统计情况，可以看出工会干部当时的改选情况。

表2-1 第十三区1950年工会干部改选统计

业别	职务	主席	副主席	组织委员	宣传委员	生产委员	劳保委员	女工委员
产 业	原有	16	16	16	16	16	16	11
	改选	5	—	2	1	2	—	
手工业	原有	16	14	16	16	12	12	3
	改选	4	6	9	6			
店 员	原有	11	—	10	5	4	5	
	改选	4		3	2	2	3	
搬 运	原有	12	12	12	12	—	12	
	改选	3	2	2	4		2	

资料来源：北京市朝阳区工会编《朝阳区工会志》，第14页。

工会机构的干部改选是整顿工会组织主要的和经常性的手段。1950年开始整顿时以改选的方式进行，到1952年底，市总工会在1953年第一季度工作计划中规定："今后各级工会的民主改选，应成为工会固有的民主制度"，而且"把每年的1月份定为民主选举月"，③ 进行基层工会干部改选。改选的方法一般有两种，一种是工会办事处提名，会员大会通过；另一种是群众酝酿提名，直接选举。当然经常使用的是第一种方法，一般都要经过工会办事处提名，然后再通过大会选举。第二种方法是在会员人数较少的分会、支会可以，人数众多时酝酿起来很耗时，效率也低，选举结果也难以

---

① 北京市朝阳区工会编《朝阳区工会志》，第13页。
② 《东五区办事处1950年工作总结、报告》，1950，北京市东城区档案馆004/01/0063。
③ 北京市朝阳区工会编《朝阳区工会志》，第16页。

保证。

在改选工会干部的同时，通过整风和各种运动来发现积极分子，并提拔成为工会领导干部。提拔的原则是运动中立场坚定，政治可靠，手脚干净的积极分子。北京瑞蚨祥布店的职工在"五反"运动中涌现出大批积极分子，"五反"运动后工会抓紧培养积极分子骨干，"有33人参加党训班，17人参加区工会干部训练班，6人参加团训班，并提拔了5人任工会委员，12人任小组长"。[①] 第十三区在"五反"运动后，也提拔大量的积极分子到各部门工作。

表2-2 十三区"五反"运动后工会积极分子提拔统计

单位：人

	提到行政	提到基层工会	提到上级工会	备　注
市　政	11	191	2	提副厂长1人
小型企业	18	40	4	提副厂长1人
店　员	31	148	4	31人系参加政府工作
合　计	60	379	10	449

资料来源：北京市朝阳区工会编《朝阳区工会志》，第17页。

工会干部改选有时也充满风险，甚至是一场阶级斗争。第十三区1953年东直门三轮车分会改选，原分会主席艾某曾当过国民党军队团长，群众意见很大，但是本人不愿意落选，并扬言如不选举他将如何如何对付。区工会接到反映后，做了严密的安排，选举当晚派出以区工会秘书为首的四五个人携枪参加了改选大会，才保证选举的顺利进行。[②]

整顿工会干部另一种方式是让工会干部交代与资产阶级的关系，也就是工会干部的整风运动。整风运动之前，一般要让干部到干训班接受学习，训练方法为集体听大课，分小组讨论，然后大会谈收获。学习完毕后布置任务，回去按计划开展工作，最后根据任务完成情况结合大会的思想笔记对照检查，再重新认识一下，以便总结提高。

[①] 中国科学院经济研究所、中央工商行政管理局、资本主义经济改造研究室编写《北京瑞蚨祥》（典型企业调查资料），第222~223页。

[②] 北京市朝阳区工会编《朝阳区工会志》，第17页。

第二章　北京市私营企业工会的建立

为纯洁工会组织，加强阶级教育，1952年按北京市总工会的指示，由区委直接领导，办事处组织全部基层干部，交代本人与资产阶级的关系问题。范围是小型企业车间工作委员以上，店员工会组联会委员以上。公营企业基层工会委员以上的干部。交代本人与资产阶级的社会、经济关系和本人的思想、立场、观点。方法是经过动员报告以后，普遍检查与重点审查相结合，个人交代材料一律用十六开纸写好报工会办事处。[①] 这对工会干部的心理是一个很大的挑战，在中共的宣传引导之下，大部分工会干部都交代了本人与资产阶级的关系。

以东单区（原第一区）1953年7月10日组织私营企业组联会以上的干部及党团员交代与资产阶级关系为例。首先干部参加学习，然后听报告，动员大家认真交代与资产阶级关系，报告当天晚上就要求结合报告，干部交代与资产阶级的关系及心中所受的资产阶级思想影响。这次实际参加会议的有1246人，交代问题的有1170人，总共交代问题2405件，平均每人交代2件。其中，交代问题的种类如下：

1. 交代家庭或亲戚朋友是资本家的有1064件。

2. 个人投资入股和放债的有112件。

3. 交代家庭和亲戚朋友是反动党团、地主或参加反动军队及会道门的有705件。

4. 交代个人参加反动党团（如国民党、三青团、中统）、情报局、励志社、反动会道门［如：一贯道、大佛教、先天益、安清益、黑驴教、正宗善济会、神道亲（？）、华圣教会等］及反动军队的有35人。

5. 其他问题（如参加防护团、贪污会费捐献、封建把头、受资本家贿的、防共团、吸毒贩毒、当过甲长、防空团、警防团、业厂队、□失防护团等）有165人。[②]

交代的问题种类特别多，特别细，几乎涵盖了所有可能与中共思想、行动不合拍的方方面面，把一切游离于中共的思想和行动都要坦诚交代并

---

① 北京市朝阳区工会编《朝阳区工会志》，第16页。
② 《东单区工会1953年工作总结》，1953，北京市东城区档案馆004/01/0017。

剔除出去。这是因为"三反"运动、"五反"运动后，工会干部思想上还没有彻底与资产阶级划清界限、割断联系，过去参加过"反动"党团组织、"反动"军队及会道门等问题也没有认真地向工会组织交代过，所以思想上背着包袱、有负担。通过学习、听报告，大部分工会干部都交代了自己羡慕资产阶级的享乐生活，企图有钱当资本家的思想。如东单区联业陈运相把每月工资积攒起来买了布和汽车零件，打算差不多了自己开个铺子，当资本家；百货业赵伯仁交代自己是有计划的，想当资本家，他舍不得吃，舍不得穿，衣服破破烂烂，可是他却攒了一堆金戒指预备做买卖。也有的交代了想依靠资本家的思想，他们卖命给资本家干活想得到资本家的看重，娶个好媳妇，自己也开个小铺子。①

通过开会统一思想，交代与资产阶级的关系，工会干部都批判了这些错误思想，有过去参加反动组织的都进行了交代，有的还交出了国民党党证，还有的交出了反动道会门的各种证件，也有的检举别人的同时动员自己的父亲（国民党）去登记，经过这样一系列的教育及批判，使得工会干部彻底地与过去的思想观念决裂，从心里归属工会组织。

（二）工会会员整顿

中共进入北京城以后，本来预计要用两年时间把北京市的工人阶级组织起来，但是实际上，只用了不到一年的时间。靠的就是频繁地变换组织工人的方式，手续越来越简化，工作速度提高了，可是工作并不扎实。组织工作中的形式主义问题表现十分突出，许多街区建立工会组织只登记一下，即为工会会员，还有的企业甚至连登记都不进行即成为工会会员，也因此造成工会会员鱼龙混杂的现象，工会会员成分严重不纯。

1950年北京市总工会开始整顿工会会员，总的情况是召开会员代表大会"自上而下"进行整顿工会各层组织、登记会员、收会费、换发会员证。在整顿工会会员工作中，产业组、店员组、手工业组三类会员相对集中，整顿起来要容易一些，对它们的整顿主要是按照1949年8月公布的

---

① 《东单区工会1953年工作总结》，1953，北京市东城区档案馆004/01/0017。

《中华全国总工会关于会员问题的决定（草案）》的规定，[1]还有1950年6月颁布的《中华人民共和国工会法》进行整顿。审查会员是否符合条件，把不符合条件的会员清除出去。整顿中最困难的是搬运工人，北京解放时全市31263名搬运工人已处于失业状态，[2] 没有固定工作，生活朝不保夕，他们受封建剥削最重，本身行会思想又很浓，加上他们人员非常分散，流动不居，因此整顿起来颇费周折。

一般搬运业工会干部、工人对整顿工作是拥护的，但是大部分分会、大组干部工作情绪低落，思想上存在着"参加工会有什么用，搞工会谁管饭？""整顿不整顿还不是那回事？"有些工人也说："参加工会也蹬车，不参加工会也蹬车，参加工会有什么用？"[3] 针对这些情况，工会办事处一方面加强工人、干部的政治思想教育，一般是开会员大会做报告或通

---

[1] 按照此规定，加入工会须具备以下条件：
第一、凡劳动出身的工人和职员（如中、贫、雇农、小手工业者、小贩等）及已毕业或尚未毕业之学生（不问其家庭地位如何）从参加生产部门工作之日起，即可按章入会。
第二、凡不以从事劳动为生活主要来源之非劳动者出身的工人和职员，如职业游民（即以偷盗抢劫、欺骗敲诈、贩卖违禁品、开大烟馆、开赌坊、开妓院等不正当方法为生活主要来源连续三年以上者）以宗教迷信为职业之首要分子，国民党军队之连营级军官及宪兵、刑事警察等等，须在生产部门工作一年以上，方可按章入会。
第三、凡剥削者出身的职员、工人，如地主、旧富农、把头（即替资本家招雇工人，进行封建性的中间剥削为其生活主要来源，并连续满三年以上者）国民党时期高级官吏（荐任级以上），高级军官（团级以上）等。须参加生产部门，工作满二年以上，方可按章入会。
第四、凡国民党、三青团、青年党、民社党及特务、宪警等的领导分子以压迫人民、破坏职工利益的反动工作为其职业或职业的主要部分者，须在工厂做工满二年以上，确已改悔者，方得按章入会。
第五、凡参加过国民党，三青团、青年党、民社党等组织活动之职工，如非此类反动组织之领导分子，均可按章入会。
第六、下列几种人不得入工会：
1. 凡从事剥削他人劳动之私人企业资本家及其代理人，如经理、厂长等。
2. 凡被剥夺公民权或被叛徒刑未满者。
3. 凡职工中兼做本企业股剥削他人劳动之收入超过其工薪收入者。
参见《一九四九年中华全国总工会关于全国工会工作会议的几个决议（草案）》，1949，北京市东城区档案馆 004/02/0024。
[2] 北京市地方志编纂委员会编著《北京志·人民团体卷·工人组织志》，第378页。
[3] 《北京市总工会第一区办事处各工作组1950年月度工作计划、工作报告，组织、女工工作计划、工作报告》，1950，北京市东城区档案馆 004/01/0005。

过工人夜校来教育工人：入会的条件是什么，为什么要进行工会整顿，整顿的目的是什么等问题；另一方面，要求工人填写登记表，主要是写本人的简历与社会关系，目的是搞清工人的历史问题和社会关系以便工会组织审查。为了登记审查工作，工会办事处在工人及干部中选举了评议员作为审查会员、评议会员的工作组。第一区三轮车工会于 1950 年 8 月开始审查会员，组成 7 个评议小组进行评议。8 月 3 日，开第一次评议小组会，首先向大家讲明评议工作的重要性，议员应当抱着什么样的态度，解释参加工会的条件，让大家打破个人感情，解除思想顾虑认真进行评议，讲完后再经过大家讨论，让大家都能领会评议的精神实质。

在评议会上，一区有一位工友说："我们以后工作的好坏，就看这次审查的怎样了。"工会让大家决定各组评议员，领导小组进行登记，开小组会讨论，然后交到评议小组审查。评议当中，有些小组评议的时候很认真，评议员对本组的工人了解得很清楚。一个评议员说："他们家的炕冲哪儿搭我都知道。"有些小组则比较差，他们不但没有讨论，甚至在审查以后，发现有的组工人还没有登记，工友说："组长就没告诉我！"五组的王福士有一年多没赶车，他们也没提出来，后来评议小组发现了，又把他审查出去了。[①] 评议小组审查以后，又在会员大会上宣布，再让大家提意见，争取评议结果客观公正。

审查结果是会员有 88 人，其中 65 人评为正式工人，其他 23 人，评为临时工人。[②]

1950 年 12 月起，全国范围大张旗鼓地展开镇压反革命运动，打击的重点是土匪、特务、恶霸、反动党团骨干和反动会道门头子等五种反革命分子。工会也发动全体会员和工人群众在各自的组织中认真清查混入内部的五种分子。

[①] 《北京市总工会第一区办事处各工作组 1950 年月度工作计划、工作报告，组织、女工工作计划、工作报告》，1950，北京市东城区档案馆 004/01/0005。

[②] 《北京市总工会第一区办事处各工作组 1950 年月度工作计划、工作报告，组织、女工工作计划、工作报告》，1950，北京市东城区档案馆 004/01/0005。

表 2-3　1950 年第十三区一贯道徒统计

单　位	人　数	单　位	人　数
联全厂	11	油脂公司	4
啤酒厂	17	三轮车分会	49
面粉厂	1	店员分会	37
酱油厂	18	合　计	137

资料来源：北京市朝阳区工会编《朝阳区工会志》，第 15 页。

从上表可以看出，共和国之初各种反动会道门组织在社会上的势力与影响非常大，特别是在底层劳动工人中间具有很大的影响力和渗透力。以后工会组织随着各种政治及社会运动，不断清除和纯洁内部的工人队伍，实现工人队伍的纯净化。

（三）工会机构改革

为进一步依靠各级党委对各级工会组织的领导，加强区级工会对区里中小地方国营工厂及私营工会工作，1952 年市总工会对工会机构进行了改革。工会机构改革最醒目的是根据华北工会及市总工会的指示，把原来作为市总工会派出机构的区办事处改为区工会，成为正式的一级工会机关。各区成立区级工会的时间并不一致，东单区 1952 年 8 月成立，第十三区则于 1952 年 9 月正式成立区级工会。在机构设置上实行科室建制，东单区工会成立时有设有 10 个部门，即办公室、5 个科（组织、文教、劳保、女工、财务）、4 个联合会（小型工业、店员、市政、文教机关），共有干部 42 人，后来又设立私营行业工作委员会管理全区私营企业。第十三区也有 10 个部门，不同的只是它们撤销了市政、店员、小型企业和文教医务 4 个联合会，设立建筑、私营、窑业、搬运 4 个工作委员会。① 此次工会机构调整后，基本被保持下来。

从工会机构的改变中可以发现，工会机构的变化是随着工会任务的转移而增减，而且是在保持基本科室之下根据不同区的产业特点设立不同的机构。东单区商业发达，因此它设立小型工业、店员联合会；十三区是工

---

① 北京市朝阳区工会编《朝阳区工会志》，第 8 页。

业区,它就设立建筑、窑业工作委员会,私营企业的劳资纠纷一直困扰着各级工会机构,便在各区设立私营企业委员会来管理各区的私营企业。基本的科室也是工会中重要的科室,主要是组织科、文教科、财务科,它们也随着工会任务的变化而变化。

组织科主要是进行组联以上干部(部分行业是小组长以上的)的轮训工作。训练班的性质共可分为三类,第一类是交代资产阶级关系;第二类是工会的基本知识教育;第三类是专业训练班,即工会培训劳保和财务知识。训练干部的目的是提高其阶级觉悟,明确工会的性质与任务,对新民主主义劳资两利政策有正确的了解,并提高其业务水平。此外,组织科也推动、整顿了各组工会的组织,使各组工会逐步建立与健全各项工作制度,并向党、政、群各部门输送干部。

文教科与组织科是工会的两个骨干科室,二者紧密相连。它的主要工作可分三方面,(1)政治方面;(2)宣传工作;(3)速成识字教育。

各区的财务科基本上都是1952年成立的,这是因为工会要征收、保管并使用会费、文教费、保险金等,因此必须建立财务制度,设立专门机构来管理。财务科设立后首先进行了建账工作,并建立一整套财务制度来规范财务工作。

工会办事处改为区工会的主要目的是加强区一级工会机构的力量,也是共和国成立以后不断加强的中共集中领导的表现之一。区工会成立以后规定,"区工会工作总结及其他重要工作都要经过党委会议研究讨论,按制度检查工会工作,做出方针原则的指示,如选举华北工会会议代表,评模工作等,做到时时请示、报告党委领导"。①

除了区级工会机构的建立之外,调整机构、健全组织也是工会机构改革的重要一环。整顿它的直接原因是工会机构设立之初,层级太多,到了许多中间层级往往无人负责,工作不能深入基层,也就不能发挥应有的作用。因此必须压缩层级,减少中间环节,使工作更加深入基层工会组织。第一区三轮车、洋车工会即是如此,整顿前既有行业工会又有区办事处,行业工会下有分会,有的街区分会下有支会,支会下设有大组,大组下才

---

① 《东单区工会1952年工作总结》,1952,北京市东城区档案馆004/01/0009。

是工会小组。管理起来很不容易,机构之间踢皮球,造成谁都负责,谁也不负责的现象。整顿开始以后,把"街分会转化为一个传达和联络的组织","减少大组的活动,加强小组活动"。①还有的工会组织由于干部调动频繁,导致工会机构工作人员短缺,往往大小工作集中到工会主席一人身上,工作中形成事务主义现象。针对这种情况,就健全工会组织,第一区店员组整顿开始后,以油盐粮工会为重点,"从上而下的整顿与建立组织,分会委员、支会委员、小组长三层干部均健全起来,以原来的组织基础划分小组,成立支会为原则,如原有小组、支会健全的原则上不动。"②

(四)工会工作制度建设

工会组织的制度建设从 1949 年下半年某些区已经开始了,这一建设工作直到 1956 年社会主义改造完成之前都没有停止,不过普遍性的工作制度建设是从 1950 年开始的。这是由于 1949 年主要是各级工会组织的建立时期,具体的工作制度还不是 1949 年急需考虑的问题,到了 1950 年初,各级工会组织大体建立起来了,已经组织起来的工会机关需要一套制度来保证工作的落实,而且以往工会工作运行中暴露出的各种问题也需要改正与克服,因此,工会工作制度建设被提上议事日程。

各个区各部门工会制度建设有细微差异,但基本内容大致相似,那就是定规章,定制度。下面是第一区工会办事处 1950 年 6 月份组织工作计划和东单区工会 1952 年 7~12 月份的工作总结,可以管窥工会制度建设的内容。

第一区工会办事处 6 月份组织工作计划:③

一、组织工作总的要求

1. 以生产为标准的深入下层了解和培养干部,

---

① 《北京市工会第一区办事处 1949 年月度、季度工作报告、行业调查报告、各工作组工作报告、宣传工作报告》,1949,北京市东城区档案馆 004/01/0001。
② 《北京市总工会第一区办事处各工作组 1950 年月度工作计划、工作报告,组织、女工工作计划、工作报告》,1950,北京市东城区档案馆 004/01/0005。
③ 《北京市总工会第一区办事处各工作组 1950 年月度工作计划、工作报告,组织、女工工作计划、工作报告》,1950,北京市东城区档案馆 004/01/0005。

2. 有重点的整顿组织，健全组织，调整组织机构，建立工会生活、会议制度（如小组生活会及干部会）、以生产为中心的检查工作（产业为重点）。

3. 要克服组织忙于事务的工作之风，要建立一定的部门工作制度，发挥整个组织力量，推动进行工作，建立起会议汇报制度。

二、各种制度

1. 各行业组织委员和主席会议每月五日前召集一次，统一战线，布置工作。

2. 各工作组分头掌握，督促检查工作布置、执行如何。

3. 本机关各工作组做组织工作同志每月集合三次，每月一日研究组织工作计划，月中汇报工作内容：下层发生的问题，没有解决的研究解决办法，每月终研究总结工作（16日~28日）。

4. 以工作组为单位的各组自订行业汇报会议制度每月一次，本办事处组织工作同志有计划的参加各组行业汇报会议了解情况。

三、汇报工作

1. 经常检查各行业小组会议制度如何，发现积极分子，培养积极分子，掌握工人思想情况。

2. 注意工人之间发生的问题，帮助解决以达到工人之间的团结互助。

3. 经常检查各行业工人的劳动态度，及劳动纪律遵守的如何。

4. 关于会费征收问题和每月各种开支问题。

5. 根据各行业情况，有计划地进行发展会员。

6. 材料的统计工作。

东单区工会五二年下半年工作总结（1952.7-12）：[①]

根据区工会成立以来的工作，我们也制订了一些工作制度。

1. 工会驻会常委会议（也是党组会），每星期二早上定期举行研究讨论当前工作中的主要问题，解决办法。

[①] 《东单区工会1952年工作总结》，1952，北京市东城区档案馆 004/01/0009。

2. 每周星期一上午各部门举行部门会议，检查上周工作情况，研究存在问题，商讨本周工作。

3. 汇报。每星期一各部门向办公室交上周工作简报一份。临时发生问题及时给办公室，每星期二将各部门工作简报综合汇报市总办公室及区委秘书室；专门问题，就应专题报告，不定期的，专门报区工会办公室，整理后送市总、区委。

4. 计划。每月各部门按办公室拟订的计划大纲，制订各部门工作计划，汇集后工会驻会常委会讨论通过即给区工会，月工作计划于每月27日以前制订下月工作计划，交市总及区委。

5. 总结。每月各部门把本月工作情况作一综合报告，于25日以前交办公室，整理后写成全区本月工作综合报告于月底前送交市总及区委，各种运动，如"中苏友好月"运动则由办公室总结提纲，写总结送交市总办公室。

6. 检查。每月月中各部门对全月工作计划在部门会议上进行检查，作必要的修改、增减。

7. 会议。预算制度随同每月总结、下月计划（各部门制订下月会议预算）送办公室，办公室制订下月各种会议日程，共同遵照执行，如有更动必须通过办公室。

8. 业务学习制度。每周星期三九时半到十二时规定为全体干部业务学习时间，不得侵犯，从执行各项工作制度总的情况来看，简报执行得较好，从未缺过，很少拖期，最差的是会议，经常不能按时召开，11月以前则没有固定的部门会议制度。

以上材料反映了制度建设的内容很丰富，也很详细，它对处于工作无序或失序之中的工会工作起到一定作用，但是也可以看出，这种制度建设是柔性的，它不可能上升到法律层面。

三 工会组织整顿的效果

经过对工会机构整理、组织制度建设及干部与会员的整顿，取得了一定的效果，具体来说主要有以下几点。

共和国之初北京市私营企业工会研究（1949～1956）

其一，自上而下地纠正了包办代替的工作作风。包办代替是工会工作中的一个顽症，尽管李立三实行"大家办工会"后部分行业有所改观，但时间一长又依然如故，没有从根本上扭转局面。整顿前工会各工作组都是亲自东跑西跑或超越分会解决问题，经过整顿懂得了和体验了推动组织进行工作之效率，无论任何工作都要先和行业干部商量做出决定，大家动手明确分工，从而也加强了干部工作积极性。如第三区店员组支会委员姜某从前都是依靠办事处，组织整顿后为解决瑞□成油盐粮的双薪问题，事前商量出办法，他去处理，结果很成功，[①]他觉得能够解决问题，提高了在群众中的威信，工作干劲也起来了。

其二，走群众路线，发扬了民主，教育了干部。在整顿组织中开展了批评与自我批评，充分发挥会员与干部的积极性与主动性。第三区浴堂业工会干部说："以前咱老以为散漫不能讲民主，非专政不可，现在会员觉悟了，再强调专政不行了。"会员对干部作风、生产上提出很多意见，干部有事非得和群众商量不可，只要作风改变事情就能办好。油盐粮业店员王志斌说："从前说这一行分散，工人文化低，神仙来也搞不好，但是这次能真正搞起来群众觉悟是起决定作用的！这一行业能普遍学习，开会都能到，是空前未有的，搞宣传队出70人，示威游行没有太费劲就出来80%以上，干部也是有信心了。"[②]

其三，明确了工会干部的立场，克服了片面的领导思想，密切了工会与会员的关系。过去有部分干部对工会性质认识很差，有些资方代理人也参加了工会，建筑业还有个别把头也混入工会组织，其他行业都存在这一现象。第三区隆□□粮店工会主任焦子勤靠近资方，开会不传达，工人意见不反映，整顿中被清洗下去，整顿后工人分红及时得以解决。选出工人拥护的干部来，工人张某说："工会再不整顿我们也要退会了，否则在工会有什么用呢？"[③]而且过去工会机关干部只重视大工厂、大行业，而小作坊、零散行业抓得较差，经过整顿组织，改变了这一片面思想。在整顿中

[①]《东三区办事处1950年工作总结、报告》，1950，北京市东城区档案馆004/01/0063。
[②]《东三区办事处1950年工作总结、报告》，1950，北京市东城区档案馆004/01/0063。
[③]《东三区办事处1950年工作总结、报告》，1950，北京市东城区档案馆004/01/0063。

发现一些问题都逐步处理了，会员感觉工会是解决问题的，第三区从整顿以来不但没有自动退会的，而且过去退会的又要求恢复会籍，要求加入工会的工人也不断增加。

其四，结合各种运动搞整顿，充实了工会工作内容，活跃了工会生活。中共对工会组织的整顿不是单独对一个部门、一个机构进行的，它是新中国成立后一系列运动的组成部分。东三区工会组织过去有的工厂开小组会"只谈生产，使会员情绪不高"，抗美援朝战争开始以后，工会小组会上大家热烈讨论，踊跃发言声讨"美帝"的侵略，"并在会上检查爱国公约的执行情况，这样小组会也能长期坚持，按时间召开"，"三轮车分会过去认为没法坚持，而今天小组会大都能按时召开，而且内容也充实。"①

毋庸置疑，经过一系列整顿，工会组织各方面的工作相较过去大大改善，这一点上面论述已经证明。但是也必须明确，整顿不是一次性的，而是不间断的，随着运动的发展整顿也一次比一次深入，最值得深思的是，工会组织经过连续整顿并没有完全或彻底消除自身的弊病。例如，1955年前门区工会对工会财务进行了检查，结果"发现贪污、挪用及其他违反财务纪律的五十一人，钱数是二千一百一十九万零二百五十元"。② 这清晰地表明，工会组织层层官治系统的管理之下，既有它坚强有力克服困难来完成任务的积极一面，也有它自身难以克服体制、机制问题，使它陷入一种"一乱一治"的循环状态之中。

纵观中共进入北京城以后的工会工作历程，它有非常明显的阶段性，大致可以分为三个阶段。

第一阶段是从1949年2月到6月。入城后开始组织工人成立了工会工作组，依靠工人阶级的观点比较明确，在组织工作方面运用了"自下而上"的组织方式，没有按行业按地区的组织形式，这样造成工作中缩手缩脚，不能大胆的依靠和相信群众来展开组织。由于市总工会领导不统一而一时形成在劳资关系上的混乱现象，同时，没有抓住工人的自发运动加以

---

① 《东三区办事处一九五一年工作总结报告》，1951，北京市东城区档案馆004/01/0065。
② 《前门区工会财务、劳保女工科工作计划、报告、办法等》，1955，北京市档案馆026/001/00047。

领导并采取"自上而下"的一行一业的方式使工人迅速组织起来，反而对工人自发组织起来的工会害怕而加以怀疑，不承认工人自发的组织而叫工人等待组织认定。工作中的包办代替很严重，像鹿鸣园、永泰造纸厂干部出头替工人增资，仁立医院工会选举出来的委员由工作组批准，永泰造纸厂干部参加投票，选举自己认定的积极分子。[1]

　　第二阶段是从1949年6月到8月。这一阶段经过刘少奇关于工会工作的指示及李立三关于劳资两利政策指示后，工会工作计划开始了"自上而下"的一行一业组织工会，订出集体合同。组织路线上的包办代替作风得到初步扭转，并有系统地建立了各行各业工会的组织，改变了手工业工作方式。8月份以后，北京市总工会又改变工会组织方式，这主要是由于北京市手工业分散，组织起来相当费时、费力，于是采用集体动员、分头行动的方式来建立各级工会组织。

　　第三阶段是从1950年至1956年，这一阶段主要是结合运动来整顿工会组织。由于工会建立的过程中要求过急、工作过粗，频繁地变换工会组织模式，导致遗留下许多问题。最基本的问题是工会组织涣散、无力，很难成为工人的组织，保护工人的权益乏力，常常与工人的意见相左。工会整顿更主要的是为了保证工会会员的"纯洁性"，保卫新生的共和国，因此必须清除工人中的"敌、特、匪、国民党军警、一贯道等"人员。

　　1950年起北京市总工会开始整顿工会组织，方式是通过整风和运动来进行。每一次整顿，都能起到一定作用，也能解决一些突出问题，获得工人肯定，但是时间一长又要通过运动或整风来整顿组织解决问题。

---

[1] 《东三区办事处1950年工作总结、报告》，1950，北京市东城区档案馆004/01/0063。

第三章
北京私营企业工会的宣教工作

中共把工人阶级组织起来,其目的之一是恢复和发展生产,建设新民主主义国家,进而实现它的崇高目标——社会主义,乃至它的终极目标——共产主义;其目的之二是通过工会工作组把私营企业的工人组织起来之后,依靠掌握的舆论工具对他们进行思想改造,灌输社会主义工人阶级当家做主的新思想,剔除资产阶级旧思想,塑造全新的社会主义工人。因为这些工人的思想、语言、行动都是需要改造的,是"旧的",因此,通过工会宣教工作来改变这一状况是非常必要的。这一任务也主要落在各级工会组织手中,工会的宣教工作属于中共对工人阶级宣传教育工作的一部分。

第一节 组织与宣教的关系

组织工作与宣教工作是中共所有工作中最重要的两项工作,这一点从中共的机构设置中即可看出,中共第一次全国代表大会设立的两个机构就是组织部与宣传部。1949年北京市"工会开始筹组时,只有组织部宣传部",[①] 可见组织与宣教在中共心目中非同一般的分量。这是因为,组织与宣教工作二者是紧密相连,共同服务于中共各项工作的主旨,是完成其他一切工作的先决条件,工会工作也不例外。

---

① 傅耀华:《工会群众生活工作的几点回忆》,北京市总工会工人运动研究会编《北京市总工会成立四十周年纪念文集》,第48页。

一 宣教概念分析

宣教，即宣传教育，这里指工会对工人进行政治文化宣传、教育的统称。严格地来说，工会的宣教工作分两个部分，即宣传鼓动和业余教育。但在工会的实际工作中，宣传鼓动离不开教育，教育之中包含着宣传鼓动，二者虽有细微差别又相互渗透，形成你中有我，我中有你的一种局面与事实。

宣传这个词中国古已有之。古代的宣传有两种含义，一是传达宣布。如"日宣三德",[1] "或王命急宣，有时朝发白帝，暮到江陵"。[2]《三国志·彭漾传》中有："先主（刘备）亦为奇，数令漾宣传军事，指授诸将，奉使称意，识遇日加。"二是互相传布。《三国志·贾逵传》："咸熙中为中护军"注引《魏略·李孚传》："今城中强弱相陵，心皆不定，以为宜令新降为内所识信者宣传明教。"[3] 以上所出现的宣传一词都是古代表达宣传最早的用语。由此可见，在3世纪时，中国学者对宣传的理解与现在已经十分相近，主要指上情下达、宣告传播的意思。根据《现代汉语词典》，对"宣传"的理解是："对群众说明讲解，使群众相信并跟着行动。"[4] 在国外，"宣传"一词的出现晚于中国1000多年，1622年法皇格利高里三世在罗马创办了天主教"信仰宣传圣教会"的组织，并借用古老的词汇"propaganda"（繁殖，扩散之意）表达"宣传"的概念。[5] 宣传作为一个社会宣传学中的名词，它的科学含义应是为特定政治利益服务的，是通过各种传播媒介将特定阶级、集团（群体）或个人的政治主张、意图、观点晓之于众的过程。它的"主要目的在于说服、鼓动受传者，改变受传者的态度，并使之信服和跟着行动"。[6]

中国古代典籍讨论教育最早者为《尚书·舜典》。《舜典》里记载："帝曰：'契，百姓不亲，五品不逊，汝作司徒，敬敷五教，在宽。'"又

---

[1] 《尚书·皋陶谟》。
[2] 《水经注·江水》。
[3] （晋）陈寿：《三国志》（上），中华书局，2011，第405页。
[4] 参见《现代汉语词典》，商务印书馆，1983，第1304页。
[5] 刘建明主编《宣传舆论学大辞典》，经济出版社，1992，第64~65页。
[6] 张笃行、张力行：《社会宣传学》，上海社会科学院出版社，1987，第3页。

说："夔，命汝典乐教胄子；直而温，宽而栗，刚而无虐，简而无傲。"①最早将教育二字连用的是战国时期的孟子，《孟子·尽心上》曰："君子有三乐，而王天下不与存焉。父母俱存，兄弟无故，一乐也；仰不愧于天，俯不怍于人，二乐也；得天下英才而教育之，三乐也。"②战国时期的儒家大师荀况对"教"字的解释为："以善先人者谓之教"，③即用善倡导人叫教化。许慎在《说文解字》中解释，"教，上所施，下所效也"；"育，养子使作善也"。④中国古代农业社会，教育的含义基本上等同于伦理道德教育，教育的最高宗旨是明人伦，达到至善的境地。

在西方，"教育"这个词的英文为 education，来自拉丁文 educare。含义为"引出"，即为教育者引导儿童的固有本性使之完善、和谐发展。⑤

在中国，"教育"成为常用词，则是在 19 世纪末 20 世纪初的事情。

广义上说，凡是增进人们的知识、技能和身体健康及影响人们的思想品德的活动，都是教育。狭义的教育是指学校教育，即根据一定社会的要求及年青一代身心发展的规律，有目的、有计划地向受教育者传授知识、技能，培养思想品德；发展体力和智力，把他们培养成为一定社会所需要的人的活动。

"建国君民，教学为先"，中共的宣教兼具宣传与教育的双重形式与功能，是一种政治宣传鼓动结合政治思想教育的形式，从宣教的内容上看，侧重的不是知识性教育而是政治思想的启蒙教育；从宣教的手段上看，多种多样，极尽心力；从宣教的方式上看，主要是结合运动、整风进行，同时工人业余教育发挥了主阵地的作用。因此，根据中共工会机构设置的宣教部及它的职能，通称为宣教工作。

二 难分难解的组织与宣教

组织工作与宣传工作在完成一项具体任务中是密不可分的，如鸟之两

---

① 转引自王凤喈编著《中国教育史》（上册），福建教育出版社，2006，第 3 页。
② 石鸥主编《教育学教程》，湖南师范大学出版社，1998，第 22～23 页。
③ 《荀子·修身》
④ 杭州大学教育系编《教育辞典》，江西教育出版社，1988 年，632 页。
⑤ 徐厚道主编《教育学通论》，北京工业大学出版社，2009，第 3 页。

翼，车之两轮，不可缺一。宣传工作为组织工作开辟道路，组织工作为宣传工作巩固地盘，反过来，组织工作为宣传工作扩大地盘，宣传工作又为组织工作巩固阵地。

要想把工人群众组织起来，首先应该对他们进行必要的宣传教育活动，让其明白成立组织的意义与作用，这样组织工作才好顺利地开展，正如列宁所言："没有革命的理论，就没有革命的行动"，[①] 说的就是理论宣传工作的先导性。20世纪30年代初，张闻天针对党内有部分人"以为宣传鼓动工作没有像组织工作那样重要"，他指出，"然而事实上，没有群众的宣传鼓动工作，就不能有群众的组织与群众的行动"。[②] 没有宣传工作就没有组织工作，宣传工作往往走在组织工作的前头。

已经组织起来的工人群众也要经常地、不断地进行宣传教育，以保障各项工作在正确的理论指导下进行，不至于在工作中迷失方向，出现差错。列宁曾言："我们党的一切组织和团体每天经常进行的全部工作，即宣传、鼓动和组织工作，都是为了加强和扩大我们和群众的联系。这种工作任何时候都是必要的。"[③] 没有组织工作就不能把宣传工作变为物质的力量，发挥它应有的力量。

"宣传鼓动工作本身也带有组织工作，组织工作本身也带有宣传鼓动工作。"[④] 甚至可以说，在一定条件下宣传工作本身就是组织工作，或者是组织工作的一部分。

第二节　中共的宣传思想及宣传方式

中共的宣传教育思想与马克思列宁主义的宣传教育思想是一脉相承

[①] 列宁：《怎么办？》，载《列宁选集》（第1卷），第241页。
[②] 张闻天：《论我们的宣传鼓动工作》，中共中央宣传部办公厅、中央档案馆编研部编《中国共产党宣传工作文献选编》（1915～1937），学习出版社，1996，第1091页。
[③] 列宁：《社会民主党在民主革命中的两种策略》，载《列宁全集》（第9卷），第4页。
[④] 《中央宣传部关于党的宣传鼓动工作提纲》，中共中央宣传部办公厅、中央档案馆编研部编《中国共产党宣传工作文献选编》（1937～1949），第258页。

的。中共继承并发扬了马克思主义的宣传思想，特别是列宁、斯大林的宣传理论与方法，形成独具中国特色的宣传理论和方法。纵观1949年之前中共的历史，既是一部波澜壮阔的革命斗争史，也是一部"激扬文字"的宣传史。

一 用一切方法进行宣传

"我们要注意的是，现在就必须立刻用一切方法进行宣传，让大家正确了解我们最迫切的全民任务。"[1] 这是列宁在20世纪初为争取革命胜利而发出的宣言，中共正是按照这一方针进行宣传的。应该承认，任何政党都是以夺取政权为最终目标，因为政权是阶级斗争的重要工具，拥有政权就等于拥有一切，失去政权就意味着失去一切，古今中外大抵如此。中共是在民族国家处于危亡之际，背负民族国家振兴责任之下，按照马列主义阶级斗争理论建立的政党。激进的革命理论再加上强烈的改造社会的历史使命感杂糅发酵，并互为驱动，导致它对于任何事、任何问题常常以爱国、革命、先进的面孔出现。从中共成立伊始就以开展"社会革命"夺取政权为目标，中共第一次代表大会上通过的第一个纲领中明确声明："革命军队必须与无产阶级一起推翻资本家阶级的政权。"[2] 成立初期的中共没有直接可资利用的武装力量来夺取政权，舆论宣传成为实现目标最直接、最有力的战斗武器；因此，中共始终看重宣传在其革命事业中的地位，中共一大最早建立的两个机构就有宣传部，"宣传是党的生命"，[3] 这一经验总结切中要害。

"证之各国先例，在无产阶级运动刚开始的时候，青年学生常常在其中占重要的地位。"[4] 1927年之前，中共做宣传工作主要依靠自己的党员群

---

[1] 中国人民解放军军事科学院编《马克思恩格斯列宁斯大林军事文选》，中国人民解放军战士出版社，1977，第255页。
[2] 中共中央宣传部办公厅、中央档案馆编研部编《中国共产党宣传工作文献选编》（1915～1937），第323页。
[3] 广东叶剑英研究会、中共广东省委党史研究室编《叶剑英在广东》，中央文献出版社，1996，第187页。
[4] 张太雷：《中国革命运动和中国的学生》，载《中国共产党宣传工作文献选编》（1915～1937），第604页。

众，另一支经常可利用的团体就是青年学生。青年学生追求先进，容易接受新思想，时刻抱着"先天下之忧而忧"的"平天下"心理，再加上中共早期的许多领导人与党员都是知识分子，个别还是高校教师，组织学生进行宣传有得天独厚的便利条件。早在中共创立之前，在李大钊等早期马克思主义者的影响下，北京大学的学生利用暑期时间已开展过对工农的教育。

中共创建并拥有根据地与军队以后，宣传的力度丝毫没有放松，而且还增加了新的强有力的"血液"——人民军队，军队战士又成为一支新的宣传力量。1929年12月，毛泽东为中共红军第四军第九次代表大会（古田会议）写的关于《纠正党内错误的思想》一文中，针对红军一部分人中存在的单纯军事观点的思想，"以为红军只是单纯地打仗。不知道中国的红军是一个执行革命的政治任务的武装集团"，特别强调，"红军决不是单纯地打仗的，它除了打仗消灭敌人军事力量之外，还要负担宣传群众、组织群众、武装群众、帮助群众建立革命政权以至于建立共产党的组织等重大的任务"。[①] 首次明确了红军的三大任务，即打仗消灭敌人、宣传群众、建立革命政权，这次会议的决议案中指出："红军的宣传工作，是红军第一个重大工作。"[②] 在这一思想指导下，军队已经成为一支重要的宣传主体。

大致而言，中共的宣传渠道可以归纳为三类。

其一，党报、机关报是主要的宣传工具。中共建党后《新青年》《向导》《斗争》等报刊都曾刊发批判帝国主义、封建军阀及国民党的文章，把自己的主张向中外传达。中央苏区时期的报刊宣传工作，就做得非常出色、成功，毛泽东在第二次全国苏维埃代表大会上的报告中说："中央苏区有大小报纸三十四种，其中如《红色中华》从三千份增至四万份，《青年实话》发行二万八千份，《斗争》二万七千一百份，《红星》一万七千三百份，证明群众的文化水平是迅速地提高了。"[③] 它的作用有如《红星》

[①] 毛泽东：《纠正党内错误的思想》，载《毛泽东选集》（第1卷），人民出版社，1991，第86页。
[②] 《中国共产党红军第四军第九次代表大会决议案》，《中国共产党宣传工作文献选编》（1915~1937），第948页。
[③] 袁征主编《中央苏区思想政治工作研究》，江西高校出版社，1999，第83页。

创刊号中《见面话》所说:"它要是一面大镜子,凡是红军里一切工作和生活的好处坏处,都可以在它的上面看得清清楚楚;它要是一架大无线电台,各部红军的斗争消息,地方群众的斗争消息,全中国全世界工人农民的生活情形,都可以传到同志的耳朵里;它要是一个政治工作指导员,可以告诉同志们一些群众工作、本身训练工作的方法。"① 除此之外,书籍、杂志、小说、小册子、传单、标语、口号、歌曲、漫画、照片等,都成为宣传的载体或工具。

其二,重大事件、重要节日、纪念日及重要历史关头的时局宣言、通告、告人民书等,并为此而组织的游行、集会、示威、演讲等具体行动。1923年2月,京汉铁路工人大罢工惨遭吴佩孚血腥镇压,中共适时于27日发表《中国共产党为吴佩孚惨杀京汉路工告工人阶级与国民》一文,指出吴佩孚"毕露其鲜血淋漓逞凶惨杀的真面目",告知劳工阶级:"惟有共产党是真正保护劳工、为劳工阶级利益而奋斗的党,此外一切标榜保护劳工的党派和势力,都不过是为他们自身的利益或他们阶级的利益而施行的一种政策。"② 清楚地表明了中共的立场、态度。在中共的领导下,就是战争、行军也成为一种宣传,毛泽东谈到长征的意义时就说:"长征是宣言书,长征是宣传队,长征是播种机","它向十一个省内大约两万万人民宣布,只有红军的道路,才是解放他们的道路"。③ 单就演讲一项而言,在共产党的创新之下有15种之多,④ 可见为了达到目的,其宣传的匠心独运。

其三,创办党校、训练班、工人俱乐部等来提高党员干部、工人阶级的政治觉悟,并以它们为骨干对外进行政治宣传,同时组织各种马克思主义研究学会、读书会、音乐会等,支持各种"左派"组织与团体,以此来宣传马克思主义、国际主义和共产主义等理论。1925年在中共制定的宣传工作计划中明确指示:"为要扩大马克思列宁主义革命思想于一般群众中、

---

① 袁征主编《中央苏区思想政治工作研究》,第91页。
② 《中国共产党为吴佩孚惨杀京汉路工告工人阶级与国民》,《中国共产党宣传工作文献选编》(1915~1937),第1091页。
③ 毛泽东:《论反对日本帝国主义的策略》,载《毛泽东选集》,第149~150页。
④ 政治演讲、时事演讲、战地演讲、节日演讲、专题演讲、化装演讲、画报演讲、即兴演讲、比赛演讲、对话演讲、街头演讲、课堂演讲、法庭演讲、凭吊演讲、礼仪演讲等,参见袁征主编《中央苏区思想政治工作研究》,第98~104页。

尤其是知识分子的群众起见,本部须督促各地方广设马克思研究会,列宁主义研究会。"① 中共20世纪30年代在上海领导创建的"左联"文学组织,目的就是与中国国民党争取宣传阵地,以对抗国民党的文化围剿,吸引广大民众支持其政策主张。

总之,通过各种方式,各种宣传途径,公开的、秘密的、有形的、无形的,使得中共领导下的每一个人与组织形成一种像列宁所说的,"既以理论家的身份,又以宣传员的身份,既以鼓动员的身份,又以组织者的身份'到居民的一切阶级中去'"宣传鼓动。②

二 以先进的政治纲领号召社会各阶层

但凡一个政党都有自己的政治纲领,中共也不例外。"一般来说,一个政党的正式纲领没有它的实际行动那样重要。但是,一个新的纲领毕竟总是一面公开树立起来的旗帜。"③ 相较于当时其他政党的政治纲领,中共的政治纲领每一阶段往往都是以理想的形态出现,占领了舆论与道德的制高点,吸引并指挥着寻求救国救民的各阶层人士为中共的政治目标服务。

中共一大通过的政治纲领有四条,④ 主要是提出以社会革命的方式"消灭资本家私有制,没收机器、土地、厂房和半成品等生产资料,归社会公有",⑤ 最终实现社会主义和共产主义。对此纲领有学者认为,"表明当时的党对我们国情还缺乏深入的认识,对中国革命的特殊性还缺乏应有的了解"。⑥ 笔者认为,它还有另外的一面就是为自己也为各阶层的群众设

---

① 《宣传部工作之进行计划》,《中国共产党宣传工作文献选编》(1915~1937),第628页。
② 《列宁全集》(第6卷),人民出版社,1986,第79页。
③ 中共中央马克思恩格斯列宁斯大林著作编译局:《马克思恩格斯选集》(第3卷),人民出版社,1972,第31页。
④ 四条纲领分别是:(1)革命军队必须与无产阶级一起推翻资本家阶级的政权,必须支援工人阶级,直到社会阶级区分消除的时候;(2)承认无产阶级专政,直到阶级斗争结束,即直到消灭社会的阶级区分;(3)消灭资本家私有制,没收机器、土地、厂房和半成品等生产资料,归社会公有;(4)联合第三国际。参见《中国共产党宣传工作文献选编》(1915~1937),第323页。
⑤ 中共中央宣传部办公厅、中央档案馆编研部编《中国共产党宣传工作文献选编》(1915~1937),第323页。
⑥ 唐金培:《第一次国共合作与党的建设互动研究》,河南人民出版社,2011,第48页。

计一个美好的、理想的目标,并以此吸引他们参加到共产革命当中来。从中共二大及以后历次代表大会通过的纲领、宣言来看,它只是更加细化了一大的内容,在理想信念的最高层面或者说它的最高目标并没有变化,仍然是一个宏伟的、高远的目标。可以说,整个新民主主义革命阶段,中共常常一只手高举反对帝国主义的民族革命的大旗,号召驱逐外国帝国主义,实现民族独立,吸引着一切受帝国主义压迫的广大人民群众;另一只手高举反对封建主义的民主革命的大旗,号召追求民主、自由、平等,实现国家繁荣富强,吸引着一切受封建主义剥削的各阶层人士。毛泽东1942年5月在中央学习组会上讲话完全可以印证此点,西安事变后中共与国民党建立了统一战线,打破了国民党对中共军事和文化"围剿",于是出现"文化人、知识分子大批地到根据地里面来",毛泽东认为,这"是一种很好的现象,绝不是坏现象","中央关于知识分子的决定,正式表明我们党欢迎并吸收大批的知识分子","但在事实上,和我们合作的知识分子不但是抗日的,而且是有民主思想、倾向于民主的。没有民主思想,他们根本就不会来"。[①] 正是中共的反帝反封建宣传的政治主张,紧紧地扣住知识分子追求独立、民主、自由的心理。中共把自己看成是工人阶级的代言人,为工人阶级谋利益;对广大农民提出"耕者有其田"的政策,可以说它给每一个阶层都"定制"出一个他们殷切渴望又难以靠自身来达到的目标,因此认定只有跟着中共才能实现这一目标。

抗日战争特别是解放战争时期,中共的宣传手段与宣传艺术的运用已相当纯熟,瓦解敌人、打击敌人、鼓舞士气成为宣传工作中的重中之重,它一手利用"武"的军队冲锋陷阵,一手利用"文"的宣传"不战而屈人之兵",消灭敌人于无影无形之中。正如毛泽东所说:"在我们为中国人民解放的斗争中,有各种的战线,也可以说有文武两个战线,这就是文化战线和军事战线。我们要战胜敌人,首先要依靠手里拿枪的军队。但是仅仅有这种军队是不够的,我们还要有文化的军队,这是团结自己、战胜敌人必不可少的一支军队。"[②] 1945年10月国民党的新八军起义,除了国民

---

① 毛泽东:《文艺工作者要同工农兵相结合》,《中国共产党宣传工作文献选编》(1937~1949),第422页。
② 毛泽东:《在延安文艺座谈会上的讲话》,载《毛泽东选集》(第3卷),第847页。

党军队派系纠葛原因之外，与中共出色的宣传鼓动工作有极大的关系。① 这一事件之后，中共中央要求："将邯郸战役和新八军起义消息，高树勋通电和谈话印成传单，用一切方法向国民党军队，向一切大小城市的人民散发，并在国民党区域进行口头宣传，扩大邯郸起义的影响，在国民党军队中和人民中扩大反对内战、主张和平的运动，号召国民党军队中的官兵学习新八军榜样，拒绝进攻解放区，在战场上实行怠工，和八路军联欢，到解放区来，回家去。"② 类似的情况在当时不在少数。刘少奇在中共七届二中全会上谈到政治宣传教育时曾举例说，在解放战争时期被俘虏的国民党士兵"经过诉苦运动，一个星期就变了，掉转枪头，英勇杀敌"。③

三 政治文化教育与政治运动联合开展

"人总是悬在由他自己编织的意义之网中的动物，这种意义之网乃是文化。"④ 政治文化是政治关系在人们精神领域内的投射，是一个国家中的阶级、民族和其他社会团体以及这个国家中的成员在一定的生产方式的基础上于一定的经济、政治和文化环境中形成的关于国家政治生活的政治心理倾向和政治价值取向的总和，"是社会成员在前代的政治文化以及特定政治环境的双重影响下，经过长期的心理积淀形成的一种心理定势"。⑤ 一个完整的政治系统中，既有制度化和结构化的政治组织、机构和规则等"硬件"部分，也有政治文化的"软件"部分，它们互为表里，相互作用共同形成一套完整的政治行为方式。政治文化可以为政权的合法性提供社会心理基础，也可以弥补具体政治制度的不足。⑥

政治运动是为完成一定的政治任务而开展的群众运动。但这里所说的政治运动并不是指这种社会运动的常态，而是指社会运动的一种特殊形

---

① 吴恒长：《国共两党与西北军》，解放军出版社，2012，第350页。
② 《中央关于扩大邯郸起义宣传的指示》，《中国共产党宣传工作文献选编》（1937～1949），第603页。
③ 中共中央文献编辑委员会编《刘少奇选集》（上卷），人民出版社，1981，第423页。
④ 臧乃康、韩裕庆编著《政治学概论》，东南大学出版社，2011，第214页。
⑤ 杨光斌：《政治学导论》，中国人民大学出版社，2000，第64页。
⑥ 黄利新：《共和国初期北京市城区基层政权建设研究（1949～1954）》，博士学位论文，首都师范大学，2008，第213～214页。

态，即由一定阶级的政党或政治集团为了实现某种政治目的所发动与领导的、具有严密的计划性和组织性的社会活动。

中共从苏俄承接的文化是一种政治文化，它的直接目标就是通过政治文化教育、政治运动——直接的阶级斗争，实现改造社会的政治理想。列宁曾言："政治文化、政治教育的目的是培养真正的共产主义者，使他们有本领战胜谎言和偏见，能够帮助劳动群众战胜旧秩序，建设一个没有资本家、没有剥削者、没有地主的国家。"[1] 尽管中共从成立开始就运用民众教育、政治运动等方式想方设法来传播这种政治文化，唤醒人民觉悟，不过在抗日战争之前，所取得的成果都十分有限。但经过将近20年的革命历练，加上抗日战争为中共提供了充分施展政治抱负的政治舞台和机会，这时的中共越来越走向成熟，也越来越自信，对政治文化与政治运动的运用已十分娴熟。1940年1月，毛泽东在《新民主主义论》中指出：

> 我们共产党人，多年以来，不但为中国的政治革命和经济革命而奋斗，而且为中国的文化革命而奋斗；一切这些的目的，在于建设一个中华民族的新社会与新国家。在这个新社会和新国家中，不但有新政治、新经济，而且有新文化。这就是说，我们不但要把一个政治上受压迫、经济上受剥削的中国，变为一个政治上自由和经济上繁荣的中国，而且要把一个被旧文化统治因而愚昧落后的中国，变为一个新文化统治因而文明先进的中国。一句话，我们要建立一个新中国。[2]

这篇文章中，毛泽东对新民主主义的政治、经济、文化目标都做了清晰的勾勒。对于文化，毛泽东提出新民主主义文化"是以无产阶级社会主义文化思想为领导的人民大众反帝反封建的新民主主义"，[3] 也即民族的、科学的、大众的文化。民族的，就是反对帝国主义压迫，主张中华民族的尊严和独立的；科学的，是反对一切封建思想和迷信思想，主张实事求是，主张客观真理，主张理论和实践一致的；大众的，指它应为全民族中

---

[1] 列宁：《在全俄省、县国民教育厅政治教育委员会工作会议上的讲话》（1920年11月），载《列宁选集》（第4卷），第368页。
[2] 毛泽东：《新民主主义论》，载《毛泽东选集》（第2卷），第663页。
[3] 毛泽东：《新民主主义论》，载《毛泽东选集》（第2卷），第706页。

90%以上的工农劳苦民众服务，并逐渐成为他们的文化。① 至此，中共政治文化的形式、内容、方向都已经完整地确定下来，接着就是通过宣传教育与政治运动来实现这一任务了。

对社会各阶级进行宣传教育活动是中共一贯的想法和做法，由于马克思主义是关于无产阶级解放的理论，因此宣传教育最初的对象便是从工人阶级开始的。为了传播革命火种，早在中共成立之前，各地共产主义小组便开始举办工人教育，开办工人补习学校，这是中国最早出现的以传播革命思想为主要任务的工人学校，是中国新民主主义教育的萌芽。此后，中国劳动组合书记部在领导各地的工人运动时，都积极举办工人教育。② 1948年8月，第六次全国劳动大会上通过的《关于中国职工运动当前任务的决议》案中，对于解放区职工运动的任务指出："首先解放区的职工们必须很好地组织起来，并很好地进行学习，提高自己的觉悟。"③ 1949年4月七届二中全会上，刘少奇指出："我们一进城，即应着手进行教育，要以几个月或半年的时间开展广泛的职工教育，开始着重于工人"，"总起来说，不管是职员、工人，均应加以教育，着重是政治教育"。④ 中华人民共和国成立以后，《共同纲领》规定："中华人民共和国的文化教育为新民主主义的，即民族的、科学的、大众的文化教育。人民政府的文化教育工作，应以提高人民文化水平、培养国家建设人才、肃清封建的、买办的、法西斯主义的思想，发展为人民服务的思想为主要任务。"⑤

国共内战开始以后，中共的军队每打下一座城市，随即开始按照自己已有计划实施改造城市的任务，除了建立国家政权机器外，对社会各阶层开展政治教育是必不可少的一项。

1949年北京市暑期工人教育堪称是一次教育的政治运动。北京市总工会根据市委加强工人教育工作的指示，与市委、市教育局、市妇联、中小

---

① 毛泽东：《新民主主义论》，载《毛泽东选集》（第2卷），第706~708页。
② 曾泽、张监佐、李榷编《中国教育史简编》，江苏教育出版社，1986，第389页。
③ 中华全国总工会中国工人运动史研究室《中国工会历次代表大会文献》，第463页。
④ 中共中央文献编辑委员会编《刘少奇选集》（上卷），第422~423页。
⑤ 欧阳璋主编《成人教育大事记（1949~1986年）》，北京出版社，1987，第6页。

学教联共同组织的市暑期工人教育工作委员会统一领导，建立了会议、汇报制度。通过市青委从各大中学动员266个青年团员和进步同学参加工作。7月10日开始分配在18个公营工厂及11个区工作，8月15日工作结束，历时35天。这是北京解放以来第一次较大规模的和比较正规的工人教育工作，参加学习的工友共12000余人，按知识程度分为高、中、初三级，共有330个班。[1] 这次工人政治教育工作中，宣传的方法有壁报、黑板报、快报、画报、标语等文字宣传方式，结合小组座谈会、开动员大会的方式去动员；也有的通过生产小组、积极分子座谈会、工会组织（如代表、小组长）和通过党、团与个别谈话方式去动员，形成一个声势浩大的群体运动。

实际上，政治文化与政治运动并不是必然地联系在一起的，可是无论从历史经验上看还是从现实角度出发，它们大多数情况下是结合在一起共同服务于一定的政治目标，因此，每一次政治运动之前都要进行充分的政治宣传教育。中华人民共和国成立以后，掀起了一波又一波的政治运动，[2] 除了像"整风""土改""三反""五反"等全国性的政治运动外，还有针对不同行业的各类型政治运动，仅工会参与的就有购买公债运动、生产运动、反把头运动、清洁运动、治安运动、防空运动、防疫运动、爱国卫生运动等。[3] 这些运动在发动之前都要进行充分的宣传教育活动，让每一个市民都参与进来，形成一种运动的政治气候。

总之，在共和国之初，依靠强大的政治力量来整合社会，引导广大民众按照官方的意志行动，是中国共产党的基本工作。

第三节　政治思想教育：北京私营企业工人的思想改造

中共建政以后，除了培养"共产主义"接班人而兴办正规的大中小学

---

[1] 北京市总工会编《新中国北京工会50年文献汇编：1950~2000》，第13页。
[2] 参见王蔚《现代化视野中的当代中国政治运动研究》，中国社会科学出版社，2010，第159页。
[3] 《北京市工会第一区办事处1949年月度、季度工作报告、行业调查报告、各工作组工作报告、宣传工作报告》，1949，北京市东城区档案馆004/01/0001。

进行学校教育外，还花费巨大的人力、物力、财力、精力来大搞社会教育，也就是通过创办业余学校的方式对社会各阶层进行政治思想教育，农民有冬学运动，工人有工人补习学校，干部有干部训练班，普通市民有成人业余学校教育，把整个社会的成员都归整到各类学校、培训班等进行思想教育，实现了在统治范围之内，教育没有真空与空白点。它的实质是对全民进行思想改造，通俗地说就是"洗脑"，洗掉"封建的、买办的、法西斯的思想"，[1]造就具有新民主主义思想的"新人"。

在中共搞得热热闹闹、轰轰烈烈的全民教育之中，主要由工会举办的对工人阶级的教育又显得与众不同，它耗时最久、倾力最多，对他们的教育一直没有停止，由此可见，中共对工人阶级教育的重视程度。当然，这不仅仅因为中共是工人阶级的政党，代表工人阶级利益，全心全意为工人阶级服务，更重要的是，在中共的意识里，工人阶级所蕴含的社会变革力量是其他阶级与阶层所无法比拟的。可现实的状况是，除了关系到国计民生的大企业收归国有之外，广大的私营企业遍地皆是，特别是北京，中小私营企业占绝对优势。这些私营企业中的工人，由于经济上完全依靠资本家，自然政治上也依附于资本家，思想上有意无意地站在资本家的一边，尽管他们身受资本家的剥削。对于这种现状，中共必须要扭转，因此，对私营企业工人的教育更是重中之重，对他们进行思想政治教育具有特殊的意义。通过考察北京市私营企业工人的教育，可以得知这种教育的确收到非常可观的实效，一定程度上达到中共教育的初衷，但是也绝不能过高估计教育的成就，中共主导下的这种教育，有时与工人的实际想法和需求有距离而容易出现教育错位现象。

一　政治教育原因解析

1949年1月底，闻名于世的文明古都——北京解放了，但是在思想上、经济上并没有完全解放。这样一个过去长期被军阀、日伪及国民党统治的大城市，人员鱼龙混杂，思想更是五花八门极不统一，严重妨碍着中共领导的社会各项工作的进行。虽然中共在民主革命时期对工人阶级进行

---

[1]　欧阳璋主编《成人教育大事记》（1949~1986），第7页。

马列主义教育是有经验、有传统的，但是，在中共领导之下"如何加强对工人的政治启蒙教育，不仅是工会工作的首要任务，而且也是城市工作的一个新的课题"。① 中共的七届二中全会上，毛泽东提出党的工作重点由农村转入城市，进入城市"我们必须全心全意地依靠工人阶级"。② 刘少奇在会上发言又具体地说，为了贯彻这一条方针，必须加强工人工作"其主要办法有三：尽可能保障工人的生活水平勿使之过低；深入广泛地教育工人；组织工人"。③ 现实情况据1949年统计："全市职工中80%以上是文盲、半文盲，小学程度的占6%，初中程度的4%，高中以上的只是凤毛麟角。"④ 很明显，工人文化知识的缺乏与低下，是中共领导下的工会开展各项工作的一个巨大障碍。实际情况当然不是如此简单，当时的工人由于受历史的、传统的及现实的原因，对于工会进行的各项工作并不是无条件的欣然接受，反而有抵触心理。众所周知，中国传统社会是一个各安其业的封闭型小农社会，结社、结党、秘密团体等组织活动往往与反政府或谋私利相联系在一起，因此它既不为政府允许，也为老百姓所不齿，正道直行之士一般不加入任何除政府授权之外的组织。虽然鸦片战争以后100多年，特别是辛亥革命以来，传统观念逐渐被颠覆，被抛弃，可是在下层劳动人民中间仍然有相当的市场，因此，当中共在北京组织工人加入工会时，大部分私营企业的工人并不积极响应。1949年第一区手工业工会组织珐琅业工人加入工会，工人却说："我是个清白之人，如何当代表（工会代表）？"⑤ 一区女工王淑芳参加工会后，她家中的婆婆"和她生气，王淑芳下班后，回来打水煮饭，她婆婆还嫌她不听话，还要打骂"。⑥ 组织工人加

---

① 宋仲琬：《建国前后市总工会对部分职工的系统启蒙教育》，北京市总工会工人运动研究会编《北京市总工会成立四十周年纪念文集》，第44页。
② 毛泽东：《在中国共产党第七届中央委员会第二次全体会议上的报告》，载《毛泽东选集》（第4卷），第1427~1428页。
③ 刘少奇：《关于城市工作的几个问题》，载《刘少奇选集》，第421页。
④ 许家印：《解放初期北京市总工会职工业余教育工作纪事》，北京市总工会工人运动研究会编《北京市总工会成立四十周年纪念文集》，第51页。
⑤ 《北京市工会第一区办事处1949年月度、季度工作报告、行业调查报告、各工作组工作报告、宣传工作报告》，1949，北京市东城区档案馆004/01/0001。
⑥ 《北京市总工会第一区办事处各工作组1950年月度工作计划、工作报告，组织、女工工作计划、工作报告》，1950，北京市东城区档案馆004/01/0005。

入工会是如此，组织工人参加夜校（工人补习学校）也不顺利，甚至更艰难。一区千祥鞋店女工刘万荣参加夜校以后，被工会发展为团员，因此每天晚上提早收工，按时上夜校，可是却遭到"其他工人的讥笑"，[①] 说明其他工人对刘万荣的行为并不认可。部分工人思想中存在封建迷信思想，认为工人命苦是天注定，"上辈子打爹骂娘，这辈子进机房""工人是菜里虫，菜里生来菜里死""工字不出头，出头就入土了"等思想比比皆是。[②]

现实的、困难的生活也使工人虽有心却无力参加夜校学习。一区手工业工人说："还没有米吃，上什么学？""老啦，不用学习"。印刷业工人杨蔚春，开头学习挺积极，后来则变得落后，还说些反话打击同厂会员郭思诚的学习情绪，说："学习又不能领小米啊！"[③] 特别是一些处于社会最低层的三轮车、排子车、大车等搬运工人，生活朝不保夕，拉一天车挣一天饭，从早拉到晚，一天不拉车家中就揭不开锅，让他们进行学习，非常困难。一区搬运工会工作组曾调查三轮工人的生活、工作情况：

> 一般年纪比较轻而又勤俭的三轮工人，虽然收入有多有少，但平均每天最多不过八九百元，且大部分工人都是自己修车，除了修车费和车租（普通是100多块钱）以外，如果再有一家四口人的家庭，那么生活的确是很难维持的，至于物价的变动最关心，差不多跟他们见面的时候，他们都要谈一谈关于棒子面的价钱，他们对付物价上涨的方法只是一个，那便是无限地延长蹬车时间，一天到晚就在大街小巷中奔走，他们不愿意再花一点时间开会或作其他活动，所以我们每召开小组长座谈会讨论学习时，差不多都有三分之一以上不到。[④]

除了以上传统的、现实的原因之外，工人受雇于资本家，他们的生活

[①] 《北京市工会第一区办事处1949年月度、季度工作报告、行业调查报告、各工作组工作报告、宣传工作报告》，1949，北京市东城区档案馆004/01/0001。
[②] 宋仲琬：《建国前后市总工会对部分职工的系统启蒙教育》，北京市总工会工人运动研究会编《北京市总工会成立四十周年纪念文集》，第46页。
[③] 《北京市工会第一区办事处1949年月度、季度工作报告、行业调查报告、各工作组工作报告、宣传工作报告》，1949，北京市东城区档案馆004/01/0001。
[④] 《北京市工会第一区办事处1949年月度、季度工作报告、行业调查报告、各工作组工作报告、宣传工作报告》，1949，北京市东城区档案馆004/01/0001。

来源皆要靠做工来获得，经济上工人不能自立，行动上必定受资本家的掣肘，更何况像布业、茶业、国药业、西药、百货业等店铺，从资本家、经理、职员到普通店员、学徒，基本上要么沾亲带故，要么乡里乡亲或者在店铺工作时间已很久。他们之间关系比较深厚又错综复杂，资本家享有绝对权威，店员的一举一动没有资本家的允许是不可能进行的。以北京绸缎店"八大祥"之首席的瑞蚨祥为例，它是由山东章丘孟家出资开设的。"据1952年工会的材料，全号职工134人（包括外伙计），其中山东籍的122人，占91%，这里面章丘县人就有92个，占68.7%，而与掌柜有亲戚关系的占41.7%。"① 那么资本家对工会是什么态度呢？从档案材料来看，几乎所有的资本家对工会进行的任何活动都反对，很少有资本家是支持工会工作的，它们之间的关系要么是一团和气合流对付工人，这时工会成为摆设，遭到工人的抛弃；要么是工会发动并领导工人进行斗争资本家，像"反把头"运动、"五反"运动就是如此，这时资本家简单成丧家之犬，惶惶不可终日。在这种情况之下，工人上夜校进行学习是可想而知其艰难，甚至有冒风险的意味。以第一区为例，资本家在1949年6月份一般地说来生产情绪要比5月份安心，减去了一些怕分怕斗的思想顾虑。面粉厂又开张了并且增加了3名工人，百货公司的货也满了柜，牙刷厂、橡胶厂、利兴铁厂也加扩充工人开始加班生产，资本家对生活逐步有计划了。虽然如此，但是对工人参加工会或上夜校仍是不满意或抱仇视的态度，要是有工人参加了工会就准备要专找工人的毛病，以营业不好为理由，准备遣散工人。②李广泰造笔厂资本家阻止工人上夜校，不叫工人和工会人员接近；物彩华鞋店资方利用工头统治工人不叫工人参加工会，并制造谣言来恐吓工人，说"洋鼻子快来了，毛主席有病了，你们还要参加工会？加入工会只开会，不自由"，③等等。这对工会工作组开展工作来

---

① 中国科学院经济研究所、中央工商行政管理局资本主义经济改造研究室编写《北京瑞蚨祥》（典型企业调查资料），第32页。
② 《北京市工会第一区办事处1949年月度、季度工作报告、行业调查报告、各工作组工作报告、宣传工作报告》，1949，北京市东城区档案馆004/01/0001。
③ 《北京市工会第一区办事处1949年月度、季度工作报告、行业调查报告、各工作组工作报告、宣传工作报告》，1949，北京市东城区档案馆004/01/0001。

说，是很大的阻碍，本来工会想成立夜校来提高工人政治思想觉悟，帮助资本家生产而并非破坏生产，可是资本家并不关心也不想了解，特别是对厂内成立工会组织，资本家总认为在厂内的权力减少了，说："我的工作为什么要叫职工代表商议？"① 资本家无奈、愤慨之情溢于言表。织布业掌柜同样也不愿意让工人参加学习，工人杨国印下课回去，掌柜不给开门，而且常借此挑拨工人间的团结，许多工人顾虑职业受到影响不愿意去上夜校。② 面对这样的现状，掌握了国家政权的中共是绝对不能容忍的，它一定要通过种种方式来把受资本家支配的工人转移到自己的掌控之下，质言之，就是要从资本家手里夺取对工人的领导权，那么，它的方式主要还是通过对工人教育来实现。

二 灵活多样的教学方式

中共领导之下，由工会宣教部主导的工人教育，它的基本方针就是"使领导与学员群众的革命热情相结合，使之变为学员自觉自愿的自我思想改造运动"。③ 因此在教学方式上灵活多样，不拘于一般的学生课堂教学，事实上也不可能，毕竟这些工人学员都是成年人。既要能达到教育工人学员的目的，完成特定的教学任务，又不至于使课堂教学气氛沉闷，干巴巴，变得索然无味。基于此一目的与现实，教学人员在实践中摸索出一些基本的教学方法。

其一，理论与实际相结合。教学人员首先分析、研究学员的思想情况及其变化，抓住中心问题，然后有步骤地、系统地剔除工人思想上的旧东西，建立起革命的新思想。以1949年后工人对苏联的认识为例，由于历史上沙俄侵占了中国大片领土，第二次世界大战后，苏联伙同英、美不顾中国战胜国的身份，以强权逼迫中国接受雅尔塔体系的苦果，因此一般民众

---

① 《北京市工会第一区办事处1949年月度、季度工作报告、行业调查报告、各工作组工作报告、宣传工作报告》，1949，北京市东城区档案馆004/01/0001。
② 《北京市工会第一区办事处1949年月度、季度工作报告、行业调查报告、各工作组工作报告、宣传工作报告》，1949年，北京市东城区档案馆004/01/0001。
③ 《本校关于教育计划、学员工资待遇向市工会、市委的请示批复和工作总结》，1950，北京市档案馆079/001/00460。

包括工人在内对苏联并不喜欢,甚至可以说有些憎恶。1949年北京南苑飞机修理厂有苏联工程师300多人,与中国工人在生活方面相处还算融洽,可是许多工人对苏联人总是称"老毛子""大鼻子",有一天一位苏联工程师触电身亡,工人便说:"电死真可惜,可惜太少。"① 对苏联人的死亡毫无怜悯之情,甚至似乎有解心头之恨之感。对此夜校就开始进行国际主义教育,安排艾思奇讲苏联的历史,讲苏联对中国革命的帮助,讲"国际主义与民族主义",学习《中苏友好同盟互助条约》及"中苏经济合作的伟大意义",并联系苏联专家在各厂友爱帮助的榜样,要求大家热爱苏联,学习苏联,提出"苏联的今天就是中国的明天""走苏联的路幸福,和苏联交好朋友,咱们的幸福就扎了根"等口号来教育工人,使工人很快就认识到"天下工人是一家"及中苏友好的意义。②

教员讲课为了切合学生实际,往往联系工人的生产及生活,以群众活生生的事实来教育群众,做到有重点、明确、通俗,那些空洞、抽象、死板教条及用工人不熟悉的名词、历史典故等,工人们学习是一无所获的,也不易解决思想问题。如有的教员解释生产力与生产关系的矛盾时,就以豆芽为例:"豆到出芽时,一定要突破豆皮才能出芽生长起来,因为豆皮束缚豆芽的发展,不突破就不能出豆芽。"③ 以此来让工人们明白,工人们要想翻身解放,就只有打倒反动派,打破旧的生产关系,才能发展生产力。

为了把理论更形象地表现出来,工会掀起围绕学习中心用形象化展览、话剧等艺术形式进行思想教育,达到了很好的效果。如让工人参观"从猿到人"的展览,看《赤叶河》《内蒙春光》《不是蝉》;观看自己编的话剧《思想转变》《新旧婚姻》等。④ 工人受到教育后,总结学习的成果,返回来又教育其他学员。

---

① 《本会组织部关于市、区工会组织形式驻厂干部工资及张伯钧要求入会和南苑机场建立工会等问题向市委的报告》,1950,北京市档案馆101/001/00005。
② 《本校关于教育计划、学员工资待遇向市工会、市委的请示批复和工作总结》,1950,北京市档案馆079/001/00460。
③ 北京市总工会编《新中国北京工会50年文献汇编》(1950~2000),第19页。
④ 《本校关于教育计划、学员工资待遇向市工会、市委的请示批复和工作总结》,1950,北京市档案馆079/001/00460。

其二，有领导地放手发动自由思想讨论。1949年之后，由于政权更迭，整个中国社会发生剧烈变化，工人的出身及思想也非常复杂。让工人进行学习，进行思想改造，就是在思想上进行一场斗争，可以说学习就是思想上的战争，是无产阶级思想与各种非无产阶级思想的战争。为了有的放矢，就必须使个人的思想，甚至是反动思想都敢于毫无顾虑地表达出来。因此，在教学中教师刻意创造一种宽大温暖的气氛，提倡工人学员们知无不言、言无不尽，公开思想、公开意见，让许多有历史问题或隐瞒历史上和政治上问题的学员。如曾参加反动党团及秘密结社，做过反动活动、违法事件及其他不名誉事情的学员坦白地说出，然后大家充分地进行分组讨论，辨明是非，分清界线，坚持真理，修正错误，这样既使学员放下了思想包袱，又明确认识了自己的错误。思想改造运动掀起来以后，虽然在教学中没有发生追逼学员个人的历史问题的事情，但是以思想检查的"过关"活动，却是人人都要经历的。

对于普遍认识模糊的，有争论的重要问题一般组织联组会来讨论或辩论，对于争论的分歧点双方都明确，然后工会领导集中学习给学员解答。1949年7月，第一区区委宣传部给区工人夜校学员讨论的6个问题，就非常有针对性，而且很深刻，很有启发性。

1. 是不是只有人民民主专政才能很好地教育人民？这问题引起了争论，有同志认为是彻底与不彻底的问题，并非只有人民民主专政才能教育人民。

结论是：并非彻底不彻底，而是有了人民民主专政才能在全国范围内、全体规模上教育和改造人民。

2. 资产阶级专政是否对小资产阶级也实行专政？小资产阶级指的是哪些社会阶层？它是否包括于资产阶级之内？

结论是：资产阶级专政是对小资产阶级专政的，但与对农民的专政有程度上的不同。小资产阶级是指小有产者，有少数生产工具、资料，自己劳动，大部分不剥削人，小部分对别人有极微的剥削，也稍受别人剥削者都称为小资产阶级。它是一个起分化的阶级，在资本主义社会中绝少数部分上升为资产阶级，绝大部分降为工人农民，因此他不被包括在资产阶级之内。

但对为什么知识分子和自由职业者一般的被称为小资产阶级的问题，经过讨论而无结果。

（3）如果在新民主主义社会阶段民族资产阶级叛变了，我们的政权形式是否要变？如果变为社会主义的无产阶级专政，那么我们把资产阶级反了，岂不是促使我们迅速地走向社会主义社会？

结论是：政权形式是不会变的，不过它的阶级内容起了变化。新民主主义社会转化成社会主义社会主要是看我们努力创造条件，首先是经济基础，并不是把资产阶级逼反的问题。

（4）苏联革命与中国有什么不同，苏联在十月革命前有许多事情是与中国情形相同或类似，为什么苏联没有经过新民主主义革命阶段呢？

因对苏联革命历史了解不够，无结论。

（5）农业社会化与农业社会主义有什么区别？

谈得不彻底，只提到农业社会主义本质上是一种反动的落后的倒退的平均主义思想。

（6）世界上尚存在帝国主义的时候，共产主义是否能在一国内实现？

引起争论，没有结论。

8月2日市委宣传部发下问题汇集，接着讨论了下面两个重要问题。

（1）大资产阶级有否革命性？

展开辩论，结论是：大资产阶级在一定时期，一定条件下，有一定程度的革命性。对革命性的认识则是：论大资产阶级是否有革命性。首先应站稳自己的立场，了解这是我们对这一阶级的认识而非这一阶级主观上愿革命，因此革命性是我们认为对于一定时期大资产阶级的本身利益，在某种程度上与整个革命利益不同矛盾或相符合时，促使他们客观上对革命起了或多或少的有利作用，叫做大资产阶级的革命性，这里不把主观成分计算在内。

（2）康梁所进行的社会改革是否属于资产阶级性民主革命？

结论是：革命是一个阶级为了反对另一阶级的压迫而起来推翻那

一个阶级的阶级斗争（中国来讲，武装斗争是它的特点），但康梁进行的戊戌变法只是一个阶级的内部的改革，当然不能算革命。但是否他们的改革是属于资产阶级性民主革命的范围呢？对此无结果。[①]

像以上布置工人讨论的这些问题，是非常专业，甚至学术味很浓的，如果没有较高水平的教师或工人干部，是根本无法给以指导并解答的，因此，工人的业余教育，许多问题需要各级工会干部来帮助，工会干部首先深入地学习各种知识，经常研究学员的思想，"教育者首先要受教育"，这样干部在理论上、思想上、政策上提高一步才能领导学习。

其三，讲授与辅导、自觉与互助相结合。前面已经交代，工人文化程度比较低，1950年一区第二期工人夜校中有学员642人，工人占554人，其中文盲有半文盲占177人（32%），小学占360人（65%），二者合占97%。[②] 教员教学一般采用课堂讲授法，这些工人根本不做笔记，也不会做笔记，因为有些人不识字，而且加上没有适当的教材，因此工会根据工人文化程度分成不同的小组，组成学习互助组。互助组以五六个人为一组，以集体准备的方法来互相帮助自学，同时教员给予必要的辅导，复习讲课要点，提出意见与问题，启发思维，以作小组讨论的准备。在互助组中，既有职员又有工人，互相学习中容易结成友爱互助的关系，增进了职工之间的团结又达到互相进步的目的，能很好地完成学习任务。

点将法也是工人教育中经常使用的一种方法，即小组内指定一人为小组长负责答复工人提出的一些问题。这样可以帮助工人复习，并可使小组生活活跃起来，尤其是被指定的小组负责人为了能够解答工人提出的问题，利用业余时间抓紧学习，在工人中形成一种学习的氛围，同时还能带动其他工人学习，例如第十一区的工人王兴君不当组长之前"自己有时不请假就不来了"，自从当上小组长后说："我今后要努力学习。"[③] 有些工人对学习文化知识与业务技术非常感兴趣，为了便于学习，

[①] 《北京市工会第一区办事处1949年月度、季度工作报告、行业调查报告、各工作组工作报告、宣传工作报告》，1949，北京市东城区档案馆004/01/0001。
[②] 《本校关于教育计划、学员工资待遇向市工会、市委的请示批复和工作总结》，1950，北京市档案馆079/001/00460。
[③] 北京市总工会编《新中国北京工会50年文献汇编》（1950~2000）第16页。

班内或组内组织识字班,一般的在50天内能识二三百字,有的已能写信、读文件,点滴知识的积累会增进工人们政治学习、理论学习的热情与信心。

其四,小组竞赛,提高学习情绪。小组挑战是刺激学习的另一个种办法,把任何事情用竞赛来进行,不管你愿意不愿意,行动不行动,在比赛者心中总是暗藏着一股劲,如第八区箭楼店员夜校,小组之间相互挑战,保证没有一个人缺席,没有一个人吵闹,各组都抱着争取模范组的决心,学习情绪便提高了。①

其五,学习与文娱活动结合起来。工人们工作之余,精神疲倦,他们虽然有的希望上夜校学习知识,但更想借一些文娱活动来调剂精神,甚至有些工人把上课看成一件麻烦事,遇到文娱活动便快乐地来参加。如门头沟煤矿有些班上课人数很少,但是在大树下唱歌时,大家都来了,有的区、厂的工人就干脆说:"我们要唱歌,不唱歌我们就不来了。"② 由此可见,工人们对文娱活动的兴趣很高。因此教师就让工人们上课前,或让课后唱歌来提高工人们的学习热情,一区宝泉澡堂每一礼拜抽一天晚上开一次会,时间为一个钟头左右,内容或由分会主任报告工作或由干部讲政治课,"在开课之前或会后都要唱一两个歌子"。③ 工会还组织了秧歌队、歌咏团,甚至教他们演话剧等,现场进行加油、鼓劲。北京市总工会认识到文娱活动对学习所起的作用,专门于1949年3月和8月分别办过一个文娱训练班和工人业余音乐训练班,合计参加者达820余人,其主要目的就是在于培养职工中的文娱人才。④ 有些时候文娱活动本身就是一次学习,如第一区罗底业工人每天工作13个小时以上,工人文化水平都很低,单纯的讲授工人不易懂且烦躁不安,夜校采取步步前进的方法,先从唱歌开始认字,学习了《咱们工人有力量》《生产运动》《新中国青年进行曲》《大家好办工会》《说吧:兄弟》,然后订了一份《工人日报》,经常由学习委员

---

① 北京市总工会编《新中国北京工会50年文献汇编》(1950~2000),第19页。
② 北京市总工会编《新中国北京工会50年文献汇编》(1950~2000),第19~20页。
③ 《北京市总工会第一区办事处各工作组1950年月度工作计划、工作报告,组织、女工工作计划、工作报告》,1950,北京市东城区档案馆004/01/0005。
④ 《市总工会筹委会11月及十二个月份工作总结》,1949年,北京市档案馆101/001/00227。

会领导学习，逐渐的进入到课堂念书学习。①

　　教学是一种双向互动的信息传递过程，需要在教学的过程中根据实际情况不断地总结经验，形成合理的、适用的、有效的教学方法。工人教育说到底是成人教育的一种，与学生在学校学习既有相似的地方，又有特殊之处，工人文化水平参差不齐，思想纷繁复杂这是其次，更主要的是，共和国成立之初的工人教育还承担着审查工人历史与思想，发现与培养正宗的"血统"工人的任务，因此教学方式、方法必定是灵活多样的。

三　唯物史观为主的全方位教育

　　工人教育的内容主要分三部分：（1）政治教育；（2）文化教育；（3）政策、时事教育。1949年10月10日，北京市总工会筹委会发出《关于开展今后工人教育工作的意见》规定，工会工作的中心任务是发动、组织、教育工人，对正在组织和尚未组织的工人，以政治和组织教育为主，对他们进行工会组织教育、劳资政策教育、时事教育。对已经组织起来的工人，要进行正规化的教育工作。教育内容以文化教育为主，政治教育为辅，一般文化课占60%，政治课占30%，技术课和其他课占10%，教育目的是提高工人文化水平，打下进一步提高政治觉悟和技术水平的基础。② 这是北京市首次以政府文件的形式明确规定了工人教育的内容与目的，并且详细地规定了各课程的比重。但是在实际的工人夜校中，工人教育的核心是"马克思主义基本观点及中国革命基本问题教育"及政策教育，③ 其次才是文化教育。以第一区工会1949年6月份办的三个夜校来看，"文化课占40%，政治课占60%，对象大部是工人和学徒，有部分是店员"。④ 自始至终，政治课教学都是工人教育的主要部分，因为"提高工人阶级觉悟"，完成对社会改造的任务，始终是中共追求的目标。

---

①《北京市工会第一区办事处1949年月度、季度工作报告、行业调查报告、各工作组工作报告、宣传工作报告》，1949，北京市东城区档案馆004/01/0001。
② 欧阳璋主编《成人教育大事记》（1949~1986年），第9页。
③ 陈庸章：《工人阶级要掌握精神武器——回忆1949~1966.5期间工人理论教育》，《北京市总工会成立四十周年纪念文集》，第98页。
④《北京市工会第一区办事处1949年月度、季度工作报告、行业调查报告、各工作组工作报告、宣传工作报告》，1949，北京市东城区档案馆004/01/0001。

（一）劳动创造世界

唯物史观教育是各个公营及私营企业的"必修"内容，是启蒙教育的最有效的武器，也是改造工人思想的关键。它的主要目的是反对有神论及英雄创造历史的唯心观点，以建立劳动创造世界的历史唯物主义（劳动创造人类世界、五种生产方式、阶级与阶级斗争、国家与革命、思想意识与革命人生观）观念，劳动创造世界成为工人受教育的第一课。下面分别是1950年北京市总工会职工学校第二、三期课程进度表，可以完全反映职工学校的学习情况（见表3-1、表3-2）。

表3-1 北京市总工会职工学校第二期课程进度

课程	周数	周次	课程进度	讲授人	次数	时期	星期
唯物史观	六周	1	开学典礼教育计划方法作风	萧明、李晨		3.13	1
			劳动创造世界	周荣鑫	2	3.15	3
		2	同上	同上		3.20	1
			五种生产方式、阶级斗争	同上	2	3.21	2
			同上	同上		3.24	5
唯物史观	六周	3	新民主主义与社会主义	同上	2	3.27	1
			同上	同上		3.30	4
		4	国家政权	同上	1	4.3	1
			诉苦	学员诉苦		4.6	4
		5	诉苦			4.12	3
			思想意识	周荣鑫	1	4.13	4
		6	国际主义与民族主义	艾思奇	1	4.17	3
		7	总解答问题	周荣鑫	1	4.21	5
中国革命基本问题	四周	7	党纲	聂真	2	4.24	1
			同上	同上		4.27	4
		8	群众路线	杨献珍	1	5.2	2
			党章（党员、民主集中制、纪律）	刘仁	2	5.5	5
		9	同上	同上		5.9	2
			怎样做个共产党员	龚子荣	1	5.11	4
		10	同上			5.18	4

续表

课程	周数	周次	课程进度	讲授人	次数	时期	星期
生产及工会工作	三周	11	工会任务		1	5.22	1
			大家办工会	李立三	1	5.29	4
		12	民主管理	陈用文	1	5.29	1
			生产计划生产竞赛	萧明	1	6.1	4
		13	集体合同		1	6.5	1
			劳保福利		1	6.8	4

资料来源：《本校关于教育计划、学员工资待遇向市工会、市委的请示批复和工作总结》，1950，北京市档案馆 079/001/00460。

表3-2 北京市总工会职工学校第三期课程进度

课　程	周　次	课程进度	授课人
社会发展史	五周	开学典礼，教育计划、方法、作风	萧明、李晨
		劳动创造世界	李晨
		五种生产方式	范若愚
		新民主主义与社会主义	孙定国
		国家政权，思想意识	李晨
		国际主义与民族主义，解答问题	杨甫
共同纲领及党章中国革命基本问题	四周	统一战线，财经政策，群众路线，党章，怎样做个共产党员	杨献珍 刘仁
生产及工会工作	四周	工会法，民主管理	
		生产竞赛	萧明
		基层工会组织工作	
		劳保，宣教	
学习总结	一周		

资料来源：《本校关于教育计划、学员工资待遇向市工会、市委的请示批复和工作总结》，1950，北京市档案馆 079/001/00460。

从这两个表可以看出，首先，它的教学内容的核心是唯物史观，所占的比例相当的大。其次，与工会相关的政策教育，还有党与国家的基础知识，北京市总工会规定的文化知识教育在表中根本没有，由此也可以探明政治思想教育与文化知识学习在职工教育中孰轻孰重。

工人群众生活非常困苦，缺乏文化和科学知识，因此工人们普遍存在着迷信、命运、轻视劳动及自己的思想。应当说这种现象是很普遍的，背后的根源可能很复杂，不仅仅是阶段压迫的结果，任何一个现存社会都是前一个阶段社会生产力发展的结果，这些现象的本质问题是由于生产力发展滞后造成的。第一区1950年第一期学员中，信教道门的占1/5强，种类则有一贯道、先天道、后天道等21种之多；第二期学员642人中，信神鬼的有441人（68.7%），信命运的有463人（72%），轻视自己的有416人（64.8%）。① 1950年3月份，北京市组织了干训班，"根据训练班的统计，在一千零六十四个产业工人中，迷信鬼神的有五百九十人，迷信命运的有六百七十一人"。② "不怨别人，只怨自己命苦""命中注定""上辈有罪，这辈子做工""好铁不打钉，好儿子不卖烧饼"，这种宿命的思想在工人中很普遍。"只要有一点点办法的人，谁上工厂做工？"③ 被服厂女工下工前就抹口红，换旗袍装学生，扮小姐相貌，男工则穿皮夹克，充空军人员，工人们被资本家骂为油耗子、棉花篓子、臭工人、造粪机器！④

针对工人的这些思想，市总工会专门安排几次课讲自然科学常识，如打雷、下雨、鬼火、做梦等的道理。讲课后"有鬼无鬼？有神无神？"鬼神问题讨论成为工人一段时间的主要话题，这是思想大暴露时期。接着工会动员工人中有知识的向文化知识低的解释各种疑问；同时观看科学展览"从猿到人"，在这种"内外夹攻"之下，迷信、宿命思想就破产了。然后再找出一些觉悟过来的工人（一贯道坛主、迷信的、算卦的……）现身说法，他们一旦认识到神鬼命运是骗人的，马上就会用切身经验批判之。如一个做佛像的工人说："我们做的时候叫'活'，做好送到铺子里叫'货'，卖去供到家里就成了'佛'！"工人们也议论纷纷，"我们是被统治

---

① 《本校关于教育计划、学员工资待遇向市工会、市委的请示批复和工作总结》，1950，北京市档案馆079/001/00460。
② 《北京市委干训班启发工人阶级觉悟诉苦运动成绩巨大》，《人民日报》1950年3月17日。
③ 《本校关于教育计划、学员工资待遇向市工会、市委的请示批复和工作总结》，1950，北京市档案馆079/001/00460。
④ 《本校关于教育计划、学员工资待遇向市工会、市委的请示批复和工作总结》，1950，北京市档案馆079/001/00460。

得风水不好了!""供你(火神)你还烧房子!""庙塌了,我生活倒好起来!""你们(指剥削阶级)不造就我,共产党造就我!""谁迷信就是装孙子!你看迷信中那个不是爷爷、奶奶、祖师、神父辈儿的?你还不装了孙子?"①

讲劳动群众创造历史时,工会教导工人批判旧小说及民间戏剧中英雄创造历史的唯心思想。工人们心目中熟悉的不是拿破仑、彼得大帝、秦始皇,他们熟悉的是宋江、李逵、包公、关张赵马黄。当工人们听了课,人是从哪里来的,世界是从哪里来的,"谁养活谁"的问题被尖锐地提出来。大米、小麦是谁种的,机器、衣服是谁做的,房子是谁造的,火车是谁开的,是工人农民还是蒋宋孔陈四大家族?究竟谁应当是世界的主人?一连串的发问,在工人思想中展开了激烈的斗争,劳动创造人类本身的道理就开始灌输到工人头脑中去,工人的主人翁思想开始明确起来。

打破"迷信、命运、轻视自己"是唯物史观教育的第一关,是改造工人思想的转折点,工人明白这一道理后,接下来的教育就容易了。第一区工厂工人孙振海死了老婆,他丈母娘叫他买纸烧化,他反对说:"我才不相信人死了有鬼,我不去买。"第八区有一个店员说:"我今后再不相信自己命穷了。"② 一区工人说:"一个人信了迷信、命运,就像车带煞了气,任你怎样打气,也打不起来。"③ 夜校中一个学员说:"我过去认为工人受苦是生来的命,学了历史唯物主义才觉悟,知道地主阶级官僚资本家的财富,都是我们创造的,他们的福就是我们的苦。"还有一位老工人说:"过去资本家骂我们是臭工人,是造粪机器,现在知道了资本家是剥夺了劳动人民的劳动果实才富起来的,没有工人阶级的劳动,哪里来资本家的资本?"④

---

① 《本校关于教育计划、学员工资待遇向市工会、市委的请示批复和工作总结》,1950,北京市档案馆 079/001/00460。
② 北京市总工会编《新中国北京工会 50 年文献汇编》(1950~2000),第 20 页。
③ 《本校关于教育计划、学员工资待遇向市工会、市委的请示批复和工作总结》,1950,北京市档案馆 079/001/00460。
④ 宋仲琬:《建国前后市总工会对部分职工的系统启蒙教育》,北京市总工会工人运动研究会编《北京市总工会成立四十周年纪念文集》,第 46 页。

（二）以诉苦运动为主的阶级斗争教育

批判了神鬼命运之说后，就为阶级斗争的思想教育扫清了道路，打下了基础。许多工人懵懵懂懂似乎感受到"阶级敌人"的压迫与痛苦，而且好像也曾做过不少自发的斗争，但由于文化知识的缺乏，工人在政治认识上还是"模糊的"，更确切地说，是与工会教育的要求与目的不相符合，而且有些工人还参加过国民党、三青团等组织，工人队伍成分严重不纯。"以前只知有贫富贵贱之分""资本家发财是有能耐，勤俭起家""蒋（介石）抗日有功！""蒋本人不坏，周围尽是坏人！""成者王，败者寇""谁来给谁干，还不是一样干活吃饭""谁来也得办工厂，也得用工人"。① 这是工人普遍存在的思想。

"阶级斗争"是唯物史观的根本思想，在整个工人教育中是一门重点课，从五种生产方式讲起认识人类历史的发展，说明阶级社会发展的动力不是别的而是阶级斗争，只有到了将来的共产主义社会，才能最后消灭阶级，引导工人对历史上阶级斗争的关心，特别着重讲封建社会对农民的压迫和资本主义社会中工人受剥削压迫的情形，讲剩余价值的来源。随后联系现实切身的经历，开始算剥削账，使工人认清资本家剥削，启发其阶级觉悟。此前有工人认为："人家给你工资还能说剥削了你吗？""钱给的少叫剥削，钱给得多就不叫剥削了。"还有的工人说："没有资本家，工人会饿死！""人家将本求利，是正当的！"于是开始算剥削账，现场举诚子煤矿工人徐国强，工龄12年，共被剥削74400斤小米；惟一面粉厂赵友文工龄15年，共被剥削14070.6袋面。② 工人们才明白了资本家剥削的实质，认清了究竟是谁养活谁？解开了心中的一个大疙瘩！阶级立场开始明确起来了。

讲授新民主主义革命与社会主义革命主要是让工人认识人民民主专政的意义，中国革命必须分两步走，而前途是美好的共产主义社会，"新中

---

① 《本校关于教育计划、学员工资待遇向市工会、市委的请示批复和工作总结》，1950，北京市档案馆 079/001/00460。

② 《本校关于教育计划、学员工资待遇向市工会、市委的请示批复和工作总结》，1950，北京市档案馆 079/001/00460。

国是工人阶级领导的，应建立主人翁的新劳动态度。"讲国家，就是要工人认识到新旧国家本质的不同，认识三大敌人（帝国主义、封建主义和官僚资本主义）统治下的国家是压迫人民的工具，这时提出讨论："你是怎样进工厂的？""旧国家给过你哪些迫害？"①

通过启发教育就是让工人在学习的过程中，自然而然地觉悟到过去所受"反动"统治阶级的剥削和压迫，"激起对帝国主义、封建主义和官僚资本主义及其集中表现的国民党反动派的无穷仇恨"。②"当学员们有了初步认识后，就集中一段时期。"③ 在学员中就酝酿和准备诉苦运动。诉苦在工人教育中是一个经常和广泛运用的心灵教育方式，不仅在工人教育，在土地改革、反把头运动、镇压反革命运动等中都频繁使用，且屡试不爽。

酝酿诉苦就是让他们学习运用历史唯物主义去分析自己一生的经历，"把过去所受的剥削、压迫和侮辱的各种事实一件件从心底翻腾出来，用阶级观点加以分析，然后在大家的面前互相诉说出来"。④ 这种诉苦运动并不是一下子就全面展开的，往往要经过内心激烈的斗争，关键是开大会动员，并举出受迫害的调查材料，以启发大家诉苦，实在迫不得已时干部就带头首先进行诉苦，渲染气氛，打消工人思想顾虑。

最初，有的人看见别人诉苦，而自己不敢诉，不愿诉，嫌说出来"寒碜"。有的工人则认为："受苦是自己找的，受苦就很窝囊人，受了苦还诉苦更窝囊。已经过去的事了说它做什么？"⑤ "无可说，反正就是苦""事已过去，说也无用""怕勾起心事，发烦""说出来憨蠢"。⑥ 在开始诉苦

---

① 《本校关于教育计划、学员工资待遇向市工会、市委的请示批复和工作总结》，1950，北京市档案馆 079/001/00460。
② 《北京市委干训班启发工人阶级觉悟诉苦运动成绩巨大》，《人民日报》1950 年 3 月 17 日。
③ 宋仲琬：《建国前后市总工会对部分职工的系统启蒙教育》，北京市总工会工人运动研究会编《北京市总工会成立四十周年纪念文集》，第 46 页。
④ 《北京市委干训班启发工人阶级觉悟诉苦运动成绩巨大》，《人民日报》1950 年 3 月 17 日。
⑤ 《北京市委干训班启发工人阶级觉悟诉苦运动成绩巨大》，《人民日报》1950 年 3 月 17 日。
⑥ 《本校关于教育计划、学员工资待遇向市工会、市委的请示批复和工作总结》，1950，北京市档案馆 079/001/00460。

大会的时候，会场上高悬一幅标语："牢记阶级苦、不忘血泪仇。"① 一般总是先说早已过去了的苦，说一些不重要的苦；最痛心最不愿意说的苦往往就是卖儿鬻女，妻妹被强奸，自己受侮辱等，有些工人甚至对自己的父母妻子都没有说过的事，经过工人的互相启发，以苦引苦，反复酝酿，最终说出。由小组的诉苦，全班的诉苦，发展到全校诉苦，然后再回到班或小组去加以仔细的分析、讨论，把大会上所诉的苦从阶级的观点去加以认识。

当诉苦达到高潮的时候，到处是控诉声、叫骂声、哭泣声及口号声，有些人因过度悲伤而晕倒，这时工人们冲破了一切思想障碍，滔滔不绝地倾诉了每个人内心的痛苦，交织成整个工人阶级在"敌人"的剥削和统治下一幅血泪斑驳的图景。每一个工人的仇恨，汇合成整个工人阶级的仇恨，汹涌澎湃而不可遏止。工人的诉苦主要集中在帝国主义、封建主义、官僚资本主义的残酷统治与压迫上。京西煤矿老工人白宝纯的控诉感人肺腑，日伪时期他当劳工，逃跑后被日本鬼子用胶皮管拴上大螺钉打他，浇了70桶凉水，还叫下煤窑干活。② 门头沟煤矿工人郝振国说，他和父亲两人做工，每天只得两斤红高粱。母亲活活饿死了，一岁多的小妹妹因无人照管，被火烧得只剩下一条小腿和一条小胳膊。被服厂的女工赵淑兰说，她的小妹妹被饥寒所迫的母亲抛进河里，小孩子在河里还伸出头来喊叫"妈妈"。琉璃河水泥厂工人王守亮说，日本人侮辱他的妻子，他杀死了日本人，反被国民党判成死刑。③

一个一个的血泪控诉感动得大家涕泪横流，一位女同学说："我父母死时都没这么哭过！"有的搂住干部哭着说："你们早点来就好了，也省得我们受此罪啊！"新华印刷厂的女工赫伯玉当场提出参军要求，要拿起枪打反动派。④

---

① 宋仲琬：《建国前后市总工会对部分职工的系统启蒙教育》，北京市总工会工人运动研究会编《北京市总工会成立四十周年纪念文集》，第46页。
② 宋仲琬：《建国前后市总工会对部分职工的系统启蒙教育》，北京市总工会工人运动研究会编《北京市总工会成立四十周年纪念文集》，第46页。
③ 《北京市委干训班启发工人阶级觉悟诉苦运动成绩巨大》，《人民日报》1950年3月17日。
④ 宋仲琬：《建国前后市总工会对部分职工的系统启蒙教育》，北京市总工会工人运动研究会编《北京市总工会成立四十周年纪念文集》，第46页。

诉苦，这种场面宏大、心灵震颤的阶级斗争教育，收获非常巨大。

其一，经过诉苦运动，工人划清了阶级界线，加强了工人的阶级团结。刘少奇曾言："凡是啃住阶级观点、阶级立场、阶级斗争学说、唯物史观的，大都站稳了脚；反之，立场就不坚定，尽管讲政策，但一遇到严重困难就站不稳了，就不能坚定不移，这是屡试不爽的。在对工人教育时，应特别注意这一点。"①"过去由于不同的生产地区、单位，不同的生产条件，行会帮派思想以及主要是阶级敌人的挑拨离间所造成的互不了解和互不团结的现象，在诉苦以后，就完全消除了。"②通过农民出身的工人的诉苦，目的就是让农民分清新旧国家在本质上的不同，与旧中国的对比下，充分认识新政权的来之不易，要加深热爱祖国，热爱人民。第一区第一期工人培训班里许多人放弃年终双薪，几乎全体学员都买了爱国公债，几乎所有的人都咬牙切齿地宣誓："一定要好好生产，认真工作，加紧建设新中国，消灭一切反动派！""人家受电刑，英勇牺牲，我还能自私自利吗？""过去老打瞌睡，过一天算一天，现在一天盼一天，精神老是足的！"③诉苦使工人了解在封建地主剥削压迫下农民的痛苦，因而在工人中牢固地树立工农联盟的思想。"不是个别的压迫个别的人，而是剥削阶级对工人阶级的剥削压迫！"④把阶级斗争与自己身受的痛苦和非人的生活密切地联系起来，挖出了穷苦之根，加深了阶级仇恨。认清了"不斗争、不能活"，对三大敌人"只有无情的专政"，必须"干净消灭，一点不留，革命才有出路，不革命就是死路"。⑤也清除了某些人头脑中"共产党制造斗争"的说法。

其二，经过诉苦运动，工人普遍表现了对工人阶级政党——中共的感激和热爱。通过诉苦使学员们认清谁是他们的敌人，谁是他们的朋友，谁

---

① 刘少奇：《关于城市工作的几个问题》，《刘少奇选集》，第423页。
② 《北京市委干训班启发工人阶级觉悟诉苦运动成绩巨大》，《人民日报》1950年3月17日。
③ 《本校关于教育计划、学员工资待遇向市工会、市委的请示批复和工作总结》，1950，北京市档案馆079/001/00460。
④ 《本校关于教育计划、学员工资待遇向市工会、市委的请示批复和工作总结》，1950，北京市档案馆079/001/00460。
⑤ 《本校关于教育计划、学员工资待遇向市工会、市委的请示批复和工作总结》，1950，北京市档案馆079/001/00460。

是他们工人阶级的领路人,"三敌""四友"概念明晰了、分清了。① 也弄清了谁在抗日,谁在真正为人民服务。诉苦大会不断高呼:"共产党是我们的亲娘!""没有共产党就没有中国!""共产党万岁!""毛主席万岁!"有人当场要求参军打台湾去!② 工人张廷勋说:"我们无产阶级劳动人民像一个无娘的孩子,自从有了马克思、恩格斯、列宁、斯大林、毛主席和共产党,我们好像找到了亲娘一样。我要永远跟着共产党走。"③ 工人一旦认识了共产党和自己血肉相连的关系以后,便迫切要求参加到自己的先锋队里来。在1950年3月,市委举办的训练班里的1064个工人中,即有90%的人申请入党。④

其三,诉苦也教育了知识分子和剥削者家庭出身的人,扭转他们原来的人生观、价值观。诉苦给知识分子、职员上了"阶级斗争"最生动的一课,"以前总以为《白毛女》《赤叶河》,只有几成真实,都是共产党编来搞斗争的,现在知道单是几天诉苦的事,就不知能编多少段《赤叶河》呵!""过去觉得对地主斗争得太残酷,今天反觉太宽大了,为何不都把他们杀掉?"燕京大学一位职员说:"解放后以为天下太平了,鼓掌赞成革命就行了,一诉苦认识到,倘他们(帝国主义、封建主义、官僚资本主义)再卷土重来可不得了,我们一定要彻底消灭敌人。"还有的说:"多危险呵!我不来这里学习,就可能脱离革命!"⑤

诉苦后工人在知识分子眼中的地位突然提高了,而知识分子对于自己的出身则惭愧起来。一部分逃亡的地主等剥削者及其家庭出身的人和曾做过"对不起"人民事情的人,自己也做了批判,甚至痛哭流涕,惭愧悔罪:"我那里放枪,打得不就是你小朱这样的人吗?""那都是我的罪恶呵!"⑥有人(家中开

---

① 三敌指帝国主义、封建主义、官僚资本主义;四友指工人、农民、小资产阶级、民族资产阶级。
② 《本校关于教育计划、学员工资待遇向市工会、市委的请示批复和工作总结》,1950,北京市档案馆 079/001/00460。
③ 《北京市委干训班启发工人阶级觉悟诉苦运动成绩巨大》,《人民日报》1950年3月17日。
④ 《北京市委干训班启发工人阶级觉悟诉苦运动成绩巨大》,《人民日报》1950年3月17日。
⑤ 《本校关于教育计划、学员工资待遇向市工会、市委的请示批复和工作总结》,1950,北京市档案馆 079/001/00460。
⑥ 《本校关于教育计划、学员工资待遇向市工会、市委的请示批复和工作总结》,1950,北京市档案馆 079/001/00460。

当铺）恨自己生在剥削阶级的家庭中，也批判了"忠臣不事二主""过去剥削人吃得好，穿得好，是因为自己命好"等想法。一些嫖过妓女的工人听钟敏（曾当妓女）诉苦后，改变了歧视妇女的想法，公开忏悔自己的罪孽："以前总以为妓女没有好的，那是情场！""有卖的，就有买的，公平交易！"①

这时，受诉苦运动场面宏大、气势磅礴阵势的影响，有些人主动地讲出一直隐瞒的历史问题，这正是工会组织非常需要的。如舒光宝曾任九十二军某团电台的中尉台长，北京解放后混入工厂，瞒了岁数，参加了青年团，诉苦时就交出7个证件，10个证章，说出自己曾有变天思想。②

农民诉苦之后，自觉地组织起来进行土地改革，消灭封建制度。战士诉苦之后，在自己被害的亲人灵前宣誓复仇，为解放受苦受难的人民而英勇杀敌。工人的诉苦则是为了巩固工人阶级的团结以及为了整个工人阶级和劳动人民的最后解放而进行斗争，并在工人阶级觉悟的基础上，提高其生产积极性，在以后举行的运动中都能积极参加。

（三）劳资政策为主的教育

除了政治思想教育外，时事教育、政策教育也是工会教育的一个很重要的方面，这一点从前面表3-1与表3-2中可以看出。时事教育主要是紧跟国际、国内的形势，经常以讲解的方式或读报、听广播等对工人进行教育，凡国际国内重大事件，组织专门报告，并在报告后组织讨论和解答问题。如1949年第一区工会在暑期工人教育结束后，为消除工人中狭隘民族主义思想，并迎接亚澳职工代表会议在京召开，从8月下旬起，全市工人普遍开展国际主义教育，并编印了一本国际主义教材，共分5部分：（1）苏联介绍；（2）亚澳各国介绍；（3）世界两大阵营；（4）世界工联介绍；（5）世界各国共产党概况表。③

---

① 《本校关于教育计划、学员工资待遇向市工会、市委的请示批复和工作总结》，1950，北京市档案馆 079/001/00460。
② 《本校关于教育计划、学员工资待遇向市工会、市委的请示批复和工作总结》，1950，北京市档案馆 079/001/00460。
③ 《市总工会筹委会11月及十二月份工作总结》（1949.2~1949.12），1949，北京市档案馆 101/001/00227。

政策教育是学习有关国家制定的较长期的计划、方针、路线、目标等内容。对工人的政策教育分两个方面，一方面是与工人相关或有联系的一些政策内容，它不具有连续性，学习什么完全是根据当时国家的形势和任务而定，但有别于时事教育。1949年向工人进行人民政协文件和共同纲领的学习。1950年《工会法》颁布后主要学习与工会相关的法律知识。1951年工会号召学习"三反""五反"及镇压反革命文件。1952年以后，市总工会先后对职工进行了共产主义、共产党和过渡时期总路线的教育。1953年中国工会第七次全国代表大会召开后，工人学习第七次代表大会的文件。1954年《中华人民共和国宪法》诞生，市总工会又组织职工讨论和学习。[1] 另一方面是"公私兼顾、劳资两利"的劳资政策教育，这是一个长时段的教育。

四 工人教育中的问题分析

工会通过开展工人业余学校教育，取得了很大的成绩。在文化课教育中，工人的文化水平稳步提高。1949年初秋，"北京市总工会曾分别对公营工厂工人、私营产业工人和行业工人共41474人进行了文化程度的调查。结果表明，高小以下（包括文盲、半文盲、初小、高小）文化程度的有38179人，占被调查职工总数的92%；其中，纯文盲10307人，占高小以下文化程度的27%；斗大的字识不了'半口袋'的半文盲，就难以计数了"。[2] 北京的工人文化水平程度如此，更遑论其他地方了。但是，北京市的职工（包括公营工厂在内）在市总工会的动员之下积极参加业余学校文化学习，几年之内就获得了很大的成绩，到1956年，"约五万五千个文盲、半文盲职工脱离了文盲、半文盲状态，有两万多职工达到了高小毕业程度，另外还有不少人达到了初中毕业程度或者升入了中等技术学校"。[3] 仅1949年暑期工人教育中，"工友们在这一个月的学习中，不认字的工友一般的学会了八十到一百二十个生字。学习努力的能写简单的条儿"，"高

---

[1] 陶小康：《北京工人运动四十年》，北京市总工会工人运动研究会编《北京市总工会成立四十周年纪念文集》，第80页。
[2] 北京市总工会工人运动史研究室编《燕天朝霞》，经济管理出版社，1989，第156页。
[3] 韩朴、李诚：《北京成人教育史志资料选辑》（第二辑），中国建材工业出版社，第421页。

级班的工友学会了写简短的通讯或快板"。① 1949年北京市工人中文盲半文盲占到了80%，到1957年的时候只占20.7%；高小、初中、高中，包括大专文凭的工人数到1957年都有明显的提升，详见表3-3。

表3-3 工人教育成绩对比

文化程度 占职工总数（%）	文盲半文盲	高小	初中初技	高中高技	大专
1949年	80	16	3	0.7	0.3
1957年	20.7	53.6	19.4	4.4	1.9

资料来源：陶小康：《北京工人运动四十年》，北京市总工会工人运动研究会编《北京市总工会成立四十周年纪念文集》，第80页。

这说明工人整体的文化素质在稳步扎实地提高，工人的文化水平提高以后，为改进生产，进一步掌握科学技术和知识创造了条件。

对工人的政治教育也达到了相当效果。通过唯物史观教育，对于破除工人的迷信思想、宿命论、轻视劳动等思想有很大的改变，特别是学习了剩余价值理论，知道了"谁养活谁"，对于树立工人的主人翁的意识有很大的促进作用。"许多老工人，几十年后对'猴子变人''谁养活谁'还留有深刻的印象"。②

然而，细致分析起来，工会组织的对工人进行的一系列教育，并不全然只有"光明闪耀"的一面，还有诸多问题并不如愿。以第一区工会1949年对工人教育来看，即可完全反映此点。总体来看第一区在工人教育方面自从1949年2月开始至年底，可分为三个阶段。

第一个阶段是从进入北京城开始到5月份止，在这一阶段中工会组织并不很健全，干部很少，分工不明确，所以工人教育工作没有很好的展开，当时由工会领导逐步组织起来的行业不过只有三轮洋车、油盐粮店、澡堂等。另外，还有几个私营工厂（例如新华橡胶厂），参加工会的工人尚未普遍，主要通过工人座谈会或个别谈话来教育工人，教材多偏重于对

---

① 北京市总工会编《新中国北京工会50年文献汇编：1950~2000》，第21页。
② 陈庸章：《工人阶级要掌握精神武器——回忆1949~1966期间工人理论教育》，北京市总工会工人运动研究会编《北京市总工会成立四十周年纪念文集》，第103页。

工会的认识，让工人们了解为什么要组织工会，怎样组织工会，工会的任务是什么。[1]

在此阶段中，工会工作没有做全盘的计划，两三个工会干部很难照顾全面，于是就形成哪儿有会去哪儿参加，东抓一把西抓一把，对于工人教育工作没有充分的准备，教材也不系统，有时就根本没有教材。[2] 一区也曾办过一班三轮工人识字班，但不久就垮台了，垮台的原因一方面是三轮车的生意一天不如一天，生活日渐困难，有许多家庭负担很重的工人整天就在大街小巷里等买卖，没有时间参加学习。另一方面是三轮工人还没有认识到工人阶级参加学习的重要性，也不去想这些事，所以对学习没有迫切要求，再加上干部太少，对识字班的照顾不够，遂使一个刚萌芽的识字班就无形解散了。

第二阶段是从6月开始到10月止。这一阶段工会组织起了产业、手工业、店员、搬运四个工作组，而且在宣教工作方面也配足人员并开始重视起来，在工会宣教部的宣传之下，工人教育工作便轰轰烈烈地展开了。此时适逢北京大中专学校放暑假，文化教员很容易聘请，当时以地区为准开办了五个夜校和一个午校，每校只设一个班，加上工厂学习组一共有工人400人左右参加学习。学习内容以政治课为主（每星期上三次，每次两小时），文化课次之（每星期只上两次，每次两小时）。政治课教材是采用《劳动创造世界》《职工会》《中国革命基本问题》，文化课教材除采用工人识字课本之外，还根据工人群众的要求加添应用文、政治、地理、算术等初学教材，工人对于这些教材一般说来他们都很欢迎，但其中以国际主义教材内容距离他们的实际生活比较远些，还有的内容太简单曾有一部分工人表示不感兴趣。不过在上述这些教材中给予工人印象最深，收获最大的是"劳动创造世界""中国革命基本问题"及报纸上关于"劳资两利"和关于物价问题的文章，工人们在学完了"劳动创造世界""中国革命基本问题"以后，他们自己开始讨论了许多问题，如"劳动人民应否做世界

---

[1] 《北京市工会第一区办事处1949年月度、季度工作报告、行业调查报告、各工作组工作报告、宣传工作报告》，1949，北京市东城区档案馆004/01/0001。

[2] 《北京市工会第一区办事处1949年月度、季度工作报告、行业调查报告、各工作组工作报告、宣传工作报告》，1949，北京市东城区档案馆004/01/0001。

的主人?""工人养活资本家还是资本家养活工人?""人吃饭是为了活着还是人活着是为了吃饭?""旧中国的情况是怎样的?"[①] 工人的阶级觉悟开始萌动。

这一阶段中工会所遇到的最大困难是各夜校发生学员逐渐减少的现象,起初每一夜校都有学员50人以上,后来愈来愈减少,至10月下旬每校仅有学员20多人,学员人数减少的原因主要有下列几点。

其一,按地区办理夜校,每一班几乎各行业的工人都有,他们的要求各不相同,并且他们的工作性质不一致,很难将他们密切地组织起来,平时他们互相并没有联系。

其二,每一个夜校都没有分班,学员们的文化水平和政治思想两方面相差很大。有的是初中毕业,有的却连字也不识,这样使教员教课时发生困难,所教的课程内容有的嫌太浅,有的嫌太深,不能适合于工人的要求,致使工人逐渐丧失了学习的兴趣。

其三,教员对教学缺乏经验,教课之前又没有很好地加以准备,致使所教课程的内容往往非常空洞,枯燥无味,不能受到工人们的欢迎。

其四,买卖不好的行业(如鞋业、染业、成衣、澡堂等)工人不能专心学习,有的宁愿去另找别的副业做也不想参加夜校学习。

其五,掌柜不愿意让工人参加学习,常借此挑拨工人间的团结,许多工人顾虑职业受影响。如织布业工人杨国印下课回去,掌柜就不给开门。

其六,国际主义教材距离工人们的实际生活比较远些,又缺乏有趣的参考资料,一部分工人对这种教材没有兴趣。

由于上述的六个主要原因,促成了夜校学员数目日益减少,于是一区工会办事处只能根据市总工会宣教部的指示,重新开办比较正规化的工人夜校,来克服这些缺点。

第三阶段是从11月开始到12月止。在这一阶段中工人教育方面主要是结束旧夜校,建立与巩固比较正规化的新夜校,新夜校是根据市总工会宣教部的指示,按行业成立的,以学习文化为主,每一夜校包括三个班

[①] 《北京市工会第一区办事处1949年月度、季度工作报告、行业调查报告、各工作组工作报告、宣传工作报告》,1949,北京市东城区档案馆004/01/0001。

（高级、中级、初级），同时在教员方面聘请比较有经验的中小学教员和高中部同学们来担任的，在教材方面力求符合工人的要求，在各夜校里还逐步地建立了各种制度，如定期会议制度、测验制度、小组讨论制度、点名制度、请假制度等，想通过这种方式来克服过去旧夜校的缺点而使工人教育走向正规化。[①]

此阶段中存在比较突出的问题是学员的流动性相当大，每班经常到班者35人左右。[②] 根据工人们反映，年终工作比较忙，且有许多工人家不在北京，往往就在这时候请假回家一趟。店员工人方面因为有的买卖在年终时比较兴隆，因此工人工作时间延长，根本没时间、没精力参加夜校学习。文化教员很难聘请，长期的义务教员很少人愿意担任。区办事处干部减少，工作太忙，对夜校的照顾不够。

北京市其他各区的工人教育情况与一区基本相似，综合北京市工人教育的一些问题主要有以下几个方面。

其一，适合工人使用的教材缺乏甚至就没有。工人要求有固定课本可以温习功课，"从入城至今，没有一份有系统的政治教材，至今仍未满足工人的要求，教员经常拿报纸当上课教材，工人们不会用笔记，又记不清，对工人的学习情绪与成绩造成非常恶劣的影响"。[③] 这一问题一直拖延到1950年后，工会宣教部才陆续编印了一些工人学习的教材。

其二，教员缺乏且水平参差不齐。工人教育的教员主要有三个部分组成，一部分是工会干部，如刚筹建工会时，工人的教育主要是工会干部，到后期时事政策教育也主要是靠工会干部来教育，有时"因为干部工作太忙，不能抽出时间来给工人上课，于是请一些义务教员有师大及师大附中及小学教员，与区政府、公安局之干部，因功课或工作忙，时常缺课，于是临时抓差干部上课，课前准备得不够，上课是随便聊，弄得工人很不满

[①] 《北京市工会第一区办事处1949年月度、季度工作报告、行业调查报告、各工作组工作报告、宣传工作报告》，1949，北京市东城区档案馆004/01/0001。

[②] 《北京市工会第一区办事处1949年月度、季度工作报告、行业调查报告、各工作组工作报告、宣传工作报告》，1949，北京市东城区档案馆004/01/0001。

[③] 《北京市总工会第九区办事处1949年工作总结》，1949，北京市档案馆038/001/00016。

意，提了很多意见"。① 另一部分是大中专院校的学生，1949年北京暑期工人教育的主要教员就是聘请放假学生担当的，学生热情有余但经验不足，教学方法单一，更主要的是"因为他们自己学校里的功课很忙，除少数功课比较好的能抽时间准备教材和担负一些校务工作之外，多数在教学上都没有很好的准备，这对于学员们的学习情绪有相当大的影响"，② 很难获得工人的认可；另外一部分是学校的教师，"可是据工会在第一区各公私立学校的了解，热心服务的教员工作都很忙碌，每一教员在课外差不多都担负了两种以上的工作，而不热心服务的教员则每天抱着书本，根本请不动"。③

其三，由于上述两个原因，在工人教育过程中表现出教学方式单一、呆板，不能充分调动工人的学习积极性，导致"工人对学习情绪不高，是被动的"，④ 甚至有时是被强迫的。学校管理方面，"对党员的实际情况不太了解，教课内容不够具体，也不够充实""没有建立起制度，也没有完整的学习小组，使督促检查工作茫无头绪"。⑤ 工会的各项工作，包括对工人的教育工作，虽然表面上很重视，形式上很正规，但是在实际执行中往往是松松垮垮，名实难副。

以上这些方面还不是主要的，导致出现上面一系列问题的根源是工人的需求与工会满足工人需求之间的矛盾。工人的需求是不被解雇，不失业，有饭吃，因为失业即面临着全家揭不开锅的现实，由此，工人必须把工作放在第一位，保证自己及全家的生存是第一要义，对于教育学习，不是他们的第一需求，在工人眼中是可有可无的事情。即便是有学习的需求，感兴趣的也是能够学习技术的业务课，工人们"普遍思想便是技术高于一切，'有技术什么时候也吃得开'，'凭本事挣钱吃饭'，'手艺人不问

---

① 《北京市总工会第九区办事处1949年工作总结》，1949，北京市档案馆038/001/00016。
② 《北京市工会第一区办事处1949年月度、季度工作报告、行业调查报告、各工作组工作报告、宣传工作报告》，1949，北京市东城区档案馆004/01/0001。
③ 《北京市工会第一区办事处1949年月度、季度工作报告、行业调查报告、各工作组工作报告、宣传工作报告》，1949，北京市东城区档案馆004/01/0001。
④ 《北京市总工会第九区办事处1949年工作总结》，1949，北京市档案馆038/001/00016。
⑤ 《北京市总工会第一区办事处各工作组1950年月度工作计划、工作报告，组织、女工工作计划、工作报告》，1950，北京市档案馆004/001/00005。

政治'",这点工人们非常清楚,但是技术课只占整个教育中的一小部分,大部分时间在夜校是按照工会的要求学习政治理论。正是这种需要与供给的错位、矛盾,导致工人教育无论如何搞都没法从根本上解决上面所列举的一切问题,特别是工人"对学习政治不感兴趣,抱敷衍态度",[1] 从而导致学员流失严重,夜校垮台的问题。

工会主导的对工人进行"公私兼顾,劳资两利"政策教育中也是经常出现矛盾。从1949年2月开始,北京市的私营企业一片萧条,开工缺乏原料,产品没有销路,工人不服管理,勉强能维持的企业也是朝不保夕,奄奄一息,资本家如坐愁城。而受中共革命胜利的影响,工人普遍有过"左"、过激行为,要求增加工资甚至要分资本家企业的财产。一开始工会挟革命胜利的豪情斗志,政权又是工人阶级的政权,所以工会工作组或明或暗地为工人的要求和行为撑腰壮胆,工人夜校也通过"阶级斗争""谁养活谁"教育,使工人明白只有阶级斗争才能达到社会主义社会,是工人养活资本家不是反之。一时间资本家为了安抚、笼络工人,不顾企业盈亏状况,纷纷给工人增加工资,以消弭工人的过"左"、过激行为。但是到了1950年,一些企业,特别是小型手工业、商店就难以支撑工人的高工资,资本家要求解雇工人或者减薪,要么歇业。解雇工人或企业歇业对本来就有大批失业工人存在的北京无疑是雪上加霜,当时还有大批从上海等南方来北京找工作的失业工人需要救济,因此,减薪成为解决当时问题的不二法门,于是1950年工会工作的重点是教育工人与资本家召开劳资协商会议,要求工人与资本家协力渡过难关,工人减薪,资本家开工。尽管当时工人牢骚满腹极不情愿减薪,但是不减薪这些企业不能为继,工人的出路要么转业到西北、东北,要么失业挨饿,最后还是经工会反复教育工人最终不得不同意减薪。

经过工会的教育工作,生产逐步恢复,有些私营企业准备扩大生产规模,但是到1951年底开始的"三反"运动、"五反"运动,使本已脆弱的劳资关系又再度绷紧了弦,工会领导工人沉重地打击了资本家的"嚣张"

---

[1] 《本会组织部关于市、区工会组织形式驻厂干部工资及张伯钧要求入会和南苑机场建立工会等问题向市委的报告》,1949,北京市档案馆101/001/00005。

气焰。随之而来的又是大批企业停产，大批工人失业，劳动纪律混乱。工会又不得不对工人和资本家进行"公私兼顾，劳资两利"政策教育，整顿企业，整顿工人劳动纪律。1951年到1952年私营企业稍有起色，1953年过渡时期总路线又提出来了，私营企业的目标和方向已经很明朗了。

类似的情况在中苏关系的教育中也存在，抗战结束以后，中共基于内外形势的考虑，逐渐形成"向苏联一边倒"的政策。可是，在中共夺取政权前后，除极少数工人有亲苏倾向外，大多数工人对苏联毫无认识与了解，甚至有敌意，一区工人听到宣传苏联时就愤然指出："苏联抢走了东北的机器，占领了旅大。"[①] 东单区天鹅金笔厂工人黄伯英面对工会放映的宣传苏联电影，曾在日记本上写道："本人黄伯英绝不看外国电影，我看苏联电影不如去睡觉。"[②] 如何改变这种情势，成为工会宣教工作的主要方面。1949年秋天成立的全国性的中苏友好协会就是中共在全国开展"宣传苏联、学习苏联"的一个重要组织。工会也透过各种业余学校对工人开展宣传苏联的活动，特别是《工人日报》密集的宣传苏联，改变人们对苏联的无知状况，树立对苏友好、以俄为师的观念。经过宣传工人对苏联在感情上发生了一些变化，如东单区工人刘志武说："过去人认为国民党靠美国，共产党靠苏联，不是一样吗？现在我才知道美国的所谓帮助就是侵略，而苏联是帮助我们修淮河、治荆江、帮助我们进行各种各样的建设事业，苏联是诚恳帮助我们走向社会主义的真朋友。"[③] 然而这种情况并没有维持多长时间，国家形势就发生了变化，中苏关系破裂了。形成的现象与事实是：当国家宣传形势倒向苏联时，工人大众对苏联一无所知；而当工人逐渐对苏联产生好感之后，国家又开始考虑与苏联抗衡。因此，在工人教育中便造成工会宣传与工人情绪错位，甚至矛盾的现象。虽然有很复杂的原因，但是不管现实怎样，忽"左"忽"右"的教育工人服从"大局"，对工人来说，其他一切的政治教育都很受影响。

[①] 《北京市工会第一区办事处1949年月度、季度工作报告、行业调查报告、各工作组工作报告、宣传工作报告》，1949，北京市东城区档案馆004/01/0001。

[②] 《东单区工会1952年工作总结》，1952，北京市东城区档案馆004/01/0009。

[③] 《东单区工会1952年工作总结》，1952，北京市东城区档案馆004/01/0009。

第四节 反帝爱国运动：抗美援朝战争时期的宣传教育

1950年6月，正当中国人民从各方面落实党的七届三中全会的部署，为争取财政经济状况好转而斗争的时候，朝鲜内战爆发。随后10月初中共中央政治局扩大会议做出了派遣中国人民志愿军入朝作战进行抗美援朝保家卫国的决定。10月26日，"中共中央发出关于在全国进行时事宣传的指示"，[1] 由此，一场声势浩大的、轰轰烈烈的抗美援朝保家卫国宣传教育运动在全国范围内展开，中国人民的爱国热情被极大地激发起来。北京市的各级工会组织通过形形色色的宣传教育手段，发动私营企业的工人热火朝天地参加到抗美援朝保家卫国的这场运动中去，以此为契机来培养他们反帝爱国的意识，塑造社会主义新人。

一 工人恐美崇美的双重心理

中华人民共和国成立后，整个国家由于受连年战争的破坏已是千疮百孔，满目疮痍，普通百姓几乎是挣扎在死亡边缘，工人的状况也十分危急，工业开工不足，工人随时面临失业。当时的中国可以说是百废待举、百业待兴，包括工人阶级在内各阶层人士主要的任务是团结起来医治过去战争的创伤，迅速恢复和发展国民经济，提高人民生活水平。因此，朝鲜战争爆发后，北京市私营企业工人的认识和感受与普通市民没有什么两样，他们的态度是消极的，即不愿中国出兵帮助朝鲜与美国开战，他们内心既有害怕强大美国的成分，也有崇拜美国、亲善美国的因子，是一种双重心理。

本来中国历史传统向来都是国家大事"肉食者谋之"，普通百姓"又何间焉？"与自己不相干的事情不去多想更不愿意插手，各司本业是社会常态，朝鲜战争爆发之初，北京市私营企业的工人就是这样一种想法与心态。"朝鲜是另外一个国家，朝鲜与我无关"，[2] 在三区三轮车工人当中做

---

[1] 中共中央党史研究室：《中国共产党历史》（第二卷上册），中共党史出版社，2011，第79页。

[2] 《九区抗美援朝保家卫国运动初步总结》，1950，北京市档案馆 041/001/00018。

抗美援朝爱国主义教育宣传时，工人说："我们还要打台湾，台湾打不下，我们不放心。"① 第一区工会10月份在美华利鞋业工人中做了关于抗美援朝的报告，工人讨论报告后，还有一个工人说："不知道怎样是好。"身旁的工人告诉他，可他还是弄不明白："国家的事，咱说不清。"② 由于日本侵略中国时，有少数朝鲜人曾充当过日本军队的士兵，因此提起支援朝鲜，工人们大都不理解。三区手工业工人轻蔑地、愤恨地说："小高丽棒子欺负得咱们还轻？还帮助他！"③ 九区工人甚至认为"高丽棒子可恶，挨打活该！"④ 绝大部分私营企业工人为失业所苦对政治漠不关心："谁来也一样，反正是干活吃饭呗。"⑤

工人们不关心、不支持中国出兵帮助朝鲜，除了不愿插手"别人"之事和内心憎恶朝鲜之外，就是他们害怕战争、害怕参军，更害怕跟美国发生战争。自从近代以来，贫穷与战争就与中国人民相伴，战争给中国人民带来的家破人亡、生离死别的灾难和痛苦，让每一个中国人都刻骨铭心，对于刚刚逝去的硝烟，人们记忆犹新、历历在目。当时美国又是世界上最强大的国家，并拥有原子弹，因此，工人们的恐美心理比较普遍，对出兵打仗与美国人较量没信心："解放军是土包子，没法跟美国打"，"出兵也不过是打游击"。⑥ 对于美国武装日本，有些工人认为"日本人不怕死，美国武器厉害，两下一结合可不得了"；⑦ 有个别干部甚至被吓得脱离了工作岗位，想退党、退团、退出中苏友好协会。⑧ 对于动员工人参加志愿军，工人也表现出不积极的状态，一区抗美援朝保家卫国运动在工厂学校蓬勃开展后，"大部分店员们都怕动员参军，有的连开会都不敢来，夜校也不愿上了，干部们也不敢在工人中

---

① 《第三区办事处一九五一年工作总结报告》，1951，北京市东城区档案馆004/01/0065。
② 《北京市总工会第一区办事处各工作组1950年月度工作计划、工作报告，组织、女工工作计划、工作报告》，1950，北京市东城区档案馆004/01/0005。
③ 《北京市总工会第一区办事处及所属各组、行业1951年季度、月度工作计划、报告简报》，1951，北京市东城区档案馆004/01/0007。
④ 《九区抗美援朝保家卫国运动初步总结》，1950，北京市档案馆041/001/00018。
⑤ 《九区抗美援朝保家卫国运动初步总结》，1950，北京市档案馆041/001/00018。
⑥ 北京市档案馆编《国民经济恢复时期的北京》，北京出版社，1995，第115页。
⑦ 北京市档案馆编《国民经济恢复时期的北京》，第128页。
⑧ 《九区抗美援朝保家卫国运动初步总结》，1950，北京市档案馆041/001/00018。

宣传"。① 有一部分人是在别人报名了自己也不好意思的情形报名的,"听到出志愿兵时,简直不敢往下想了",积极分子在起初表示愿意参军时情绪悲壮,"壮士一去不复返",实则没有信心,因此抱头痛哭。②

相反,大部分工人对美国却有另外一种态度,那就是内心里崇拜美国、羡慕美国,是一种友好、友善的感情。这其实也可以想到,毕竟近代以来,中国与美国并没有直接兵戎相见,美国还以庚子赔款在中国举办了一些教育、文化、医疗、救济等福利事业,像北京著名的同仁医院就是由美国基督教所主办。抗日战争后期,中美两国曾携手比肩战斗,共同打击日本帝国主义的侵略,相较于别的国家动辄以战争强迫中国割地赔款,残杀中国人民,美国显得独树一帜。因此,工人们很难恨起美国来。店员工人中亲美的思想就有很多,有的认为美国好,给白面吃,有的说美国人阔气,用钱不在乎,如理发馆工人说:"理一次发就给好几块美金。"③ 三区医院工会让赵德□向医生做《进一步的认识美帝侵略的本质》的报告,他说:"中国三十年来都努力革新,不成功的原因是美帝一直在破坏",但有部分大夫对美国医疗器械还是羡慕不已的。④ 比工人更亲美、崇美的是青年学生和知识分子,燕京大学西方语文系学生在抗美援朝时期还送给两个美国教授写着"春风化雨惠我良多"的锦旗。⑤ 清华大学的学生也认为"美国是天堂,一切东西都好""美国科学最发达,创造许多物质文明,给全世界享受""美国最民主,每个人都有一张选票"。对于美国士兵在中国所犯的罪觉得不过是"个别事件",对美国在中国的经济行为认为是"自己不争气,没有好的产品去和人家竞争",更有甚者"恨错投了娘胎""要拜一个美国人做干爸爸,送我到美国去留学"。⑥

工人中的这些思想和这种行为,很显然不是中共需要和欢迎的,特别

---

① 《北京市总工会第一区办事处各工作组 1950 年月度工作计划、工作报告,组织、女工工作计划、工作报告》,1950,北京市东城区档案馆 004/01/0005。
② 北京市档案馆编《国民经济恢复时期的北京》,第 115 页。
③ 《北京市总工会第一区办事处各工作组 1950 年月度工作计划、工作报告,组织、女工工作计划、工作报告》,1950,北京市东城区档案馆 004/01/0005。
④ 《第三区办事处 1950 年工作总结、报告》,1950,北京市东城区档案馆 004/01/0063。
⑤ 北京市档案馆编《国民经济恢复时期的北京》,第 117 页。
⑥ 北京市档案馆编《国民经济恢复时期的北京》,第 115 页。

是当时中华人民共和国是一个刚刚成立的国家，在政治、经济等各方面临着一系列的重大任务急需完成，无论从哪一方而言，相对于美国，它明显是弱势的一方。因此，破除并扭转工人中恐美崇美思想，树立仇视美国、鄙视美国、蔑视美国的思想，号召工人群众坚定支持中央政府并全身投入生产是题中应有之义，那么，一场大规模的疾风暴雨式的宣传运动必将展开。

二 必须使全国每一处每一人都受到抗美援朝的爱国教育

1950年11月中华全国总工会发表宣言，号召"全国工人群众，一致起来，展开爱国竞赛，为提高生产加强国防力量而斗争！""全体劳动群众，大家团结起来，为抵抗我们最凶恶的敌人，美帝国主义强盗，为保卫祖国，进行坚决的斗争！"[1] 起初通过业余学校上课前后读报及党委、工会宣传员定期向工人做时事报告等方式，虽然也收到一定的成绩，但是效果不明显，群众参与不积极，热情也不高。1951年2月，北京市委书记彭真在北京市第三届第一次各界人民代表会议上发出号召："我们必须更加普及与深入反美爱国运动，使每个市民都自觉地积极地参加这个运动；使每一个人都能够受到反美斗争和爱国主义的教育。"[2] 3月8日，中华全国总工会又发出《关于进一步开展抗美援朝的爱国主义时事教育与准备今年"五一"全国大示威的指示》，要求："全国各级工会组织，必须抓紧目前美帝国主义重新武装日本这一事实，更广泛、更深入地在广大工人、职员群众及其家属中间开展抗美援朝的爱国主义的时事教育工作，……运用各种方法使学习时事成为每个工人职员的经常课程，并订立爱国公约，将群众的爱国热情加以巩固。""务使每一个城市、集镇、工厂、矿山、农场、机关、学校、商店、作坊中的每一工人、职员，每一个雇佣劳动者及其家属，不论是集中的或分散的、先进的或落后的，不分男女老幼，都动员到

---

[1] 《中华全国总工会号召全国工人阶级开展抗美援朝保家卫国运动的宣言》，《工人日报》1950年11月8日。
[2] 彭真：《在北京市第三届第一次各界人民代表会议上的开幕词》（1951年2月16日），北京市档案馆、中共北京市委史研究室编《北京市重要文献选编》（1951年），中国档案出版社，2001，第104页。

这一伟大的爱国运动中来,都要向他们进行系统的、深入的爱国主义教育。"① 3月14日,中国人民抗美援朝总会又发出通告,号召全国人民响应世界和平理事会的决议,并在全国普及深入抗美援朝运动。这一通告提出了一个普及和深入抗美援朝的实际工作和宣传工作的标准,就是"务使全国每一处每一个人都受到这种爱国教育,都能积极参加这个爱国行动"。② 可以看出,宣传、普及抗美援朝成为当时压倒一切的中心工作。

为达到目的,北京市总工会下属的各区工会按照中华全国总工会的号召,在区党委的统一部署下,实行了一系列措施与方法来确保实现。

其一,制定宣传工作制度。其中一项基本的、也是非常实用的制度就是专责制,也称"包干制",它的优点是任务明确,责任固定,容易发挥宣传工作人员的积极性,如果出现问题,也容易追查责任。以第五区为例,采用专责制的具体做法:抗美援朝宣传工作总的领导由中共北京市第五区委员会负责,下面成立四个区一级的工作组,分别负责对居民、工人、机关工作人员和学生、教师进行宣传教育工作。再按照这四个系统,从上到下成立各级的抗美援朝委员会或宣传小组,负责各派出所、街道、行业、工人和学校的宣传教育工作。每一级的宣传机构都各自订出计划,经上级组织批准后执行。③ 根据计划,区一级四个工作组的分工是:共产党的区委会书记、区长、区文教科长、工商科长、民主妇女联合会和中苏友好协会人员共同负责领导对居民的宣传教育工作;共产党的区委会宣传部长,区委会组织部部分人员和区青年团书记共同负责领导对学校和宗教界的宣传教育工作;区工会办事处负责领导工人的宣传教育工作;区委会宣传部和组织部负责领导机关工作人员的宣传教育工作。④ 工人中的宣传重点对象是店员和分散的手工业工人。

其二,宣传员、宣传队——工厂抗美援朝宣传的"鼓风机"。宣传员

---

① 《中华全国总工会关于进一步开展抗美援朝的爱国主义时事教育与准备今年"五一"全国大示威的指示》,《人民日报》1951年3月11日。
② 中国人民保卫世界和平反对美国侵略委员会编《把抗美援朝运动推进到新的阶段》,人民出版社,1951,第10页;《我们要负起普及与深入抗美援朝的宣传教育工作的伟大任务》,《人民日报》1951年3月21日。
③ 《介绍北京市第五区的抗美援朝宣传专责制》,《人民日报》1951年4月15日。
④ 《介绍北京市第五区的抗美援朝宣传专责制》,《人民日报》1951年4月15日。

和宣传队早在解放军入城之后为了宣传中共的政策方针，争取人民群众拥护新政权就成立过。之后各工厂工会专门成立了宣传员，主要职责是宣传时事政策对工人生产进行加油鼓劲。抗美援朝运动开始以后，宣传员的任务主要地转向宣传抗美援朝，保家卫国。

宣传队主要是在一些大型的私营工厂有，"是工会的耳目，它推动了生产，反过来生产工作又推动了宣传工作"。① 像北京市仁立工厂的宣传队在私营厂中是比较突出的，它的剧团有37人，歌咏队36人，舞蹈33人，电台工作员7人，电台收听员3人，广播员2人，创作1人，通讯员15人，壁报10人，《北京工人》推销员5人，共计149人，参加文化学习的共199人。② 宣传队成员都是工厂中的积极分子组成，抗美援朝运动开始以后，各区工会纷纷成立宣传队进行宣传。③

其三，建立全厂宣传网和车间宣传网。固定的宣传力量、宣传阵地和宣传工具，是使抗美援朝爱国教育经常进行的必要保证。各大型私营工厂由党、工会、青年团的干部以及群众积极分子组成宣传队伍。其中有若干中共的报告员和数十个宣传员，是宣传队伍的骨干。厂内固定的宣传阵地，有车间、业余学校、食堂、宿舍和俱乐部等；固定的宣传工具和方法有广播、黑板报、读报、漫画、时事问答、口头宣传等。每天早晨开工以前，一般车间都有读报和讲报。中午吃饭时对全厂广播当天的时事摘要。晚上在业余学校进行时事讲解和爱国主义教育。全厂各公共场所，有经常变换内容的黑板报多块和数十幅漫画。宣传员随时向工人群众进行口头宣传。中共的报告员每月向全厂工人做时事报告。这些就形成了全厂的宣传网。车间宣传网，则是工厂进行宣传的基层组织形式。有中共的宣传员，党支部的宣传委员，工会文教委员等组成。他们团结了党团员及群众积极分子，组成了车间宣传网，分为漫画、黑板报、读报、讲演等组，各有专人负责，经常进行宣传。此外，中共的宣传员还作口头宣传。党支部的宣传委员和宣传员掌握宣传内容和思想领导，工会负组织领导的责任。有的

---

① 《东单区工会1952年工作总结》，1952，北京市东城区档案馆004/01/0009。
② 《第三区办事处1950年工作总结、报告》，1950，北京市东城区档案馆004/01/0063。
③ 《北京市在普及抗美援朝运动中怎样组织群众积极分子的宣传队伍？》，《人民日报》1951年5月12日。

车间宣传网并建立了每日学习的制度和每星期订计划、检查和总结工作的制度。①

其四，琳琅满目的宣传手段。中共领导之下的工会，其宣传手段形式多样，花样翻新，是宣传史上可以浓墨重彩书写的一笔。仅以鼓动工人生产斗志为目的，宣传形式就让人眼花缭乱，应接不暇。像诉苦、电影、广播、幻灯、读报、漫画、连环画、地图、表格、黑板报、歌咏、歌剧、话剧、舞蹈、橱窗、印刷品、签名站、口号、标语……口头的、书面的、电子的，只要是能想到的，能用到的几乎都运用，所产生的效果和作用是不可低估的。

总而言之，1950年以前，工会宣传委员会除了配合中心工作，结合"五一""十一"进行一些宣传活动外，平时很少做工作。因此有工人说，当时宣传工作的基本情况是：运动来一阵风，运动去一场空。② 抗美援朝开始以后，工会对此的宣传比起生产宣传有过之而无不及，它变成常态化、制度化。北京市东四南大街东升祥布店劳资协力进行抗美援朝宣传，是当时各地工商界学习的榜样，《人民日报》专门辟专栏报道过。该布店工会委员会响应使每一处每一人都受到抗美援朝教育的号召，决定大力展开抗美援朝宣传运动，并在劳资协商会议上提出这个问题，要求资方合作。曹扶云经理对于工人的建议很赞成，他说："这是每一个中国人民应尽的责任。"于是劳资双方就研究办法，决定通过3种方式来展开这个工作：(1) 在门口及橱窗内张贴时事标语、漫画及相片。(2) 在发票、包货纸及传单上都印上"抗美援朝保家卫国"字样。(3) 在4月10日到20日11天的流水总额中抽出10‰捐献给人民志愿军。会后，大家就积极筹备起来。工人们从中苏友好协会及中华全国总工会店员工会借来了很多宣传画。资方还拿出100多万元搭了一个抗美援朝牌楼，请人在一块4丈多长的布上画了日寇及美帝国主义暴行图，挂在门口，还到摄影局买了12张抗美援朝宣传相片，摆在橱窗里。这些东西布置起来以后，门口和橱窗前面，整天不断有人驻足观看。营业收入也从每天1500多万增加到2500多

---

① 《北京人民印刷厂的抗美援朝运动如何转向经常化?》，《人民日报》1951年5月9日。
② 《工会宣传工作委员会工作经验》，工人出版社，1957，第15页。

万元。同时，通过这工作，也提高了劳资双方对抗美援朝的认识，劳资双方更加关心时事了。曹扶云经理说："我这才体验到抗美援朝和每个人的关系了。抽出千分之十捐助前线。对我们本身一点不算什么。假如全国工商界都这样行动起来，那就是一个很大的力量啊！"①

各单位除职工以外，附属部门与家属也是宣传教育的对象。例如门头沟煤矿，过去任何运动都限于集中的机采矿，这次连分散的小窑、家属都通过宣传网、宣传队、家庭访问组等形式受到了教育。北京被服厂职工有2330人，受到教育的有2300人，其余为病事假。发电厂家属共3634人，有80%受到集体的宣传教育，其余的用宣传队，核心小组，采取"包干制"办法，深入到每家每户去进行宣传，基本上肃清了空白点。对一般不宜做大报告教育的群众，采用漫画的形式，并派有专人给讲解漫画。北京电业局一位78岁的老太太，还报名要求参加"五一"大游行，过去有些从不过问政治的工人，也卷入运动中来了，门头沟一个老工人，受到教育后，也化妆参加宣传队，见人就宣传。签名时，长辛店铁路工厂一位老太太领着8岁的孙子赶到村外，要求孙子也签名。②据不完全统计，在这次运动中，一般职工受到教育的多至50~60次，少的也5~10次不等。就运动的普及程度而言，平均达到96.3%，最高是100%，行业中也达到85%。③像抗美援朝运动本身就是一次活泼生动的教育，政治教育与政治运动有机地结合在一起，充分地让全市各阶层都受到一次爱国主义教育，唯有如此，运动才能开展起来，开展起来的运动才持久、热烈、有声有色。

三 工会扭转工人思想的策略与方式

"宣传是发挥政治影响最重要的工具"，④ 成功的宣传能使人的思维和行为发生协调一致的变化，使人们对周围世界的各种现象形成一定的态

---

① 《宣传时事，做好生意——东升祥布店劳资协力搞好抗美援朝宣传》，《人民日报》1951年4月26日。
② 北京市总工会编《新中国北京工会50年文献汇编：1950~2000》，第54~55页。
③ 北京市总工会编《新中国北京工会50年文献汇编：1950~2000》，第54页。
④ 〔波〕列沃伊塔西克：《政治宣传心理学》，四川省社会科学院出版社，1986，第1页。

度。这种态度会最终表现在他的行动中。种种的宣传制度、手段,其目的不外乎造成浩大的声势,以达到宣传的实际效果,扭转残存在工人心中对美国既恐惧又崇拜的心理,使工人群众产生反帝反美的思维定势。

(一)塑造美国是侵略者、非正义的,是帝国主义,是中国人民的敌人

"一部近代史就是中国人民力图摆脱奴役剥削的救亡史,也是挣脱封建精神枷锁,求奋起、求发展的启蒙思想史。"[1] 近代中国人所遭受的种种屈辱历史强烈地刺激着中国人敏感的民族主义情绪,因此,对侵略者、敌人、非正义一方有一种特别愤恨,对和平、公正、自由则非常珍惜、向往。

中国的工人阶级本身就处于社会底层,生活处境、工作环境都非常艰难、恶劣,自然他们渴望和平、公正、自由的愿望也异常强烈。所以从抗美援朝运动一开始,就宣传美国是侵略者,是我们的敌人,它不仅侵略朝鲜还会侵犯中国的利益,甚至会侵略中国,而我们是反侵略的,是正义的一方。这一点很重要,也很清楚。1951年毛泽东在中国人民政治协商会议上所做的报告中就指出:"我们不要去侵犯任何国家,我们只是反对帝国主义者对于我国的侵略。大家都明白,如果不是美国军队占领我国的台湾、侵略朝鲜民主主义人民共和国和打到了我国的东北边疆,中国人民是不会和美国军队作战的。但是既然美国侵略者已经向我们进攻了,我们就不能不举起反侵略的旗帜,这是完全必要的和完全正义的,全国人民都已明白这种必要性和正义性。"[2] 而且以过去的经验和史实扩展了这种正义和反侵略行动,认为"今天的情势已经十分明显了。美帝国主义者正袭用着当年日寇先侵略朝鲜随后侵略中国的故伎。谁也知道,朝鲜是一个较小的国家,但其战略地位则极重要。美帝国主义者侵略朝鲜的目的,主要不是为了朝鲜本身,而是为了要侵略中国,如像日本帝国主义者过去所做过的

---

[1] 葛仁钧、王雅文、张静芳编著《中国革命的理论与实践》,辽宁大学出版社,1997,第21页。
[2] 《关于抗美援朝保家卫国运动的报告——一九五一年十月二十四日在中国人民政治协商会议第一届全国委员会第三次会议上的报告》,《人民日报》1951年10月25日。

那样。历史的事实早已告诉我们,朝鲜的存亡与中国的安危是密切关联的。唇亡则齿寒,户破则堂危。中国人民支援朝鲜人民的抗美战争不只是道义上的责任,而且和我国全体人民的切身利益密切地关联着,是为自卫的必要性所决定的。救邻即是自救,保卫祖国必须支援朝鲜人民"。①

中华全国总工会按照这种认识、逻辑向全国工会组织,实际上代表工人阶级对内对外发出宣言:"我们必须坚决保卫我们的祖国,保卫我们已得的胜利。中国工人阶级是中国革命的领导阶级,向来是反对帝国主义、封建主义和官僚资本主义的急先锋。在当前这一伟大的抗美援朝反对美国重新武装日本的爱国主义运动中,全国男女工人、职员群众,必须站在这一伟大运动的最前列,成为抗美援朝保家卫国的中坚力量。"②

在塑造美国是侵略者,是中国人民的敌人方面,当时的出版物和工人夜校起了很重要作用。从1950年9月到1951年2月,"不论作家、公私营出版家,都努力写作了和出版了比较大量的抗美援朝保家卫国的读物",③它们的内容能够明确提出和解答读者所最关心和最需要知道的问题,鼓动性强,写法相当精练,文字也比较通俗。像《动员起来抗美援朝保家卫国》一书,它先从《可爱的祖国》谈起,说明祖国多么可爱;接着说明可爱的祖国却在近百多年来"受尽了侮辱,受尽了罪",庆幸的是,在中共的领导下,中国人民已经站起来了,但"新中国的建设刚开头",美国强盗却燃起了侵朝战火;然后又说明我们何以对朝鲜战争"不能置之不理"的种种道理;进一步又指出百多年来"美帝就是我们的仇敌",不仅如此,美帝还是"全世界人民的敌人",进而分析何以美帝是"纸老虎""原子弹是怎么回事";最后总结到"动员起来!抗美援朝保家卫国!"④

---

① 政协全国委员会办公厅、中共中央文献研究室编《人民政协重要文献选编》上册,中国文史出版社,2009,第138页;南开大学马列主义教研室:《学习〈毛泽东选集〉第五卷参考资料》(上册),1977,第53页。
② 《全国总工会向全国工会组织发出指示进一步开展抗美援朝爱国教育准备今年"五一"全国大示威》,《人民日报》1951年3月11日。
③ 重要的有《怎样认识美国》《认识〈纸老虎〉美帝国主义》《解剖美国》《美帝国主义阴谋发动的朝鲜战争与第三次世界大战!》《腐烂的美国》《美帝侵略上海的罪证》《美帝侵华史实》等90多本。
④ 《关于抗美援朝保家卫国的读物》,《人民日报》1951年1月28日。

北京市第四区职工业余学校开始时，因为教员们思想上还没有明确地认识抗美援朝爱国主义教育可以和文化课结合，曾经走过一段弯路。1950年11月教员给大家报告时事的时候，总是生硬地讲道理，一开口就是帝国主义、侵略、可恨……工人们听完第一句，就笑了。他们说："老是那一套。"有些给教员提意见说："别讲时事了吧！我们是来学文化的。"① 直到1951年3月初，听了钱俊瑞《关于目前形势和我们的工作》的报告后，全体教员才在思想上明确地认识了：只要教师们肯用脑子，每一课每一个题目都可以贯穿抗美援朝的思想教育。随后，他们又一同出去看抗美援朝展览会。10多位教员，把抗日战争时美国给日本的军火物资、美国经济侵华的铁证、世界各国和平签名的人数等数目字都抄下来，作为编教材的参考资料。为了使教学内容丰富，教师们规定：每天学习一个半小时的政治和时事，集体读半小时报纸；每星期一开一次时事讲座，由教员结合当时情况轮流做专题报告。教员们思想明确了以后，再经过集体学习讨论研究，心里有了底，脑子也好使了，题目出得都很精彩。

1. 美国失业人数的二倍是吃不饱饭的人数，吃不饱饭的人数减去五百万是住贫民窟的人数，住贫民窟人数的一半是一千五百五十万。问：美国失业人数是多少？

2. 美国武装日本警察和警察后备队共二十一万八千人。现知警察比警察后备队多六万八千人。问：美国武装日本警察和警察后备队各多少人？

3. 美国B-29式飞机三十一架和驱逐机四十余架于四月十二日侵入我安东市，向市区滥炸，投弹的数目比三月三十一日美国B-29式机十二架在我临江上空投弹的数目多八十枚，两次共投弹一百四十枚。问：两次各投弹多少？②

这些内容丰富、生动的教材，大大激发了学员们的爱国热情和仇美

---

① 《业余学校是深入抗美援朝爱国教育的重要阵地介绍北京市第四区职工业余学校》，《人民日报》1951年5月11日。
② 《业余学校是深入抗美援朝爱国教育的重要阵地介绍北京市第四区职工业余学校》，《人民日报》1951年5月11日。

心。学生白世群（地毯工人）说："自从教员们把文化课结合抗美援朝爱国教育教课后，大伙儿学什么都挺带劲。都说，'这样不但学了本事，长了见识，还推动了工作！'"工人们伸出起茧的手指着第一题答案说："美国原来是这德行！还整天吹他们的摩天大楼呢！"第四区清洁队第三分队队员孙长柱看着美国飞机在安东临江投弹的数目，狠狠地骂："这是往咱们饭锅里扔沙子，不让咱过好日子。非抗美援朝不可！"众生织布厂的工人高孚曾也说："这些数目字以前也在报上看见过，但看后就忘了。现在这么一算，不但学会了算法，记住了数目字，而且还增加了自己对美帝国主义的仇恨心。"①

（二）把美国与日本、国民党捆绑在一起，增加反美仇恨

尽管北京市各级工会组织按照上级要求进行了密集地宣传，但是北京市政府知道仅仅是反对美国侵略朝鲜是很难激发起包括工人在内的各界人士对美国的仇恨。北京市委给中央华北局关于抗美援朝运动情况的数份报告中就承认，"工商业资本家现在态度仍较沉闷，一般的惧怕战争，只有少数进步分子表示要积极援朝"。"一部分教授、资本家、教徒和教会学校中仍存在着浓厚的亲美思想，需要用极大努力来肃清。"② "自去年十月抗美援朝运动以来，我们虽在职工中进行了爱国时事教育，但是在一部分职工中对有些基本问题并未认识清楚。因此，当中朝部队主动撤离汉城时，有些职工就怀疑自己的力量，……部分职员、技术人员还有'仇美仇不起来'的感觉。"③

那么，如何改变这种思想状态呢？策略就是依据当时美国的所作所为，把它与日本、国民党联系起来。由于朝鲜战争爆发以后，美国开始武装日本，并把日本作为战争的后方基地，因为日本过去发动侵略战争给中国人民带来无尽的灾难，北京曾被日本占领过，北京工人群众对此记恨犹新，有切肤之痛，这样很自然地就把美国与日本归于一类，以增加工人及

---

① 《业余学校是深入抗美援朝爱国教育的重要阵地介绍北京市第四区职工业余学校》，《人民日报》1951年5月11日。
② 北京市档案馆编《国民经济恢复时期的北京》，第104、105页。
③ 北京市档案馆编《国民经济恢复时期的北京》，第127、128页。

社会各阶层对美国的痛恨。同样，朝鲜战争爆发后，美国第七舰队出兵台湾海峡，阻止了大陆解放台湾的努力，推翻了的国民党政府被宣传为腐败、独裁、专制、无能、压制人民的反动政权，带给人民的只有饥饿、贫穷、屈辱的生活。这样要想不再受日本人的侵略，要想过幸福的日子，实现国家的统一，就必须打倒它们背后的支持力量——美国，由此"只有击败美国及其仆从国家在朝鲜的侵略，才能保卫祖国的安全，才能防止日本侵略的再起，才能解放台湾，才能维护远东和平"，[①] 把对日本仇恨、对国民党的不满转移到美国的头上来。很显然，扭转、肃清工人崇美、恐美思想，增进、提升仇美、反美的意识，把美国与日本、国民党结合起来是最佳的选择，这样才能达到最好的宣传效果。实际也是如此，工人们经过抗美援朝运动的大规模宣传教育后，已经肃清了"恐美""崇美"思想的残余，一般工人都清楚认识到抗美援朝就是为了保家卫国，不消灭美帝，就不能过平安日子，并懂得决定战争胜负的，不是死的铁，而是活的人。不少工人说："以前嘴说老美不行，但心里总有点害怕，这回才真明白了。"有的工人说："人人都签名投票就能揭穿美帝的假面具，美国人民、日本人民也不给它干事，它想武装侵略也不成！"在回忆、诉苦大会上，工人、职员、职工家属都表示了反美爱国决心。铁路工人蒋存有等3人咬破指头表示了反美的爱国决心；电信局东营电报处职员，有170人诉出了身受美、日、蒋压迫的12种以上的苦，决心保卫已得的自由幸福；一般职工家属也认识到美帝是祸根，坚决表示像过去吃混合面的日子再也不能让它来了。[②]

四　工人思想大转换：抗美援朝宣传运动的效果

抗美援朝运动开始以后，国内掀起了一系列其他运动，如土地改革、镇压反革命、"三反"运动、"五反"运动等。土地改革是"挖封建反动势力的根，挖帝国主义走狗的根，是中国人民翻身的决定条件"，[③] 因此，"从1950年冬季起，一场历史上空前规模的土地改革运动，在新解放区有

---

① 《伟大的抗美援朝运动》，《人民日报》1951年10月1日。
② 北京市档案馆编《国民经济恢复时期的北京》，第128页。
③ 《全国总工会向全国工会组织发出指示进一步开展抗美援朝爱国教育准备今年"五一"全国大示威》，《人民日报》1951年3月11日。

157

领导、有步骤、分阶段地展开"。① "堡垒是最容易从内部攻破的",为了巩固革命胜利的果实,肃清美国、国民党政府的影响与势力,1950年12月又在全国范围展开了大张旗鼓地镇压反革命运动。紧接着,1951年底又开始了"三反"运动、"五反"运动,特别是"五反"运动,沉重地打击了资本家的威信,推动了在私营企业中建立工人监督程序,回击了资产阶级的反限制斗争,让"资本家普遍惶惶不安"。② 几乎与这些运动同时进行,中国政府还推进了在经济领域和宗教、文化教育领域肃清资本主义国家,特别是美国在中国的势力和影响。从1950年7月和11月起,中国基督教会和天主教会在其知名人士以爱国主义的号召下,"在全国范围内展开了'三自(自治、自养、自传)革新'运动,由此,中国的基督教会和天主教会走上了自主办教的道路,不再与外国教会发生联系"。1950年底,政务院决定对接受美国等西方国家津贴的文化、教育、医疗、救济机关分别情况,"或由政府接办改为国家事业,或由私人团体经营改为中国人民完全自办的事业"。③

由抗美援朝运动开始掀起并带动、强化的一系列运动,经过宣传机构铺天盖地般的宣传鼓动,涵盖工人阶级在内的各阶层人民都受到了一次普遍、撼动灵魂的思想意识洗礼,无论实际结果怎样,但整个国家掀起的这种史无前例的巨大政治运动,它的影响所及挤压了一切不同的声音和活动空间。运动中的每一分子在乎的不是事情本身的是非曲直,而是参与其中的快感,明显感受到现在与过去的不同,过去那种盲目对外国崇拜、害怕的心理在集体运动声威的面前胆壮了、腰直了。工人的反美、仇美思想基本树立起来了。第三区工会办事处经过抗美援朝运动宣传后,在思想上基本上每一个工人都知道了抗美援朝、反对美帝重新武装日本及拥护五大国缔结和平公约这三件事,他们开始关心国家大事,眼界放大了,"我们换了脑筋,不害怕外国人了,有了毛主席,解放军有了我们政府,什么也不怕了,毛主席下命令谁侵略我们,我们就消灭谁,都极端的恨日仇美,胜

---

① 中共中央党史研究室:《中国共产党历史》(第二卷上册),第95页。
② 中共中央党史研究室:《中国共产党历史》(第二卷上册),第165页。
③ 中共中央党史研究室:《中国共产党历史》(第二卷上册),第83页。

利信心提高了。"一位工人大师傅说:"他(美国)再来,我用菜刀跟他拼。"① 抗美援朝开始后,北京市各工厂工人也开始了增产节约的劳动竞赛,这是在高度爱国主义的基础上发动起来的,规模、深度都较过去为大。工人们提出"工厂就是战场,机器就是枪炮,多出一件产品就是增强一分杀敌力量,减少一件废品就是消灭一个敌人"。② 北京市一私营鞋厂经过反美帝宣传后,部分工人就产生了对帝国主义轻视的观念,甚至有的工人感到工会光喊不解决问题,发出"还是和美帝干吧"的口号。③ 瑞蚨祥布店在抗美援朝期间也发起"爱国卫生"运动,有一次工人在院内看见一只老鼠就围起来说:"我们坚决消灭它就等于杀死了一个美国鬼子。"④ "没想到会打得像今天这样子""美帝真是纸老虎""三次世界大战也不在乎",⑤ 这些都是当时群众发自内心的表达。

总之,党委领导之下的各级工会在抗美援朝运动的宣传方面是成功的,达到了预期的目的,这一点从以上的论述中已得到证明。可是形势比人强,当工人群众切齿痛恨美帝的情绪刚刚开始巩固,仅仅过了10多年时间,中国又主动的向美帝抛出"绣球",两国关系也迅速开始升温,其中的婉转曲折令人深思。

任何一种社会活动,都有它的目的性,工会宣教工作也不例外。广告宣传为的是推销商品;军事宣传则是为了团结自己战胜敌人;政治宣传是为了达到夺取政权或巩固政权的目的。工会宣传教育工作的目的又是什么呢?

其一,与资本家争夺对工人的话语权。解放军接管北京市以后,国营企业、集体企业内的工人由企业内的宣传机构对其进行宣教,由于企业的所有权性质属于国家,因此,工人在组织上、思想上都属于国家,由国家负责他们的一切,宣传教育只需要跟着国家的政策、方向进行即可,基本没有什么

---

① 《第三区办事处1950年工作总结、报告》,1950年,北京市东城区档案馆004/01/0063。
② 《伟大的抗美援朝运动》,《人民日报》1951年10月1日。
③ 《市工会及各厂矿企业等单位关于宣传鼓动工作的总结报告》,1950,北京市档案馆001/012/00040。
④ 《瑞蚨祥工会工作劳资协商经营组织等档案材料》,1953,北京市档案馆038/002/00089。
⑤ 北京市档案馆编《国民经济恢复时期的北京》,第115页。

别的问题，只有工作如何展开才能更好地实现宣传教育的目标。但是在私营企业却没有如此简单，有一个根本的问题是工人在组织上受雇于资本家和企业主，组织上的这种隶属关系决定了工人在思想上不可能也不会自然地、顺利地跟工会的宣传教育工作保持一致。正因为如此，才有组织工会时，当"动员私营工商业工人、店员及学徒等加入工会"时，"所遇情况较为复杂。特别是店员中一部分人采取消极观望态度"，"不愿做'对不起'掌柜的事"。① 动员工人上夜校时，"工人情绪是不高，因没有前途，工人怕失业，如□□西服店，有2个工人，我们（工会）动员也不参加夜校"。② 类似的例子在私营企业工厂中是带有普遍性的，简单地说就是工人行动与思想仍然受制于资本家，而不可能完全听从工会的号令。

众所周知，当时中国是新民主主义的社会性质，允许不同所有制经济成分同时存在，工人组织的隶属问题工会暂时没法改变这种状况，要改变它只能通过改变所有制来改变工人组织关系。但是在改造工人思想上，关于对工人话语权的主导问题上，工会却没有因为它是私营工厂的工人而有所让步，反而通过夜校等阵地加强对工人阶级教育，进行思想改造。当资本家不让工人参加工会，不让工人参加夜校学习时，工会以新中国成立之初国家规定"所有劳方人员必须参加开会，资本家不得阻拦"来应对，③ 实际上，"自上而下"的方式建立工会就是工会与资本家对工人主导权的一种争夺。在强大的国家政权面前，资本家的力量显得很微弱，他们对工人的掌控逐渐"溃堤"，在工会强力的干预之下，资本家对工人的话语权转移到了代表中共的工会手中。

其二，要求工人拥护并巩固国家政权。马克思认为："过去的全部历史是阶级斗争的历史，在全部纷繁和复杂的政治斗争中，问题的中心始终是社会阶级的社会和政治的统治，即旧的阶级要保持统治，新兴的阶级要争得统治。"④ 两个阶级的斗争由此开始，他们斗争的焦点实际上是国家政

---

① 北京市朝阳区工会编《朝阳区工会志》，第11页。
② 《北京市工会第一区办事处1949年月度、季度工作报告、行业调查报告、各工作组工作报告、宣传工作报告》，1949，北京市东城区档案馆004/01/0001
③ 北京市朝阳区工会编《朝阳区工会志》，第11页。
④ 中共中央马克思恩格斯列宁斯大林著作编译局编《马克思恩格斯选集》（第3卷），人民出版社，1972，第40页。

权，对此列宁说："毫无疑问，任何一个革命的最主要的问题都是国家政权问题。政权在哪一个阶级手里，这一点决定一切。"① 毛泽东更一针见血地指出："世界上一切革命斗争都是为着夺取政权，巩固政权。而反革命的拼死同革命势力斗争，也完全是为着维持他们的政权。"② 在马克思主义看来，政权是唯一可以实现他们理想与主张的工具，也是唯一重要的东西，只有获得政权才有他们的一切，没有政权便丧失一切。因此，经历过残酷革命斗争的中共更能体会到"革命的中心问题是国家政权问题"，把维护并巩固国家政权看成是1949年之后的头等大事。

争夺话语权或话语权的归属问题的背后正是国家政权问题。"国家是第一个支配人的意识形态力量。"③ 一般而言，新成立的政权都要全面掌管话语权，将自己的意识形态政治化，也就是将自己的意识、思想转变为社会的普遍意识、思想，"就是为了强化一致面，缩小不一致面，达到思想上行动上的最大一致"，④ 以此来吸引其他社会民众。中共也不例外，它一方面通过政治社会化使自己的意识形态渗透到社会公众之中，使其普遍接受；另一方面大力发挥意识形态对统治地位合法化的辩护功能，证明自己政权存在的合理性。1949年2月开始，工会的所作所为正是按照上述思想展开的，这一点是很明确的，1949年8月李立三在全国总工会工作会议上关于工会组织问题的报告中就直言不讳地指出："工会首先是要拥护政权，提高政权在工人群众中的威信，协助政府一切法令的执行，工会的一切工作要围绕着提高政权的威信来进行。"⑤

---

① 杭州大学历史系编《马克思主义经典作家关于古代史述选录》，1974，第58页。
② 中共中央文献研究室编《毛泽东思想形式与发展大事记马克思主义中国化90年》，中央文献出版社，2011，第82页。
③ 转引自张翘楚、金剑主编《马克思主义哲学基本原理》，辽宁民族出版社，1998，第297页。
④ 黄代培：《宣传工作概论》，海潮出版社，1992，第15页。
⑤ 《朱德、李立三同志在全国工会工作会议及华北电业工作干部会议上的报告摘要》，1949，北京市档案馆001/006/00016。

第四章
资本家、职员、工人与工会

私营企业中与工会发生关系的主要是资本家、职员和工人，通常的逻辑应该为：资本家是斗争对象，职员是争取目标，工人是依靠力量。可是由于共和国成立以后，工会肩负的任务不仅是组织、宣传，还有完成社会改造、维护和巩固国家政权的责任，因此在工会的主导之下，资本家、职员、工人三者之间围绕着国家政权的主要事务都经历了悲喜交集、爱恨交织的复杂的心理变化过程。在这一变化过程中有一个奇怪的悖论是：每当北京市经济萧条时，资本家备受工会重视，工人则消极冷淡；每当经济有起色时，资本家就被工会冷落，工人则斗志昂扬。这种表面看似矛盾的现象，实际是共和国之初中共就要对社会，包括资本家进行彻底的改造，但对资本家及整个资产阶级的政策仍然难以完全确定，经常随着社会经济形势而调整既定的方针政策，导致工人与资本家之间的关系经常处于一种起伏不定的状态之中。

第一节 资本家对工会的认识

1949年解放军进入北京城以后，那些"关系国计民生的官僚资本主义企业"直接被收归国家所有，所剩余的只是民族资本主义工商企业、小作坊等，这些企业规模有大有小，基本上都是生产一些与居民日常生活息息相关的产品。民国时期北京的企业主，也即资本家一般不与工会发生关系，企业内也不设工会组织，工人更是对保护自己权利的工会组织知之甚少，但是，自1949年开始，时代变了，资本家不得不面对一个事实，那就是自己的企业内必须设立中共领导下的工会组织。那么，资本家对工会的态度又是怎样呢？

一 四种不同类型的资本家

当时北京的资本家大致可以分为四种类型。

第一种类型是顽固地坚守传统的资本家。这样的资本家大多数生长于清末民初的社会，他们具有典型的"封建"思想，看不起中华人民共和国这个"新社会"的一切，这种资本家又以铁工业、汽车业为最多。在工厂内他们都是用传统的"封建"的统治手段来统治和管理工人与学徒，他们对"新社会"的"公私兼顾，劳资两利"政策一无所知，也不愿意知晓，1949年以后仍和以前一样的对待工人，管理方法一无所改。他们根本不愿在企业内组织工会，更不愿工人参加工会，怕工人翻身了不服其统治，减少其利润。因此，在这样的企业中的工人很难离开他们的厂子，工人对"新社会"的知识接触很少，处处怕资本家，而且工人认为给资本家做事就应守规矩。

所以，在这样的企业内工会工作不好开展，工人的组织与宣传教育是最困难的，利用开会的形式进行组织与宣教，多数工人不到会，工会工作组必须反复地深入工厂内进行教育，才能逐渐争取到个别工人。

第二种类型是基本上跟随国家政策号令走的资本家。自解放军入城后，这些资本家一般是知道中共不会消灭资本主义工商业，允许私人资本家合法存在，不过他们对中共在企业内组织工会有很多顾虑，也是不情愿的，但是并不极力反对。他们大都不了解国家的工资政策，一般在工会工作组组织工人进行教育时，他们都说："我们已经实行劳资两利了，赚了钱大家分，我们这里没有工人，大家都一样。"[①] 把"劳资两利"政策理解为平分主义，他们也不愿意工人参加工会，怕天天开会，耽误了他们的生产，这样的资本家占绝大多数。因此，这一类型的资本家是工会工作组重点教育的对象，工会通常都加强对他们的政策与前途教育，使他们更进一步了解国家的政策与其应走的道路。

这种类型的企业里，工人自1949年之后，工资一般都得到调整，增加

[①] 《北京市工会第一区办事处1949年月度、季度工作报告、行业调查报告、各工作组工作报告、宣传工作报告》，1949，北京市东城区档案馆 004/01/0001。

了工资,因此在劳资关系上很少发生纠纷,工人思想上由于资本家统治手段的改变而有所满足,他们对于现状是满足的,认为吃饭就得依靠资本家,他们不了解社会的发展及自己所处的地位,同时他们对资本家随着形势发展的变化而改变统治手段,认识上一般是模糊的。

第三种类型是表面上有民主作风,表现最进步的资本家。像公懋汽车行的经理参加了民主建国会,其总厂设在天津,并在青岛、北京、上海、济南等地设有5个分厂,并兼做出口贸易。北京这个厂子在国民党时期是调处执行部的修理厂,其房子是公懋公司供给的,该厂的经理高敏材虽然是民主建国会的会员,其实他过去与国民党关系密切,他是随着形势的变化而变化的,看到形势变化了,不再是过去的局面了,强硬地顶是不行的,与其硬碰硬吃眼前亏不如与工会、工人"打太极"实惠。因此,资本家表面上是表现出进步的一面,实际上是准备裁减人员,曾经有一次由于几个积极的工人斗争而停工。在其营业的方针上,他们不准备扩展规模而是转移资本向出口贸易上,并且有时候把厂子里的东西卖掉。

该厂自开始组织工会以来,资本家就以最进步的面貌向工人讲述他是民主建国会的会员,叫工人应该自由地、很好地组织工会,并要好好地学习共同纲领,也即工会是不反对资本家的,工人还要好好地执行共同纲领,资本家专门用这样的手段来与工会、工人周旋。实际上带有表面应付工会的事务,工厂内该怎么办还怎么办,并没有什么变化。

由于他们表面上进步,刚开始时候的工会干部也被麻痹了,因此所进行的工人教育也是脱离实际的四面八方政策教育,工人们也没有阶级觉悟,他们在学习上也是每天形成一个任务,工会干部来了应付一下,工会干部一走又恢复原来的样子。因此表面上看的时候,看见了几个工人学习有兴趣,学会了工会所教的一套名词及几个歌子,实际上,这样的工作是经不起考验,因此这样的工会也在实际中形成了资本家的御用工会。

第四种类型是积极主动地与政府合作的大资本家。应当说北京这样的资本家并不多,但是他们在工商界的地位很高,社会影响力很大,其代表性不容忽视,一般能够成为中小资本家的榜样。这种类型的资本家有的是政府需要的,想极力争取的对象;有的也是自己主动投怀送抱,要求与政府合作或早在解放军入城之前已经与中共的组织有联系、有合作。同仁堂的乐松生、①福兴面粉厂的孙孚凌、②西鹤年堂的刘一峰、③振北制革公司的浦洁修,④就是他们中的典型代表。

乐松生于1947年成为天津达仁堂和北京同仁堂的重要股东和主要负责人,北京解放前夕,同仁堂陷于无人管理的状态,乐松生当时对共产党了解还不是很多,"心态是十分矛盾和复杂的","尽管接到过党(中国共产党)对于民族工商业采取保护政策的文件,但心里总是半信半疑的"。⑤1949年在劳资双方的联欢会上,职工代表推举他为同仁堂经理,之后他开始与中共合作。孙孚凌1948年就通过介绍人加入了中共地下外围组织"北平职业青年联盟","由于他积极进步,受到当时中共北平市委及刘仁同志的重视和信任"。⑥刘一峰则是于1948年通过他的女婿结识了当时中共北京地下党的一位负责人,并把中共的指示转告于他,11月他"与地下党方面的人士进行了会见和交谈"。⑦浦洁修是"九一八"事变后,在德国结识了中共领导的"旅欧学生反帝同盟会"负责人,在他们的帮助、熏陶下倾向于中共,"1948年11月,她响应中共北平地下党组织的号召,利用自己的合法身份,动员工人坚持生产,保护了民族资本产业,使振北制革股份有限公司在北平和平解放后,完好无损地交到人民手中"。⑧

---

① 乐松生(1908~1968),浙江省宁波慈水镇人,同仁堂乐氏第十三代传人。1948年接任同仁堂经理,成为同仁堂重要股东及主要负责人。1954年8月,同仁堂公私合营,乐松生任经理。1955年乐松生当选为市人大代表和市政协委员,并出任北京市副市长。后历任全国人民代表大会第一、二、三届代表,全国工商联副主任委员。
② 孙孚凌(1921~),浙江绍兴人。1948年至1958年任淮南煤矿铁路公司下关煤厂课员,北京福兴面粉厂经理、厂长。
③ 刘一峰(1884~1974),浙江鄞县人,西鹤年堂经理。1949年促成北京市国药业劳资集体合同的签订。
④ 浦洁修(1907~2000),女,江苏省嘉定县人。1946年担任北平振北制革公司经理兼工程师。1953年8月至1966年6月,她历任北京地方工业局化学公司副经理、北京市粮食局局长,第三、四、五届北京市妇联副主任。
⑤ 中国人民政治协商会议全国委员会文史和学习委员会编《文史资料选辑》合订本第三卷,总第9~12辑,中国文史出版社,2011,第311页。
⑥ 北京市政协文史和学习委员会、中共北京市委统战部编《北京市民主党派工商联史料选编》(下册),北京出版社,2009,第1122~1123页。
⑦ 北京市政协文史和学习委员会、中共北京市委统战部编《北京市民主党派工商联史料选编》(下册),第1131~1132页。
⑧ 北京市政协文史资料委员会编《北京文史资料》(第63辑),北京出版社,2001,第132页。

这四种类型基本上概括了当时北京主要的资本家。除此之外，在北京还有一些数量庞大的小作坊，小手工业者，他们雇用人数多者十数人，少的只有两三人，他们的负责人简直就不能被称为资本家，顶多是个小业主，据统计，北京解放之初全市私营工商业34000多户，其中商业占85%，工业及手工业占15%，工业中从业人员在5人以下者占75%、5人以上者占25%，100人以上者只有5户，基本上没有近代化工业。[①] 按照雇用5人以上就认定为资本家的标准，很显然，北京的工商业资本家力量并不强大。由于不同的资本家所拥有企业的规模、性质不同，个人社会活动能力、影响力及社会地位有别，因此，中共对待他们的态度也是不同的，对于大型的、重要的、有影响力的资本家一般都是采取笼络、怀柔手段，争取为我所用；对于那些普通的资本家则基本按章办事。

二 资本家与工会

在阐述资本家与工会的关系时，首先必须明白：1949年以后的工会是中共领导下的一个联系工人群众的机构，工会反映的是中共的意志与愿望，执行中共的方针政策，如果把二者完全重合很明显不符合事实，它们不可能完全一致，毕竟它们所面对的对象与处理的具体事情有别，但是如果把二者完全分开也是违背事实，工会从来没有脱离中共的领导，因此工会与资本家的关系在很大程度上反映的是中共与资本家的关系。明白这一点很重要，它是理解工会与资本家关系的一把钥匙。

（一）资本家由观望、徘徊到"五反"前的敌视、抵拒

客观地说，无论哪一类型的资本家，不管是大型企业还是小型企业的，都不喜欢自己的工厂内设立工会。众所周知，中国的思想来源是多元的，但主流思想是一元的、统一的。自从秦始皇用武力消灭六国建立中央集权的秦朝以来，在统一度量衡的同时也开始统一中国人的思想。西汉时期的董仲舒为了适应当时大一统的封建专制要求，他在向汉武帝进献的对

---

① 郎冠英、许顺主编《中国资本主义工商业的社会主义改造》（北京卷），中共党史出版社，1991，第2页。

策中提出了一个重要的问题，即是统一思想的重要性，要求封建统治者"罢黜百家，独尊儒术"，把孔子为代表的儒家思想定为封建社会的统治思想。他说："春秋大一统者，天地之常经，古今之通谊也。"① 董仲舒的整个思想体系与汉武帝加强对人民思想控制的想法非常吻合，因而被汉武帝采纳。自此以后大一统的思想一直深深烙在统治者和普通士民心中。这种大一统思想与中国特殊的血亲宗法家族社会相融合，形成一种独具排他性的大大小小的圈子，"一山不容二虎""卧榻之侧，岂容他人鼾睡"是每一个中国人根深蒂固的思想意识，以至到了沦肌浃髓的地步。国家是最大的圈子，排斥别的国家，因此而自然封闭；家族也是一个圈子，排斥别的家族，因此对外也做防备，"非我族类，其心必异""家丑不可外扬"反映的就是圈子文化，依此类推，即使经过晚清民国的现代西方各种思想变革轮番冲击，这种大一统的思想仍然没有多少实质性的变化。以北京同仁堂为例，它创办于清王朝1669年，"是在封建皇朝长期统治下成长的，后来它虽然经过北洋政府和国民党政府的统治时代，但一直到1949年以前，它还是保存了古老的封建性企业的特色，主要是家店不分"。②

中国的民族资本主义产生于19世纪60年代，大多数民族资本家都是靠辛勤劳动、流血流汗积累资财后转向投资于近代新式工业，工厂内所有的一切都是自己的财产，资本家很自然也毫无疑问地把自己的工厂当作是一个小团体，一个圈子，自己在企业内独断乾纲，总揽一切。现在国民党政权已经溃退，新的政权正在筹备，一切社会环境、情况都与过去大不相同，自己的企业小圈子内要建立中共领导下的工会组织，资本家的心情是十分复杂而且是逐渐变化的。

下面几则例子可以佐证。

1948年8月北京城被围，解放在即，同仁堂的经营也面临困境。为了减少职工的损失，同仁堂只得经常发粮、煤、布给他们作为生活补贴。到北京"解放前夕，同仁堂已到了外强中干的地步了"。③ 乐松生回顾：

---

① 北京大学哲学系中国哲学教研室编《中国哲学史》，北京大学出版社，2003，第155页。
② 中国人民政治协商会议全国委员会文史和学习委员会编《文史资料选辑》合订本第三卷，总第9~12辑，第300页。
③ 乐崇熙：《清平乐北京同仁堂创始人乐家轶事》，东方出版社，2013，第71~72页。

北京解放初期，同仁堂陷于无人管理状态。作为一个较大的资本家，我虽然对于蒋介石反动统治集团没有好感，但受了反动统治阶级反共宣传的影响，也害怕共产党。解放前夕，我尽管接到党对于民族工商业采取保护政策的文件，但心里总是半信半疑的。同时我又想，我家世代经营工商业，自己又没有参加过伪政权，共产党也没什么可怕的。在这种矛盾心理中，我决定采取观望态度。在京津通车后，我就去天津观望：一来观望政府的政策究竟如何，二来观望职工对资本家的态度又如何。后来同仁堂发生劳资纠纷，我家其他各房负责人都未能很好地与职工进行谈判，职工代表指名要我回来谈判。我不得已匆匆回京，硬着头皮到同仁堂与职工代表进行谈判，出乎意料地达成了协议。在劳资双方的联欢会上，职工代表推我为同仁堂经理，使我初步体会到党对于资本主义工商业采取保护政策是千真万确的。①

燕京漂染股份公司资本家宋鑫泉说起自己在1949年率先在织染业公私合营，"有些亲友称赞我，说我的表现比他们进步"。他自己则认为，"其实不然。当时我的思想是很复杂的"。

（日本投降后）有一位顾客叫曹志广，他主动要和我交朋友，因他是在国民党警察局工作，我觉得交这么一个朋友，可能会得到他一点照顾。他有时用似是而非的话和我讲些共产党保护工商业的政策，我觉得很新鲜，愿意多知道一些事情，所以和他比较接近。但同时也怀有戒心。因为父亲在世时，曾告诫我们，不要交官场朋友，要对他们敬而远之，并说在这方面他吃过不少亏。果不出所料，在1948年春天，曹志广说要外出，竟开口向我借一两黄金，当时我不敢不借，就想真应了父亲的遗言，我也吃了官场朋友的亏。万没想到，就因为这个关系，使我初步接近了光明。后来我才知道原来他是共产党的地下工作人员。1948年秋天他介绍一个人来我家，对我讲了共产党的政策，并告诉我北平快要解放了，动员我与共产党合作。当时我对共产

---

① 中国人民政治协商会议全国委员会文史和学习委员会编《文史资料选辑》合订本第三卷，总第9~12辑，第311页。

第四章 资本家、职员、工人与工会

党虽有一点好感,但因北平已经围城,谣言纷起,思想深处还是国民党的反动宣传在起作用,怕共产党来了把我的产"共"了。于是在解放前夕,我首先把较好的衣物邮寄到上海去,准备随后逃到上海。可是时间不久,水陆交通阻断,想搭飞机走,又不够条件,只能听天由命。不久邮局通知我说,邮寄的衣物在塘沽被国民党的乱兵给抢了,邮局不能负责。当时我感到国民党是靠不住了。

在惶惶不安的状况下,1949年1月底北平解放了。解放军进城后,我看到城里的秩序一点也没紊乱,不像国民党反动宣传的那样可怕,心里就稍为平静一些。于是我就和企业工人协商,把大美洗染厂交由全体职工管理,推出4个工人负责,并决定如果企业盈利,愿分我一份,我就算4个负责人之外的一个负责人。服装店则报了歇业。因为企业职工大都是本厂学徒,所以很顺利地解决了问题。虽然当时党也在宣传对民族工商业的政策,但究竟是怎样,在我心里还是个问号,总是忐忑不安。1949年2月末我打听到曹志广在天津公安局工作,就匆忙地跑到天津找他探询情况。曹志广对我比较详尽地介绍了党保护民族工商业者的政策,再次告诉我与共产党合作是有光明前途的。这样,我心里就有了一些底,觉得我找到了一个靠山。当时我所说的靠山,并不是指共产党,而是讲曹志广,实际还是用旧观点看问题。回到北平后,虽然心里比较安定一些,但并不是完全相信,还是有所怀疑。这时街面上谣言很多,众说纷纭。总起来说都是对我不利的。特别是我的一个舅父曾对我们全家人说:"共产党来了,你们的财产得摆在大街上,请求人家拿走。"更使我心神不安,犹疑不定。

当时本市三不老胡同有一家燕京染厂股份有限公司,在日本投降后,因为有一部分"逆产",经国民党接收未予处理。北平解放后,军管会接收了这部分"逆产"。军代表王惠民进厂后,私股害怕,惶恐不安,尤其是经理冯世杰准备撤股,其他股东也多想卖股。这个情况当时由同业慈华染厂经理贾汉章向我介绍,我经过再三考虑,想曹志广过去和我的关系不错,这次去津,他又热情地接待我,耐心地对我讲党的政策。觉得他给我指出的道路是有前途的,不如听他的话投资与共产党合作。于是我就抱着孤注一掷试试看的思想,打算把原存的棉布、染料、黄金，购买成燕京染厂股份有限公司私股的股票。就在这个激烈的思想斗争的关键时刻，我父亲的一个好朋友竟来到我的家中对我的母亲说："嫂子，你们宋家出了败家子了，死去的大哥赚来几个钱可不容易，你的儿子把埋在地下的黄金都起出来了，要送到共产党的老虎嘴里去合作。"企图阻止我去投资。我当时思想虽然又有些动摇，最后还是觉得曹志广对我说的话有道理，就毅然决定投资。①

上述两则材料表明，北京发生政权变更时所带来的社会变化不断地冲击着资本家的心理，开始的时候他们对新政权的建立充满了狐疑，实际上是内心里害怕新政权，对于是否投资兴业采取一种观望、徘徊的心态。

因为资本家长期生活在国民党政权下，接受的是国民党宣传的理论，加之乡村土地改革过程中发生"斗地主"情形，使他们产生了很大的疑虑，对中共的政策了解也很差，部分资本家不信任"公私兼顾，劳资两利"的发展生产政策方针，也害怕像"斗地主"一样被批斗、被清算，这应当说是当时大多数中小资本家的普遍心态。而且中共的军队"从占领石家庄开始到夺取天津市，每占领一座大城市，几乎都会发生过依靠贫民，和干部听任甚或鼓励工人、店员照农村土改的办法，向厂主、店员开展清算斗争的情况"。② 1947年底占领石家庄时中共的干部只知道"穷的就好"，到处鼓动穷人去搬东西，开展清算斗争，讨债复仇；③ 1949年初占领天津仅一个月内，就发生了53起这种清算斗争，导致许多资本家被迫逃往香港，以至几个月后天津的私营企业开工率仍不足30%。④ 为此，北京市有的资本家把中共的报纸及政策文件进行研究以了解对他们的经济政策，他们以看"六法全书"的态度去推字论句，⑤ 寻找对他们是否有前途的条文，如京华印书局的经理将对资方有利的段句，都用红笔画出，仔细

---

① 刘跃平、解建军主编《往事珍影北京西城老同志回忆》，中共党史出版社，2006，第215～217页。
② 杨奎松：《建国前后中国共产党对资产阶级政策的演变》，《近代史研究》2006年第2期。
③ 《克服困难、长期建设》，《新石门日报》1947年11月27日。
④ 薄一波：《若干重大决策与事件的回顾》（上），中共中央党校出版社，1991，第50～51页。
⑤ 指1929年后国民政府制定的"宪法""刑法""民法""刑事诉讼法""民事诉讼法""行政法"等六法。

研究。① 北京市第八区由于资本家有害怕的思想，加上有部分工人思想"左"倾，要求增加工资与福利，"而当时资方对政策不太了解，有时竟答应工人所有要求，结果有的形成工资过高，屡次提高工资和分红过多的现象"。② 北京瑞蚨祥资本家"解放前夕他们是非常疑虑和惊慌的，在店中大量抽支资金，1948年在北京的抽支即合2000匹布（约值6万元）。1949年初，特别是在土改时，他们急于分散、隐匿财产，家庭中的许多人怕被斗"。③ 这样的结果就是资本家发现自己在工厂企业内的统治地位开始动摇，所以对工人、工会都抱敌视态度，认为工人参加工会对资本家害处极大。当工会工作组在工厂内进行筹建工会组织、要求工人上夜校时，资本家都是极力反对。十三区同聚隆布店、鹤龄堂药店经理等都曾制造借口解雇过参加工会的积极分子，美澡堂资方把工人入会登记表抢过去撕掉等。④ 第一区有不少一部分资本家对工人参加工会或上夜校不满意或报仇视态度，如果积极分子或工人参加工会就专找工人的毛病，以营业不好为理由，遣散工人。

按照中共领导一切的方针政策，必须在各私营企业建立工会组织，这没有任何回旋余地，因此资本家与工会、工人之间的解雇与反解雇、虐待与反虐待、改善待遇与反对改善待遇的斗争就此起彼伏。这样原本平静的生产单位现在掀起一波又一波的斗争浪潮，尽管工会背后有中共的鼎力相助，资本家无法与之正面抗衡，但是资本家也并非等闲之辈，他们寻找一切机会来对付工会或工人。

（二）"五反"后资本家的隐忍与蛰伏

尽管工会针对不同类型的资本家制定了不同措施，但是不可否认的事实是，在工会与资本家的单纯对阵中，工会往往不是资本家的对手，工会

---

① 北京市总工会编《新中国北京工会50年文献汇编》（1950~2000），第23~24页。
② 《北京市总工会第八区办事处1949年全年总结汇报及召开区代表会议的材料》，1949，北京市档案馆038/001/00018。
③ 中国科学院经济研究所、中央工商行政管理局资本主义经济改造研究室编写《北京瑞蚨祥》（典型企业调查资料），第230页。
④ 北京市朝阳区工会编《朝阳区工会志》，第11页。

可以逞一时之强势，显得咄咄逼人，却不可能主宰资本家的一切日常行动，更多的时候也变成了资本家的"俘虏"。

"五反"运动以前，私营企业工人的觉悟程度和组织程度其实并不是很高，尽管工人夜校宣教工作很早就开展，但是许多工人弄不清"谁养活谁"，辨不清工人阶级和资产阶级的界限，他们看到的只是吃的、穿的、用的都是资本家给，工资也是资本家发。所以很容易被资本家用亲戚、朋友、师徒、同乡等关系拉拢，站在"咱们柜上"劳资不分的立场给资本家干活，甚至个别工人还想"熬成掌柜的发财"，有些工人接受资本家说服入了人力股或财力股，有的还被资本家拉着参加了同业工会；有些工人就是一时受资本家的压迫也不敢反抗；而大部分职员也是靠近资本家的，许多人还帮助资本家做过违法的事情。据统计："私营企业职工共十九万六千二百四十七人，参加工会的十一万人，仅占百分之五十六；店员五万五千一百二十一人，参加工会的二万一千九百四十人，仅占百分之三十九。"① 除铁工、纺织、食品、药业以外大部行业工会组织只是搭起了空架子，组织零乱，瘫痪无力，有些工会组织不纯，工会干部部分立场不稳，甚至也被资本家操纵利用，据北京市的八个区统计："二千八百四十三个组联以上的干部中，有一百七十八人是资本家的走狗，占百分之六点三；有六百一十三人与资本家划不清界限，占百分之二十四。市店员工会所属六个市行业工会的九十五个干部中，有八个是资本家的走狗，二十五个工作不积极。市店员工会筹委会主席张某某（已被撤职开除党籍）竟接受资本家的贿赂。"② 种种事实证明，国家的许多基层工会干部很难经得起"资产阶级糖衣炮弹"的进攻，这当然也不能全然怪工会干部立场不稳、意志薄弱，而是国家的政策经常随着经济形势的变化而变化，经常是对资本家又打又拉，既利用又限制，既联合又斗争，对资本家虽然有一个总的政策，但是一到具体事情上又"具体处理"，大部分基层工会干部也跟不上形势，政策的灵活性太强原则性太弱，所以平时工会干部只能以一种应付过关的态度来处理事情，力求你好我好大家好的结果，这是问题的总

---

① 北京市总工会编《新中国北京工会50年文献汇编》（1950～2000），第58页。
② 北京市总工会编《新中国北京工会50年文献汇编》（1950～2000），第58～59页。

根源。

新中国成立后依照自己的理论和苏联的经验不可避免地逐步转到消灭资产阶级的政策上来，至于如何使资产阶级消灭，则需要依据现实的情况而定。客观的事实是，1950年下半年全国经济形势好转的同时发生了朝鲜战争，随着抗美援朝运动在全国大规模展开，战争使社会的总需求量急剧增加，可是政府很大程度上掌握着原料与产品的购销渠道，这样政府的权力就不可避免地涉入经济活动中来。又由于大宗的商品订单只能来自党政军部门，权钱交易逐渐滋生起来，这样使在解放军入城之初的贪污行为更加凸显出来。[①] 为了改变这种状况，中央决定在国家机关中开展"三反"运动。"三反"运动在党和国家机关开展起来后，各地各部门清查出一些机关内部人员同社会上的资本家内外串联，侵吞国家资产的案例。由于中共中央认为造成贪污、浪费的最大根源是资产阶级腐化思想的侵蚀，因此认定这是资产阶级有预谋有计划的行为，是"对于我党的猖狂进攻"。[②] 由此"三反"立即转入"五反"运动，掀起一场在私营工商业反对行贿、偷税漏税、盗骗国家财产、偷工减料、盗窃国家经济情报（通称"五毒"）的运动。毛泽东指示："对于一切犯法的资本家，无例外地均应抓住其小辫子，分别轻重大小，予以不同的惩治或批判。一部分罪大恶极者，没收其资产。这是人民政府在全国胜利后第一次大规模惩治资产阶级的犯法行为，这是完全必要的。"而且要求依据具体情况，"精密地组织这一场斗争"。[③] 由于中共的领导人都认为"资本家没有一个干净的"，[④] 这场运动的对象自然就变成针对整个资产阶级的斗争了，目的是"打退资产阶级的猖狂反扑"，[⑤] 打掉资本家的嚣张气焰。

在这样的情况下，工会成为私营企业内发动工人进行"五反"最主要

---

① 杨奎松：《建国前后中国共产党对资产阶级政策的演变》，《近代史研究》2006年第2期。
② 《中共中央关于在"三反"斗争中惩办犯法的私人工商业者和坚决击退资产阶级猖狂进攻的指示》，载《建国以来重要文献选编》（第3册），中央文献出版社，1996，第14页。
③ 毛泽东：《转发饶漱石关于华东各地"三反"斗争情况的报告的批语》，载《建国以来重要文献选编》（第3册），第40页。
④ 转引自《党史博览》2009年第5期。
⑤ 《中共中央关于首先在大中城市开展"五反"斗争的指示》，载《建国以来重要文献选编》（第3册），第54页。

的力量，工人参加"五反"运动的过程是这样的。

其一，召开代表会、干部会、座谈会、积极分子会、群众大会等，进行"五反"运动与阶级斗争的教育，发动工人解除顾虑大胆检举资本家的违法行为，各区培养并且表扬大胆检举的典型人物，在群众中树立了旗帜，以此来鼓舞群众的斗争情绪，展开大规模的检举运动。"三反"运动已经让资本家"终日愁眉苦脸，如坐针毡";① "五反"运动刚开始发动时，工商界还摸不透底，有点观望，到运动发展后，他们看到斗争的火力很猛，压力很大，普遍感到恐慌。有的资本家说："过去是土改，现在是商改了。"② 资本家看到形势不妙，就采用各种方法与工会争夺工人，进行针锋相对的活动：威胁、利诱、造谣、遣散、销毁账目、订立"攻守同盟"，派"狗腿子"打入工会探听消息，伪装进步和工人开会摸工人的底，有的搞假斗争、假检举。对此工会进行了公开揭露，结合资本家破坏"五反"运动向工人进攻的事实，向工人进行更加有力的阶级教育。同时选几个典型的资本家，召开大会组织工人进行控诉，请求政府当场逮捕，表明政府坚决给工人撑腰，这对于发动工人群众参加到"五反"运动中来起了很大的作用。

其二，在群众日益发动的基础上，进一步发展到与资本家撕破脸皮展开面对面的说理斗争。先在"五毒"较多，资本家对待工人很坏，而群众条件较好，本柜工人敢于站起来与资本家正面斗争而又掌握了"五毒"材料的商店，召开说理斗争会，并组织工人参加助威。再协助力量较弱的重点户进行斗争，使运动更加有组织地、强有力普及与深入下去。通过面对面的说理斗争，来普遍提高工人的阶级觉悟，鼓舞工人向资本家斗争的勇气和信心，工人反映"过去是低着头搞'五反'，现在是站起来搞'五反'了！"③ 面对面的说理斗争在政治上给资本家沉重的打击，迫使资本家坦白了违法事实，低头认罪。许多靠拢资本家的职员在说理斗争中看到工人群众的力量也被争取过来了。

经过说理斗争在工人的阶级斗争意识更加提高的基础上，工会组织工

---

① 北京市档案馆编《国民经济恢复时期的北京》，第198页。
② 北京市档案馆编《国民经济恢复时期的北京》，第205页。
③ 北京市总工会编《新中国北京工会50年文献汇编》（1950~2000），第59页。

人参加了审查违法工商户填表的工作,号召工人"划清界限,把住关口,不让一个违法资本家混过去!"①

其三,"清狗把关"工作后,运动即进入复查定案与最后阶段。在这一时期工会针对工人的错误思想进行了政策教育:首先扭转了工人中的过"左"急躁情绪,如有的认为"这一下资本家要完蛋了,非把他搞垮不解恨,否则我们白检举、白斗争了!"另一方面批判了新产生的右的情绪:怕资本家罚垮了要失业,于是替资本家说话打掩护,甚至一起公开对抗政府。

经过激烈的"三反"运动、"五反"运动,工会威信空前提高了,"全市私营企业工会会员由十一万人增加到十四万三千八百九十六人,占私营企业职工总数比例由百分之五十六增加到百分之七十三点三,店员工会会员由二万一千九百四十人增加到四万三千八百六十四人,占店员总数的比例由百分之三十九增到百分之七十九点六。在运动中涌现了二万二千一百一十六名积极分子,其中四千一百一十六人被提拔为干部,这是今后工会工作中的一支强有力的骨干"。②与工会形成鲜明对比的是侥幸经过惊涛骇浪生存下来的资本家大都心灰意冷,资产阶级作为一个群体日益走向穷途末路。

严格说来,共产党与资产阶级本来就是斗争的、对立的。虽然马克思在《共产党宣言》中曾言:"资产阶级在它不到百年的阶级统治中创造了比一切过去各代加起来还要更众多更伟大的生产力。"但他着重想论证的中心不是资产阶级的功劳,而是说明资产阶级不顾一切血腥积累并追逐超额利润,马克思认为:"资本出现世上,是从头到脚,每个毛孔都渗透着血和污物",③"资产阶级在历史上的起家原来就是极不干净的。资产阶级除了贪得无厌地而且残酷剥削工人阶级外,在资本的原始积累中,为了掠夺和抢劫殖民地人民的财富,对殖民地人民曾进行欺骗、迫害、镇压、屠杀,其强暴与野蛮,简直是没有言语可以表达的"。④马克思在《资本论》

---

① 北京市总工会编《新中国北京工会 50 年文献汇编》(1950~2000),第 60 页。
② 中共北京市委党史研究室编《社会主义时期中共北京党史纪事》(第一辑),人民出版社,1994,第 382 页;北京市总工会编《新中国北京工会 50 年文献汇编》(1950~2000),第 61 页。
③ 马克思:《资本论》(上),郭大力、王亚南译,译林出版社,2013,第 808 页。
④ 张同乐主编《20 世纪中国经世文编·第 6 册·中华人民共和国》(卷一),中国和平出版社,1998,第 435 页。

里曾经说：“这种剥夺的历史，是以血与火的文字，写在人类记录中的。”①马克思创立的这一学说经过列宁的发展成为各国共产主义政党进行革命和政权建设的不二法门，奉为圭臬，变成经典。

中共在漫长的革命斗争中对资产阶级的政策有摇摆，但是"消灭资本家私有制"这一目标始终没有变化，资产阶级也很少在中共领导的新民主主义革命中与其合作过，在举国艰难的抗日战争时期中共提出联合民族资产阶级的口号，实际上二者之间并没有具有实质性内容的交集，彼此显然是隔膜的，甚至可以说有时是敌对的。1939年毛泽东总结中共18年来的道路时称："是同资产阶级的复杂关联中走过的"，中共党的建设和政治路线的重要一部分"就是同资产阶级联合又同它斗争中间发展起来和锻炼出来的"。

> 所谓联合，就是同资产阶级的统一战线。所谓斗争，在同资产阶级联合时，就是在思想上、政治上、组织上的"和平"的"不流血"的斗争；而在被迫着同资产阶级分裂时，就转变为武装斗争。如果我们党不知道在一定时期中同资产阶级联合，党就不能前进，革命就不能发展；如果我们党不知道在联合资产阶级时又同资产阶级进行坚决的、严肃的"和平"斗争，党在思想上、政治上、组织上就会瓦解，革命就会失败；又如果我们党在被迫着同资产阶级分裂时不同资产阶级进行坚决的、严肃的武装斗争，同样党也就会瓦解，革命也就会失败。所有这些，都是在过去十八年的历史中证明了的。②

在这里毛泽东说得非常清楚，中共与资产阶级的联合只是为了统一战线，是暂时的；为了革命成功，斗争才是主要的，要对资产阶级时刻防备、时刻保持警惕。可以这么说，自从中共诞生以来到1949年革命成功，资产阶级就与中共的关系曲曲折折。山不转水转，资产阶级支持的国民党政权的溃败导致二者必须重新认识和确立相互之间的关系，不过这时中共是执政党，秉持国之公器，而资产阶级则是被斗争，受改造的对象，其地

---

① 马克思：《资本论》（上），郭大力、王亚南译，第757页。
② 《〈共产党人〉发刊词》，载《毛泽东选集》（第二卷），第604、608~609页。

位实力之差距不可同日而语。

　　随着革命走向胜利,中共的领导人也开始思考着如何对待资产阶级的问题。毛泽东直截了当地说:"资本家你不去斗他,他不服从的。"① 刘少奇明言:"只要全国政权到手,民主革命就已经解决,已经结束了,与帝国主义和封建主义矛盾已不存在,则就会是无产阶级和资产阶级的矛盾了。"② 中共建政初期出于统战及发展经济的目的需要利用资本家稳定生产,管理工厂,因此对于工人群众掀起的对资本家激烈的斗争,曾"通过中华全国总工会颁布了一系列旨在某种程度上约束工人和工会行为的行政法规"来安抚资本家进行开工生产。③ 可后来发现资本家在经营生产中有污点,有违反国家经济政策的行为,"等他们的秧歌扭完了,花样出完了",④ 开始掀起一场全国范围内的"五反"运动对其进行改造。北京市向中共中央的汇报中指出,"五反"运动截至1952年2月15日,全市49000多户工商户,清出违法的25000余户,收到检举和坦白案件110000多件,偷税数目更大;逮捕违法资本家253名,畏罪自杀者5人。⑤

　　历经"五反"运动后的资本家并没有彻底匍匐在政府及工会的脚下,但是他们无法、无力,也不敢与之作对,大部分资本家是采取敷衍的态度,从表面上看起来劳资关系也没有什么恶感,资方口头上也说积极搞生产,但就是实际行动不够积极。也有少数资本家虽然经过"五反"的教育,并没有从思想上认识自己的错误,"反而怀恨政府,仇视工人,说怪话,向工人报复"。协和玉烧饼铺,资方烧饼、饺子、烙饼等随便吃;润兴饭馆资方焖了烙饼还叫人吃;祥聚公糕点铺资方吃点心,工人问他为什么吃点心,他还说:"干这行就得吃",实际是对政府不满,打算吃完散伙。酒兴店资方反映说:"政府应进一步深入下层,为什么宣武区食品店就比前门区领面领的多呢?"广兴居资方说:"政府给我30袋面,反正我

---

① 杨奎松:《建国前后中国共产党对资产阶级政策的演变》,《近代史研究》2006年第2期。
② 《刘少奇在中共中央政治局扩大会议上的发言》(1948年9月13日),载《刘少奇传》,中央文献出版社,1998,第612页。
③ 杨奎松:《建国前后中国共产党对资产阶级政策的演变》,《近代史研究》2006年第2期。
④ 《毛泽东在中共中央政治局会议上的发言》(1948年1月8日),载中共中央文献研究室编《毛泽东文集》(第5卷),人民出版社,1996,第235页。
⑤ 北京市档案馆编《国民经济恢复时期的北京》,第204、205、218页。

是不够卖的，我是穷小子，不成关门。"德盛□资方说："政府赏多少，是多少，赶上这年月没法子，照这样就得歇业。"①万顺鞋店和裕兴源鞋店都用假停业的办法解雇了工人，然后又开业用临时工，这样向工人反攻；润记百货店经理给女店员的爱人写无名信，诬说该女店员乱搞男女关系，企图逼迫她自动离职；正义百货店经理离间工人与政府的关系，他和工人说："'五反'时政府用着你们了，就说你们好，现在用不着你们就不管你们了，政府宽大处理送人情"，并且还说"中苏友好是坑人"。更有一些资本家仍然欺骗顾客，继续犯"五毒"，永德成新衣庄经理卖货随便定价钱，国营公司没有的货就把价钱定高，工人给他提意见，他说："不赶望月快赚点，什么时候赚呀。"正义百货店经理，把一样的货卖两样价钱，把次货当好货卖，一次铁道部买两打脸盆，说定了是乙字的牌子，资方在送货前，把一些次货的牌子弄掉，混在一起，给了铁道部，还有时对顾客吹牛说："百货公司金钱牌的暖壶都是买我们的。"对于这些情况工人向资本家提意见，资本家还说："现在政府宽大，反正枪毙不了我。"祥义布店一匹色布按104尺定价，但实际只有103尺。②

工人经过"五反"腰杆也挺直了，他们也通过各种方式与资本家展开斗争。德顺兴锉铺，工作时间原来12小时，工人要求改8小时，资方还未同意就改了，工人向资方说这是上级的命令。大同□□厂会计杨××（组联主任）不听资方指挥，劳动纪律也不好，当会计3年以来，没有结过账，劳资双方都对杨不满意，经理曾督促数次，就是不结，工会进行几次教育也未改。最后气得资方没有办法，就又雇了一个会计，杨又不会技术，柜上又无他的工作，只好在柜上呆着，资方也不敢提出解雇。长春堂药店工人侵犯资方三权（资本家的人事调配权、经营管理权、利润分配权）。此外有的工厂资本家连人身安全也没有保障，毓兴印刷厂学徒冯××劳动纪律

---

① 《关于对私营企业职工进行政治教育、年终双薪分红、退股私营企业拔交工会经费、工资等问题报告总结及瑞蚨祥、大陆装订厂、京华印书局等几个大户的基层工会总结》，1953，北京市档案馆026/001/00036。

② 《关于对私营企业职工进行政治教育、年终双薪分红、退股私营企业拔交工会经费、工资等问题报告总结及瑞蚨祥、大陆装订厂、京华印书局等几个大户的基层工会总结》，1953，北京市档案馆026/001/00036。

很坏，平时干活闹着玩，有时工作时间就在睡觉，经理指挥他做什么他都不做，师兄让他做什么他也不做。1953年4月4日晚6时冯××找资方要工资："为什么给别人发工资不给我发工资？"资方说："因为你不好好干活。"冯××即大声说："不干活你也得给工资，你也得管饭，你也解雇不了！""咱们得找个地方说说去。"经理就往外走，冯××就拿起铁锹向经理的脑袋上砍去，经理将铁锹夺过去，冯又拿起印刷部的棒子打过来，最后到派出所才解决。[①]

总路线公布以后，中共对民族工商业者采取"利用、限制和改造"的政策。资本家知道自己难以抗拒，"不少人产生了一怕、二捞、三消极的思想。有的怕过不了关，有的想捞一把，有的消极躺倒不干。"[②] 于是抽逃资金、购买生活资料、大吃大喝等任意挥霍行为日益增多，许多人抱着"支点剩点""能花就花""能吃就吃"的思想来消极抵抗，尤其在商业或投机性较大的行业甚为普遍与严重。北京市总工会在宣武区调查了铁工业68户，投资的有20户，占29%；地车材料业35户，投资的有24户，占69%，共投资7.4亿多元，占24户资本总数的11%。资本家抽逃资金的办法、花样很多，较为普遍的有以下几种。

其一，零星长支。前门区34户百货店有14户资本家用长支的办法共抽走资金3亿余元。宣武区三义成地车材料行资本家胡世经用长支办法抽走资金5.2亿多元。

其二，追分红利，增加薪金。南苑增记木厂资本家×××从1952年盈利中拿走2亿元买房子，和小老婆大吃大喝。宣武区中原久记铁工厂2个资本家每月增薪800斤小米，并自1952年1月起追补。

其三，将企业资金转为个人存款或放债、还债。宣武区大兴电工器材厂在银行存款13亿元，资本家将3亿元转为个人存款。三义成地车材料行资本家借口到上海买机器拿走1.6亿多元，个人放债7800元。

其四，向外赊货、隐匿资财、偷窃现金。南苑区利通木厂向外大批赊

[①] 《关于对私营企业职工进行政治教育、年终双薪分红、退股私营企业拨交工会经费、工资等问题报告总结及瑞蚨祥、大陆装订厂、京华印书局等几个大户的基层工会总结》，1953，北京市档案馆026/001/00036。

[②] 北京市政协文史资料委员会编《北京文史资料》（第54辑），第40页。

货，前门区有 7 户化铜局将铜埋到地下。

其五，退股、歇业或借转业、联营、公私合营等乘机抽走资金，有的并借买公债或交退补罚将资金抽走。如华英牛奶厂借口买公债，卖掉一头好奶牛，抽走资金 2000 多万元。

资本家为了达到其抽资目的，一般对职工采取了利诱拉拢手段。如西四区精业铁工厂资本家抽资 4000 万元，分给工人 700 万元。宣武区大陆地车材料行资本家长支 2.6 亿元，职工 9 人也全有长支，会计即长支 1500 多万元。

资本家投资后较普遍的是购买或修建房屋，如宣武区地车材料业投资的 24 户，有 15 户资本家在北京或老家购买或修建了房屋，买缝纫机、自行车、手表、家具、衣物等，还有购买贵重古玩玉器甚至棺材的。①

公私合营开始以后，资本家大都安排在企业内任副职，国家的政策是对他们进行"团结、教育、改造"，处于有职（虚职）无权的地位，资本家自己也不得不承认："我们算完啦！往后没有咱们的好"，只希望在民主管理委员会中"私方人员占一定比重"。②公私合营后的国药业门市部，资本家对工作一概不负责任，主要由工人管理业务。同济堂药店职工 69 人，经理李放书是"甩手掌柜"，从不过问柜上的事，副经理刘善庭对一切事情不做主，推给工会，进货计划每次由工人做了找他研究，修理门面和人事调配由工会管了。③西单皮鞋厂副厂长何晰然（原资本家）反映说："公股厂长掌握全面，上至厂长下至勤杂全面负责，我这个副厂长倒很清闲，成天无事可做。"前门区皮鞋厂检查股股长王芬（公股）对私方人员瞧不起，张口就是："你们这些资本家是被改造的，不老实的话，将来没有你们吃的饭。"私方有问题向他请示，他"哼""哈"的待理不理，鼓着脸、瞪着眼，比"五反"过关时的劲头还足。但在工作上他并不负责任，私方检查员看到残品太多，向他反映并建议建立半成品检查制度，王芬说："对工人不能过严，交不了再说。"结果造成百货公司大批回修，做 80 双鞋，回修 76 双，生产任务完不成。发生这样的问题，完全是由于王芬的作

---

① 郎冠英、许顺主编《中国资本主义工商业的社会主义改造》（北京卷），第 156~157 页。
② 《各同业工会的问题汇集》，1956，北京市档案馆 017/002/00004。
③ 《前门区工会五六年情况报告》，1956，北京市档案馆 038/002/00458。

风造成的，私方人员眼看着对国家有损失的事情，但不敢管，私方检查员王恩泽在车间检查成品质量时，工人王恩禄说："王恩泽，你是干什么的？股长都没说什么，你这肉眼凡胎敢说我这活不行？""现在前门区皮鞋厂的私方人员，都抱着混一天算一天，认为积极想搞好企业的反而受打击，万一给扣上个'破坏'的帽子，可受不了，反映又怕王芬报复。"[1]

在近代中国历史上曾起过非常重要作用的一支力量——代表先进生产力与生产关系的资本家落魄到如此地步，简直成了过街老鼠，终于走向了消亡。

第二节　职员对工会的认识：以北京瑞蚨祥布店为主的考察

职员，古时指有一定职衔的员司。唐朝白居易在《省官并奉减使职策》中曾言："公若量其职员，审其禄秩，使众寡有常数，厚薄得其中，故禄得其中，则赏不广而下无侵削之患矣。"[2] 宋代苏轼在《论高丽进奉状》中也有言："臣已指挥本州送承天寺安下，选差职员二人、兵级十人，常切照管，不许出入接客。"[3]《红楼梦》第107回里北静王指摘贾赦"身系世袭职员，罔知法纪，私埋人命，本应重治。念伊究属功臣后裔，不忍加罪。亦从宽革去世职，派往海疆效力赎罪"。[4] 这些著作中的职员兼指政府衙门内办事的中下级官员。另外，旧时下属对长官自称时也用职员称谓："你犯了法，这个职衔经本县详革了，你还称什么职员！"[5] "职员沉冤，蒙大人昭雪，所有银子，听凭大人发落。"[6]

近代中西交往的大门打开后，首先在一些沿海城市出现外国资本主义国家兴办的船舶修造厂，接着中国民族资本主义工业开始萌芽并艰难成长，由此中国社会的结构发生了前所未有的变化。其中一个显著的变化就

---

[1] 《各同业工会的问题汇集》，1956，北京市档案馆 017/002/00004。
[2] 罗积勇、张鹏飞编著《唐代试律试策校注》，武汉大学出版社，2009，第354页。
[3] 张春林编《苏轼全集》（下），中国文史出版社，1999，第805页。
[4] （清）曹雪芹、高鹗：《红楼梦》，哈尔滨出版社，2012，第549页。
[5] （清）吴研人：《二十年目睹之怪现状》（下册），花城出版社，1988，第503页。
[6] （清）刘鹗：《老残游记》，太白文艺出版社，2000，第164页。

是中国产生了新的社会阶层，传统的社会结构逐渐向现代社会体系转变。职员的概念正是在这种社会转型的大背景下丰富起来的。工商业的发展产生了许多为这些工业化服务的新兴职业，这些受雇于资本家做管理和技术服务的人通常也被称为职员。至此，职员不再仅指政府中的中下级官员，也泛指政府部门以外的私营工商企业里管理具体业务的工作人员。曹禺先生在戏剧《日出》中描写过一位猥琐、"不学无术的三等货"李石清，指出："他原来是大丰银行一个小职员"，[①] 就是指民国时期银行内办事的工作人员。在瑞蚨祥绸布店，这些职员被称为掌柜，指为资本家（东家）管理、经营店铺的高级伙计，北京解放后被称为资方代理人，说的都是一回事。

一 "五反"之前职员追随资本家极力排斥工会

中共接管全国政权后，对于私营企业内职员阶层的认定与工人是有分歧的。工人根据他们的直接感知认为职员是属于资产阶级，与资产阶级是一同剥削、欺压工人阶级的，最直观的感觉是这些职员是工人的上级，管理着工人，年终时分取企业盈余"份子"，因此在是否允许职员加入工会的问题上，工人是持否定态度的。影响所及，基层工会初期也犯过"关门主义"的错误，"如主张高级职员，政治上落后的，私生活不检点的分子都不让入会，甚至有查三代的"，[②] 当北京市总工会出面纠正"关门主义"错误，准许职员加入工会时，工人是不理解的。中共一方面根据马克思主义的经典理论认为职员属于工人阶级，也是领薪水的高级工人，同样与资本家存在雇佣关系，即他们不符合资本家的基本要件，[③] 更符合工人阶级的特点；另一方面，现实的考量是如果把职员也推向资产阶级队伍，那么就不利于最大限度地分化、孤立资本家阶层，反而使被斗争的阵营力量变

[①] 上海师范大学中文系、中国现代文学教研组：《中国现代文学作品选》（上册），1977，第260页。
[②] 《市总工会筹委会十一月及十二月份工作总结》，1949，北京市档案馆 101/001/00227。
[③] 马克思认为生产剩余价值是资本生产的唯一目的，即"剩余价值的生产是资本主义生产的决定的目的"，很显然职员只是参与剩余价值生产，发挥其中要素之一，不以生产剩余价值为唯一目的，资本家恰相反。参见陈征《〈资本论〉解说》（第一卷），福建人民出版社，1997，第257页。

得更强大，不利于实现毛泽东提出的把工人"团结起来，变成了力量，我们有了力量，也有了理"的目标。① 因此，中华全国总工会1949年8月份制定一系列政策的时候，②总是把职员与工人放在相同的位置上，归之一类，而不是反之。

但是职员的类型是很多的，也是分层次的。以北京最大的绸布店瑞蚨祥为例，在这个企业里，东家是出资人和利润占有人，完全的"寄生"的阶级，是资本家。里面的掌柜，实际是企业的资方代理人、企业真正的经营管理者，就是充当职员的角色。这些资方代理人不拿工资，在年终时按规定的"份子"分取企业盈余。份子有大有小，最少的1厘，最多的8厘。因为份子大小不同，各个职位不同，所以这些掌柜也有等级。份子最高的一般都是"总理"，比总理小的是经理，在总理领导下掌管一个店的业务，在一个店里还有好几个头目，如洋货头、绸头、二掌柜等。③ 瑞蚨祥的掌柜有两个特点，一个是他们基本上都是从本屋徒（内伙计）中培养和提拔起来的，从这一点看，东家与掌柜之间存在着一种师徒关系的联系，掌柜对于东家有着历史性的从属关系，这是一种经济关系之外的人身关系；另一个是东家与掌柜之间没有契约或合同，因此叫"水牌上的经理"，东家可以随时辞退经理，这使得瑞蚨祥比之一般同业，已经更加资本主义化了。

这些所谓的掌柜，即职员处在"一种很矛盾微妙的社会地位上，可以说是一种边缘的地位，它是工人阶级向上流动的一个主要渠道"。④ 职员的地位很具有典型意义，一方面，职员在雇佣劳动者的位置上，与体力工人属于同一类型的受雇劳动者；另一方面，他们所处的地位，特别是经济地

---

① 李桂才主编《中国工会四十年资料选编》，第83页。
② 1949年8月制定的分别有《中华全国总工会关于会员问题的决定》《中华全国总工会关于工会组织系统与工会》《中华全国总工会关于工会会费的规定草案》《中华全国总工会关于工会经费问题的决定》《处理劳动争议暂行办法（草案）》《私营工商业劳资双方订立集体合同暂行办法（草案）》《关于劳资关系暂行处理办法（草案）》等，参见《一九四九年中华全国总工会关于全国工会工作会议的几个决议（草案）》，1949，北京市东城区档案馆004/02/0044。
③ 中国科学院经济研究所、中央工商行政管理局资本主义经济改造研究室编写《北京瑞蚨祥》（典型企业调查资料），第230页。
④ 江文君：《近代上海职员生活史》，上海辞书出版社，2011，第9页。

位决定了他们的意识和社会态度却又与工人有很大不同。北京解放后，工人翻身了，瑞蚨祥的资本家担心被斗，无心经营，惶恐终日，这些资方代理人原来根本看不起工人，甚至经常欺压工人。随着形势的变化这些职员却"团结"在资方周围各显神通想办法怎样"对付"工人及工会。瑞蚨祥的东号由总经理坐镇，广泛进行社会活动，他给工人提高工资、增加福利，同时拉拢某些工会干部一度结成小集团。西号经理本钱少，业务也差，但为了拉拢工人就拼命钻劳动竞赛的空子，多提奖金，甚至不超额也提奖金。皮店经理在北京解放后首先叫工人当业务主任，出外办货也派工人去，以便"遇事好处"，又在福利上下功夫，每人一件小皮袄只收少数钱，外加白送一件皮坎肩。[①] 通过小恩小惠来拉拢工人，对付工人运动。这是共和国之初这些给资本家办事的职员的主要思想和活动，目的只有一个，就是模糊工人的阶级意识，泯灭工人的斗争意志。

除上述行动外，这些职员还对内宣传"劳资一家"，对外宣传"瑞蚨祥没什么劳资关系"，当1949年10月企业内组织工会时这些代理人对老年工人说："不入工会也不少挣钱，入工会也没什么好处？"在这些方面资本家与他的代理人即职员是一致的，是抱成一团的。此外，对当时国内外一些政治问题上，他们基本也是与东家看法一致的。特别是因为他们多半在家乡有土地，土改中抵触情绪很大。他们的土地多半是当资本家代理人后寄钱回家买的，因而认为是"自己劳动来的也被共产党分掉"；抗美援朝时，一般有崇美、恐美思想，觉得共产党这下子搞糟了；发行折实公债时，他们认为政府政策是"挤垮大户"，也有的说"国民党时代也没这么大公债数字"，并且认为那时还可找门路，"现在是没通融"。[②]

不用说这些高级职员、资方代理人，在瑞蚨祥布店，就是普通店员也大部分拒绝工会组织。全部店员中，中农以上家族出身的占81.3%，贫农及城市贫民出身的只占18.7%，有91%的人是山东籍，有41.7%的人和资本家有亲戚或同村的关系。瑞蚨祥的资本家在经营自己的企业方面是苦

[①] 中国科学院经济研究所、中央工商行政管理局资本主义经济改造研究室编写《北京瑞蚨祥》（典型企业调查资料），第231页。
[②] 中国科学院经济研究所、中央工商行政管理局资本主义经济改造研究室编写《北京瑞蚨祥》（典型企业调查资料），第231~232页。

心孤诣，下了很大功夫的，他的铺规严密，执行严格。几十年来瑞蚨祥资本家遵循传统的学徒制度和"用人唯亲"的人事政策。因此，1949年之后的店员想的仍然是"时来鱼化龙"，通过个人努力向上爬，成为掌柜、经理，或者自己开店赚钱当老板。当组织工会时店员并不感兴趣，反而说："管窝头就参加，不管窝头就不参加"，北京解放后相当长一个时期里，店员说起瑞蚨祥还是"咱们瑞蚨祥""咱们柜上"，[①] 对瑞蚨祥布店充满了珍爱、自豪之情。

二 "五反"运动之后不情愿地归于工人阶级队伍

北京解放后，瑞蚨祥面临着和过去完全不同的新的社会环境，国家政策引导之下逐步开始清理内部关系，进入了一个社会主义改造的过程。象征家长式统治的"铺规"连同记录它的木牌子一起被打碎了；把店员们划分为亲疏贵贱的内伙计与外伙计之分不存在了；模糊劳资界限构成工人与资本家之间通路的"开份子""吃股"制度开始松动了。总的看来，"五反"运动之后，私营企业瑞蚨祥在经营上主要有以下几个变化。

其一，在经营方针上，从服务于上层阶级以售卖高级消费品为主转变为面向工人、干部和农民群众，薄利多销。这是由于社会经济基础改变，原有的服务对象消失，人民购买力在长期战争之后，尚不能立即恢复和提高，社会风气也由奢靡转向俭朴，加上资本家在共和国之初对政府政策、方针不了解，顾虑重重，抱着怀疑观望态度，经营消沉。

其二，在进货上，从以产地和私营厂商进货为主转变为向当地国营商业进货；这期间有个曲折过程，最后它完全依靠国营商业供给货源。布店把那些不适合劳动人民需要的花缎、绣货、呢绒等高级冷背货，以八折廉价甩卖，换进适合工农和市民需要的花素布。

其三，在销货上，从同国营、供销合作社争夺市场和同私营同业进行资本主义竞争，逐渐转变为替国家经营商品，纳入国家计划轨道。纠正过去等客上门的经营作风，主动和各机关团体联系送货，并且扩大宣传广告

[①] 中国科学院经济研究所、中央工商行政管理局资本主义经济改造研究室编写《北京瑞蚨祥》（典型企业调查资料），第220页。

工作，增加橱窗宣传，并在电台和报纸上登广告。

其四，几个月来它的销货额不断增长，但是利润率逐步下降；经营所得的分配也发生了变化，工人劳动所得和国家积累部分逐渐增高，资本家剥削收入逐渐减少。

其五，企业内部在组织、管理、财会制度、工资福利等方面都进行了一定程度的改革。

所有这些，都为瑞蚨祥的进一步改造，也即所有制的进一步变革创造了前提条件。正如毛泽东所言，"在革命胜利之后，因为肃清了资本主义发展道路上的障碍物，资本主义经济在中国社会中会有一个相当程度的发展，这是经济落后中国在民主革命胜利之后不可避免的结果。但这只是中国革命的一方面结果，不是它的全部结果"。中国新民主主义革命的全部结果必然是："一方面有资本主义因素的发展，又一方面有社会主义因素的发展。"[1]

"五反"运动可谓对诸如瑞蚨祥一类私营企业的一次重大冲击，它经过三个阶段，第一阶段主要是发动工人、店员检举资本家和贪污分子；第二阶段主要是贯彻政策，解除顾虑，发动群众与不法资本家和贪污分子划清界限；第三阶段是运动的重点阶段，组织工人对贪污分子、不法资本家展开撕破脸皮的面对面说理斗争。[2] "五反"运动一开始，瑞蚨祥的资本家并不承认各种违法事实，瑞蚨祥有一个以工人代表于宗幼为首，包括东号基层工会主席李庆昌和外号"小人王"瑞蚨祥总管、资本家代理人李贞符等十多个人组成的小集团。于宗幼在北京解放后表现进步，取得北京市布业工会常务委员职位和瑞蚨祥的工人代表。虽然有这些头衔，他却欺上瞒下，一贯与资本家打得火热，北京解放前后即与资方商量开除了5个工人。1950年春，区工会办事处领导曾对他进行了批评教育，但他并不觉得有什么，反而和李庆昌、李贞符等一起组成小集团，东号基层工会主席以至财务、税务、劳保各委员都未经民主选举，而由小集团指定。"五反"运动开始后，于宗幼等多方破坏运动，经常对工人说："咱们柜上没问题，又

---

[1] 《中国革命和中国共产党》，载《毛泽东选集》（第2卷），第650页。
[2] 北京市朝阳区工会编《朝阳区工会志》，第81页。

不偷税，又不行贿，怕什么？""咱们柜上没资本家，也没什么问题。"工人提出检举资方材料时，于宗幼威胁工人说："叫他们闹腾吧！垮了台，一块回家。"① 于是"五反"运动开始后党组织重新改选了工会领导，于宗幼等被撤职，在工会的说服教育下，工人和企业外许多人开始检举资方违法行为。资方不得已最后自报即有行贿 23 笔，盗窃国家资财 4 笔，偷工减料 51 笔，暴利 62 笔，偷税漏税更多了。②

所有的努力当中，争取高级职员，也就是经理、大掌柜级的人物，是"五反"运动的重要环节，也是决定"五反"运动成败的一个关节点。这些高级职员一般具有两个特点。

其一，阶级意识不强，缺乏政治要求。很多高级职员不知道自己属于什么阶级，和资方一条心；知道自己是工人阶级的也非常模糊，站在劳资之间两头应付。有的高级职员认为自己受资方"栽培提拔"，不能恩将仇报，有的认为"有技术到哪都吃饭"，看不起普通工人。第八区裕华安的经理看到哪个工友比较积极学习，他就起来反对，常把工友们叫到经理室训斥，工友们的政治地位比他高让他觉得非常不舒服。③"五反"运动中大部分高级职员表现消极或持中立态度，一部分完全与资方抱团与工会对抗。

其二，思想顾虑多。怕连累自己，怕买卖垮了失业，怕运动过去后被资本家解雇、降职，怕工人斗他们。有的高级职员运动中表示和工人站在一起，却又舍不得资方，只检举一些鸡毛蒜皮的事来应付工会。

可是，因为高级职员知道资方底细，过去多为资方亲信，参加斗争以后，既可揭穿资方违法的秘密，又可使资方感到"众叛亲离""四面楚歌"非坦白不行，因此他们是工会必须争取的对象。高级职员多是资方的亲戚、同乡、师兄弟、老伙友，或亲信朋友介绍来的，大部分都加入了"小股子"或人身股，有的接受过资方的小恩小惠，他们的地位待遇高于一般

---

① 中国科学院经济研究所、中央工商行政管理局资本主义经济改造研究室编写《北京瑞蚨祥》（典型企业调查资料），第 202 页。
② 中国科学院经济研究所、中央工商行政管理局资本主义经济改造研究室编写《北京瑞蚨祥》（典型企业调查资料），第 200 页。
③ 《北京市第八区工会办事处工作总结报告》，1949，北京市档案馆 038/001/00005。

工人，过去多替资方经手或干过违法的事，"五反"开始以后资方又加紧进行笼络、收买，想说服他们实在不是一件容易的事。

"五反"中根据运动发展的各个阶段的要求，工会对高级职员进行耐心的教育工作，一般高级职员在运动中可以争取过来。具体做法如下。

其一，举办高级职员短期训练班，把他们组织起来进行阶级教育和政策教育。利用上大课、读报、谈感想，联系实际，对比过去，结合诉苦发动检举，展开批评和自我批评等方式，启发他们的阶级意识和斗争情绪。1949年以后，对工人、职员和资本家阶级教育几乎同时进行，次数十分频繁。其中诉苦对有知识的职员触动最大，感受最深，是"阶级斗争"的最生动的一课，效果最明显。训练班里工会组织职员观看《白毛女》《赤叶河》，职员说："以前总以为《白毛女》《赤叶河》只有几成真实，都是共产党编来搞斗争的，现在知道单是几天诉苦的事，就不知能编多少段《赤叶河》呵！""过去觉得对地主斗争得太残酷，今天反觉太宽大了，为何不都把他们杀掉？"①

其二，召开座谈会或个别谈话，针对职员的思想情况，分清责任，说明利害，彻底解除他们的顾虑，指出前途，抓住他们和资本家的矛盾，进行教育，使他们从思想上和资本家划清界限。

其三，组织"觉悟"了的职员去教育尚未觉悟的职员，因为他们受资本家的拉拢，其思想顾虑大致相同，可以击中要害，收效极快。

其四，召开"归队会"。由曾受资本家"欺骗收买"而已转变过来积极斗争的职员报告转变过程，工人热烈欢迎其"归队"，目的在以典型事例使落后职员体会到回到工人中来的光荣和阶级友爱，感到受资本家收买利用的可耻，决心"立功赎罪"。②

其五，组织职员参加较好的说理会，把关会，使他们亲眼看到工人阶级的力量和资本家的丑恶面目，感到脱离资本家回到工人阶级阶段中来是唯一出路。待职员有了初步觉悟和斗争要求以后，便组织他们参加本户的说理会，投入战斗，在斗争中继续受到教育，对积极斗争的，特别是在他

---

① 《本校关于教育计划、学员工资待遇向市工会、市委的请示批复和工作总结》，1950，北京市档案馆 079/001/00460。
② 北京市总工会编《新中国北京工会50年文献汇编》（1950~2000），第63~64页。

们开始积极参加斗争时加以鼓励和表扬。

"五反"中瑞蚨祥布店在工会的"软磨硬泡"争取下,有28个吃小股的掌柜陆续提出要求退股不当掌柜,这使得在瑞蚨祥店员内的资方代理人员由34人减为6人。当这28个人要求退股时,所有资本家代理人都受很大的波动,到1952年8月,除总经理以外,所有的资本家代理人都退了股。① 这些职员们不得不归队于工人阶级了,一方面,这是由于资本家在北京解放后所经受的难熬日子,他们感同身受,也最明白,现在通向资本家的路折断了,自己也不想做什么资本家了,他们思想消沉,怕负责、怕再被斗,"再来一次五反可受不了"是这些职员普遍的心声。另一方面,自从北京解放后企业经营起起伏伏,盈亏不定,他们的股并不值什么钱,退也无所谓,并且相信今后不会再有盈余了,有也不会分给自己了。既然如此,何不干脆利落地做一个工人,免得麻烦!但是不难看出,职员归队于工人阶级是被迫的,也是无奈的,是没有选择的一种选择,当然是极不服气、极不情愿的。

总之,经过"五反"运动后,原来以地域、亲情为纽带的瑞蚨祥资本统治集团,现在瓦解了,资本家单纯化了,也进一步资产阶级化了;工人队伍也壮大了、简单了。那些"归队"的资方代理人由于割断了上升的空间,找不到生活的目标,普遍消极,经过党、工会、团组织的团结推动和教育批评,"有的代理人较早地积极起来了,有的还很消极,甚至沉湎色情。一个资方代理人在工商联学习时很努力,对业务也比较关心,另一个则处处打击他"。②

第三节 工人与工会

工人阶级在对资产阶级斗争的过程中,产生了本阶级的三种最基本的组织形式,最初产生的是工会组织,斗争进一步发展而产生了政党组织,

---

① 中国科学院经济研究所、中央工商行政管理局资本主义经济改造研究室编写《北京瑞蚨祥》(典型企业调查资料),第233页。
② 中国科学院经济研究所、中央工商行政管理局资本主义经济改造研究室编写《北京瑞蚨祥》(典型企业调查资料),第234页。

夺取政权以后建立的工人阶级领导的国家组织。① 工会、工人阶级的政党和国家,是无产阶级专政体系的三个最基本的组成部分。工会是工人运动发展必然的产物,又是工人运动的组织武器。中国的工会是在多种内外因素共同作用下催生的,并不是工业化直接的衍生物,由于近代以来中国社会一直动荡不宁,工会及其组织之下的工人都深深地参与到了国家事务,曾起到过举足轻重的作用,但是不可否认的事实是,由于国内各政党政见不同,由他们各自领导下的工会、工人之间的搏击也异常激烈。北京解放后,中共领导下的工会开始全面深入地介入工人的日常生活中,私营企业工人对工会的感受,及二者的关系如何很有研究的必要。

一 绝大部分工人的欢迎与少部分的消极冷淡

虽然工会是维护工人群众利益的组织,但二者并不天然地合作默契,工人与工会的关系如何,很大程度上取决于领导工会的中共对资产阶级的政策,当中共准备联合、团结资产阶级时,工人与工会的关系就趋向紧张;当中共准备与资产阶级开展斗争时,工人与工会的关系则趋向和缓。

受中共理论宣传的影响及实际占领城市之后带来的一系列贫农、工人、店员的"左"倾行动,北京在被围城期间,有些工厂内的工人已经跃跃欲试,准备大显身手一番。翠花楼饭庄、清华园澡堂、协和医院、公懋汽车行等的职工会便是自发地组织起来的。② 北京解放后,军管会与北京市职工总会筹委会派出39个工作组奔赴各区开始进行发动工人、店员起来与资本家进行斗争,在各工厂、企业内寻找、发现积极分子,并以积极分子为骨干创建工会组织。不难理解,本来就处在社会最底层的这些工人,现在变天了、翻身了,突然成了社会的"主人翁"了,经此宣传原来就暗潮涌动的工人怎能不闻风而动呢?

这样,没有矛盾的私营企业产生了矛盾,潜在的矛盾变成公开的冲突,小的矛盾演化成大的纠纷。"全总派在长辛店工作的同志带领工人群众包围公安局,坚持开群众大会要公安队员坦白,公然违抗北平市委屡次

---

① 北京市总工会编写组编《工会基础知识》,经济科学出版社,1987,第1页。
② 《北京市工会第一区办事处1949年月度、季度工作报告、行业调查报告、各工作组工作报告、宣传工作报告》,1949,北京市东城区档案馆004/01/0001。

指示。"[①] 在处理劳资纠纷问题上,"起初因领导还没有统一,任何一个街区干部都可以单独处理劳资纠纷,干部思想上不够明确,政策掌握不稳,有'宁左勿右'的偏向,于是对劳资问题的处理,单从眼前利益出发,没有根据实际情况,只一味的压制资方,因而助长了工人过'左'的思想,增加资方的顾虑,于是形成了纠纷越处理越多的现象"。[②]

第一区物美华鞋店工人普遍要求参加工会,资方用种种手段阻碍工会:"参加工会有什么好处,不做工照样没饭吃",或以解雇来威胁工人。一旦工人冲过资本家这一关就有些"左"倾,工人张兴臣因参加了工会并做了工会代表。资方说他"你对待客人态度要好"。他就讲:"现在你还能管我?"资方因他参加工会本来就不满,因而发生打架,双方把衣服都撕破。[③] 这也不为怪,因为工人长期被统治,敢怒不敢言,今天政治上有了地位必然是要打击,甚至报复资本家。

北京同和居饭庄在1948年围城时,营业情况发生巨大的变化,顾客显著减少,营业额大幅度下降。在这种情况下,经理消极经营,抽逃奖金,那些主要靠小费为收入的店员则感觉苦多了,整天为生活发愁。北京解放后很长一段时间,这种情况不但未见好转,而且日益恶化。当时柜上仅有大米不到200斤,白面不足5袋,还欠着全体店员好几个月的工资。眼看同和居就要关门,近40几名职工就要失业了!经理一筹莫展,灰心丧气地说:"关门时间长不了,你们都得去当兵吃粮!"这种严峻的形势迫使这些远离家乡的工人背着经理,自发地组织起来。1949年3月2日,他们正式组织了有37人参加的同仁团结互助会,主要目的是组织起来,防止经理抽逃奖金,制止解雇店员职工。以后,他们同经理展开了一场上板关门和反上板关门的斗争。这场斗争在军管会原四区第一工作组组长刘振恒支持下取得了胜利。[④]

---

① 《朱德、李立三同志在全国工会工作会议及华北电业工作干部会议上的报告摘要》,1949,北京市档案馆 001/006/00016。
② 《北京市总工会第九办事处1949年工作总结》,1949,北京市档案馆 038/001/00016。
③ 《北京市工会第一区办事处1949年月度、季度工作报告、行业调查报告、各工作组工作报告、宣传工作报告》,1949,北京市东城区档案馆 004/01/0001。
④ 中国人民政治协商会议北京市委员会文史资料研究委员会编《北京的黎明》,北京出版社,1988,第471页。

北京同仁堂、达仁堂的职工1949年之前见了乐家的人都要毕恭毕敬，见了年龄大的要叫"老爷"，见了年纪轻的要叫"爷"，这是乐家几百年的规矩，谁不肯叫，轻的挨打受骂，重的要开除。有一次工人贾萌生要乐家六爷去接电话，因为没有称呼"爷"，而挨了一顿打骂。另一次，乐家十七爷来到同仁堂，工人郭琪叫了他一声"十七爷"，他立刻瞪着眼指着郭琪说："叫谁呢？要叫十七老爷。"就少一个"老"字，有损十七爷脸面，三十几岁的郭琪只得重新作揖，声音不高不低地说："十七老爷好！"

北京即将解放时，同仁堂总经理乐松生到天津去观风，同仁堂内部发生了一场劳资纠纷。同仁堂职工派出代表和资方谈判，提出把低工资加提成零钱制改为按售货额的32%纯提成制，资方代表不同意，谈判陷入了僵局。几次谈判下来，资方代表不仅不让步，反而威胁工人说："我好比是134颗炸弹，可以让同仁堂爆炸，那时我活不了，你们也没法活。"职工代表理直气壮地针锋相对："我们已经掐断了你们的药捻，你已经没有爆炸的能力了。"乐松生对于和职工谈判心中也无底，从天津匆匆回到北京后，没有了解情况之前都没有敢直接去同仁堂。[1]

本来城市接管以后，军管会宣布除官僚资本之房屋予以没收外，一切私人房屋的所有权应予保障。房客应继续交纳房租，租金多少，应由房客与房东议定。有纠纷者，应由政府或人民法庭调解、仲裁解决之。可是现实的情况是城市解放后，许多房客不交房租，房东也不敢收房租，因此人心长期不安。军管会与人民政府，对此保持缄默，长期不表示态度。[2]

北京国药业工人解放后反抗情绪非常高涨，提出了许多要求，其中有合理的、应该的；但也有些是不合理的、不应该的，当时有的资本家自己心虚，对工人要求，不管合理不合理，通通接受。结果工资提成有的从百分之十几突然增至40%，以致无利可图，甚至亏本，而工资低的工人则有的要求向高的看齐，劳资纠纷此落彼起；在业务范围内，资方指挥不了工人。[3]

---

[1] 北京市政协文史资料委员会编《北京文史资料》（第55辑），第134～135页。

[2] 陈文斌、邵纬生：《中国资本主义工商业的社会主义改造·中央卷》，中共党史出版社，1992，第30页。

[3] 郎冠英、许顺主编《中国资本主义工商业的社会主义改造》（北京卷），第38页。

第四章 资本家、职员、工人与工会

1949年初,瑞蚨祥经理整天闲坐在经理室唉声叹气。同业公会、工商局有事找他开会,他都不去,最多派他的秘书去瞧瞧。平日连报纸都懒得看一眼。遇见别家买卖的经理,他总是皱着眉头说:"没法干了!""熬了一辈子,这算完了,现在是过一天算一天!"他对柜上的事也不大管。有事出门,经过柜台,他连头都不抬。他瞧见店员就别扭,觉得店员组织起工会是专门和资方捣乱的。一听说店员开会,他就心惊胆战,总是要想法打听打听店员开的是什么会。①

工人如此普遍地、激昂地掀起一波又一波的斗争,除了政治上政府撑腰并发动外,还有另外一个重要但并不关键的原因,那就是国共内战彻底打乱了北京市民的正常生活,大部分民众(包括工人)几乎生活在绝望之中,基本的衣食住行都成了一个大问题。

北京解放前夕,围城一个多月,平时繁华的大街一片死寂,"自来水时时停水,各街巷的旧水井又成为人们的重要水源;城内垃圾粪便运不出去,到处垃圾成堆,粪便满溢……总之,城市的正常生活规律完全被打乱,陷于紊乱状态",②市场更是一片混乱,人民生活陷于绝境。面临的情况是,"人民生活必需品粮食、煤炭、食油、蔬菜等严重缺乏,人们久已不知肉味;工厂停工,工人失业,物价继续上涨,投机活动猖獗。"③仅在1949年一年中,发生过4次物价大波动。分别在4、5、7、11月份,都是粮食、纱布带头上涨,其他物价随同上升。④ 秋天的时候又遇上华北粮食歉收,粮价看涨,10月察北发现疫情,为了防止疫病传播,暂时封锁了平绥铁路的交通,粮源受阻,粮价飞涨。因此,工人欢迎工会,想加入工会组织很多时候也有出于想让工会保护,不至于被资本家解雇而没有饭吃。

不言而喻,在这种情况之处于社会底层的工人他们会怎么样,本来就是斗争对象的资本家会有什么结果!

可是也不能说所有的工人都想起来与资本家造反,都要求加入工会,

---

① 《瑞蚨祥绸布总店劳资双方的爱国公约》,《人民日报》1951年6月6日。
② 中国人民政治协商会议北京市委员会文史资料研究委员会编《北京的黎明》,第627页。
③ 中国人民政治协商会议北京市委员会文史资料研究委员会编《北京的黎明》,第196页。
④ 中国人民政治协商会议北京市委员会文史资料研究委员会编《北京的黎明》,第208页。

在中共工作薄弱的地方，在一些特殊行业，工人对参加工会并不热心，甚至很冷淡，传统的伦理价值、习惯仍然是维系、规范劳资双方的主要力量。

门头沟煤矿一解放，资本家害怕被斗争，携款逃往北京市，工厂停业，工人歇业。工会工作组成员刘哲民到了工厂以后：

> 一进工人窝棚，见有一条十几个人住的大通铺。屋内有几个大敞口的用石头砌的或是用大铁筒改做的火炉，里面烟雾腾腾。工人们有的围着炉子烤火，有的横七竖八地在炕上躺着。房梁和柱子上挂满了黑乎乎的米袋和破旧衣服。张明说，矿工们吃饭都是自己做，挂着的兜子是他们的全部家当。工人们见到我们，虽然也起来打打招呼，却并不热情。我悄悄地问张明，解放了，为什么工人们不像街上扭着秧歌庆解放的学生们那样高兴？张明说："你哪里知道，现在矿工们还有难言的心事啊！"我问什么心事。他说："你想，工人就得做工，不做工就领不到工钱，没有工钱哪有钱买粮食啊！你看工人们的米面口袋几乎都空了，再不上工就要饿肚子啦！"我说："对呀，咱们赶快往上反映，要求矿工尽快复工。"他说："矿上复工也得有个过程，这不像干农活那样，拿起来就干。一个煤矿停下来后再开工要有一系列的准备工作。"果然有几位张明熟悉的人坐下来和我们深谈时，倾吐了他们的心里话。他们说："工人们现在盘算着粮食吃完了怎么办？"也有的工人申诉包工柜头头欠了他们的工钱还没给开支。我们答应回去马上把他们的要求向上反映。
>
> 接着我们向他们宣传党的政策，告诉他们共产党打天下就是为了劳苦大众求解放，使受苦大众不受压迫，不受剥削。解放了，工人群众成了国家的主人。虽然我们讲得不全面，不深刻，但大家都很爱听，笑着说："这太好了。"[①]

[①] 刘哲民：《北平市职工总会筹委会成立的前前后后——回忆萧明同志解放前夕和解放初期的一些活动》，北京市总工会工人运动研究会编《北京市总工会成立四十周年纪念文集》，第14~15页。

第十三区工会工作组发动私营企业内的店员加入工会时,"一部分人采取消极观望态度,他们有的与资方有亲朋关系或平时受到信任,待遇相对较好,不愿做对不起掌柜的事。加之资方拉拢阻挠,软硬兼施,使得愿意者怕被解雇,也不敢接近工会干部"。[1] 第一区百货业店员"最大问题是失业的威胁","大部分店员对组织工会抱观望态度,信心很少,他们想即便搞好也会垮台,何况有许多困难,在日常表现上就是畏首畏尾,借故推托,他们对政策了解不够,认为疏散人口是故意把城市弄萧条,把买卖拖垮"。[2] 布业是"封建"统治相当严厉的一个行业,工人在当学员那一段生活是非常苦的,"到了现在有大部分工人还是习惯于旧东西,阶级意识虽不弱,但反抗性并不强","源隆、新巴黎、东升祥、大同商行的工人一般都(对工会)有些认识了,但还有大部分工人顾虑很多,对工会怀着恐惧心理,怕工会强迫他们斗争资本家,失掉饭碗。""凤祥绸缎店原来是家金店,转业后人员未动,他柜上的工人对筹委最初就抱着敌视的态度,还不准筹委在柜前说话。""总起来说工人中大部分较落后,小部分较进步。"[3]

总体而言,工人对于建立工会组织是一种欢迎态度,期望工会能够解决最低限度的生活问题,保证不失业。只有在部分特殊行业——主要是布业和个别工厂,工人对工会抱一种消极,甚至是抵制的态度。

二 工人与工会关系的起起伏伏

"任何一个民族,如果停止劳动,不用说一年,就是几星期,也要灭亡,这是每一个小孩都知道的。"[4] 北京解放前夕,"工商业群趋凋敝,疮痍满目,经济处于全面崩溃的边缘",[5] 1949年之后由工会所掀起的工人高涨的情绪并没有能持续多久,北京市的私营商业就再次陷入一片萧条之

---

[1] 北京市朝阳区工会编《朝阳区工会志》,第11页。
[2] 《北京市工会第一区办事处1949年月度、季度工作报告、行业调查报告、各工作组工作报告、宣传工作报告》,1949,北京市东城区档案馆004/01/0001。
[3] 《北京市工会第一区办事处1949年月度、季度工作报告、行业调查报告、各工作组工作报告、宣传工作报告》,1949,北京市东城区档案馆004/01/0001。
[4] 《马克思恩格斯选集》(第四卷),人民出版社,1972,第368页。
[5] 郎冠英、许顺主编《中国资本主义工商业的社会主义改造》(北京卷),第2页。

中,整个北京市"从事商业人口近30万,有很多商店门庭冷落"。① 薄一波给中央写的《平、津财经情况报告》中列举了两市财经方面的困难:当时,两市每月要补贴15亿元人民币(旧币)。由于工厂不开工,天津有上百万人口生活无着落,北京更多。薄一波认为:"所有城市的中心问题,就是如何有步骤地有计划地妥善地复工,这一问题得到解决,则万事皆通。否则,一切均谈不到。"4月份他又向毛泽东写了一个报告,详细列举了平、津工业生产中的问题,除了城乡交换阻隔、外贸断绝、原料匮乏、产品滞销、通货膨胀外,工作中没有处理好公私、劳资等关系也是存在的突出问题。"工人、店员误认为我们允许分厂、分店,进行清算斗争。""资本家脑子里有三怕:一怕清算,二怕共产党只管工人利益,三怕以后工人管不住,无法生产。因此,他们抱着消极等待、观望的态度,甚至跑到香港。"② "在工业中,国营经济成分占的比重还很有限,仅占34.7%,私营工商业还占着相当大的比重,恢复和发展生产,自然不容忽视私营企业。""因此,如何做好团结和争取民族资本家的工作,迅速恢复和发展私营企业的生产,也是一个亟待解决的大问题。"③

面对这种情况,政府开始出面安抚资产阶级,工会开始安抚工人的情绪。中共北京市委、市政府为了防止"左"的偏向泛滥,曾先后召开工人代表和资本家及各界人民代表座谈会,并向工人代表反复说明中共的"劳资两利,发展生产""四面八方"的政策,力图防止和纠正工人群众中"左"的偏向。但因未以行业为单位统一地解决,搞得很被动,发生了干部强迫命令,脱离群众的现象。④

一区中国卫生牙刷工厂4月份的工资是分四级,一级是300斤,二级是280斤,三级是260斤,四级是250斤。学徒除管饭外分二级,一级为小米200斤,二级为小米180斤,这样一来,加上营业状况不好,致4月份该厂亏本200000元。聚兴永营造厂工人工资除管饭外,为295斤玉米面,工头为416斤玉米面,比1949年之前增加近两倍。物华鞋店工人工资

---

① 郎冠英、许顺主编《中国资本主义工商业的社会主义改造》(北京卷),第36页。
② 薄一波:《若干重大决策与事件的回顾》(上卷),第50~51页。
③ 薄一波:《若干重大决策与事件的回顾》(上卷),第50页。
④ 郎冠英、许顺主编《中国资本主义工商业的社会主义改造》(北京卷),第6~7页。

除管饭外差不多为 200 斤小米。凡经过劳资纠纷而解决的工人工资都提高至解放前一倍至二倍之间,这种过高的工资,直接影响了工厂、商店的营业,缩小了资方的利润,降低了资方生产积极性,以致少数资本家对生产抱消极态度,严重地影响生产。工会依据各工厂、商店的实际情况动员并说服工人、店员进行调整中国卫生牙刷工厂、千祥鞋店的工资。调整的结果是中国卫生牙刷厂的工资按各级减低 100 斤小米,千祥鞋店每月工资各减低 30 斤。工资减低后,劳资双方的生产情绪都提高了,劳资关系也开始融洽。①

1950 年 5 月份,《人民日报》登载了北京市私营企业在工会主导之下工人自动减薪的事情。

> 京市私营经纬织布厂工人协助资方克服目前生产中的暂时困难,与资方协议签订短期合同,适当降低工资,并努力开展节约、提高产品质量。该厂由于工会工作密切结合生产,一向主动团结资方协力生产,资方齐联珠也比较能够采纳工人意见,去年五月间就成立工厂管理委员会,解决了工厂中改进生产、工资、福利等不少问题。该厂职工为响应政府在私营工厂中组织劳资协商会议的号召,于上月二十日改组原来管委会成立协商会议,由劳资双方各派代表三人。最近在协商会议上,资方提出目前资金周转困难,入不敷出,生产亏累的情况,希望降低工资。经工人把工厂生产成本和各项开支精打细算结果,同意降低工资,以维持生产,渡过暂时困难。劳资双方协议自五月起实行降低工资两个月,以后根据具体情况再行调整。降低后的工资为:电力织布"八一布"每匹工资小米三斤。定额是三十四匹,工资超额累进,一般每月可织到五十二匹,工资是一百七十一斤,比原来工资降低百分之二十七;人力织布每匹工资八斤小米,定额是十三匹,一般每月可织到十九匹,工资是一百六十八斤小米,比原来降低百分之十九。这样,织布工资还不低于织染业劳资集体合同所规定的最低工资水平。职员的薪金也都平均降低百分之三十五。厂方供给职

---

① 《北京市工会第一区办事处 1949 年月度、季度工作报告、行业调查报告、各工作组工作报告、宣传工作报告》,1949,北京市东城区档案馆 004/01/0001。

工伙食原来每月是折八十斤小米，现降低为七十斤小米。福利方面：资方供给的制服暂时取消，理发由每月三次改为两次，洗澡由每月两次改为一次，医药费原规定工人有病，费用在二十五斤小米以内由资方负责，超过时由劳资各出一半，现改为完全由双方各出一半，因公致伤则仍全由资方负责。同时，工人认为单纯降低工资福利不是解决业务困难的根本办法，所以针对生产上存在的问题，厉行节约原料、降低成本、提高质量。以前机器零件如梭子、皮带等坏了就废弃领新的，现在必须以旧的换新的，尽量把旧的修好再用，工人们还正研究怎样消减残线，努力节电。在提高质量方面已有进步，次布率显著减少，在全部产品中，三月份乙级布占百分之四十五，四月份乙级布减少到百分之二十，甲级布则由百分之四十五提高到百分之八十。由于工人这些让步与努力，据资方统计，每月可以减少开支达九千余斤小米，不但扭转赔累，并能获得相当盈余。该厂工会主任刘生德说："我们工人着眼长远利益，有信心能够帮助资方渡过这一步困难，所以工资、福利虽然降低，工人生产情绪仍非常高。"资方由于工人的积极生产克服困难和运用劳资协商会议解决工厂生产问题，也提高了渡过目前业务困难的信心，准备在偿清债务之后，把四部还未开动的机器安装起来扩大生产。①

瑞蚨祥"解放初期面临了新的困难，货不对路，商品价格高，买主少，营业不振，流水下降"，"10月以后，业务更清淡，入不敷出，出现亏累"。"11月在基层工会领导下，自动将工资由平均每人每月290斤小米降低到164斤"，虽然降低了工资，"收支仍然达不到平衡，1949年底东西两布柜净亏4962元（新币，下同），按14.8元折合白布计亏317.4匹。1950年1~3月份销货额更趋下降"。这时资方人员失去经营信心，工人生产情绪也随之低落。②

---

① 《私营经纬织布厂工人协助资方克服暂时困难自五月起实行降低工资两个月》，《人民日报》1950年5月9日。
② 中国科学院经济研究所、中央工商行政管理局资本主义经济改造研究室编写《北京瑞蚨祥》（典型企业调查资料），第141页。

第四章　资本家、职员、工人与工会

并不是所有的企业都能平安地降低工资就能解决了问题，一是北京市的经济状况一直到抗美援朝之前没有根本起色，1950年初甚至更糟。"紧缩银根后，1950年春夏之交，全国经济生活中出现了市场萧条，私营工商业经营困难，部分私营工商户关门、歇业，造成新的失业现象"，"14个较大城市在1950年1月到4月倒闭的工厂合计2945家。16个较大城市半停业的商店合计9347家。全国失业的工人逾百万。这种状况，激化了一些社会矛盾，失望和不满的情绪在一部分工人和城市贫民中迅速蔓延"。[1] 北京市1950年"自3月至5月中旬，商业共歇业1411户，开业654户。歇业为开业的215%，歇业商户的规模一般较开业者为大"。"有些行业，如纸烟、火柴、造纸、肥皂、植物油等，虽未歇业，亦因产品滞销，处于停工、半停工状态。"[2] 二是被激发起来的工人，斗争情绪很难一下子消退，由于工会出面调整降低工人工资，导致工人把斗争的对象从资本家身上转移到了工会工作者身上，有的工厂工人和资本家合起伙来对付工会，原来保护工人利益的工会成为众矢之的。

北京刚解放时一区百货业公司的店员因为知识程度较高，"抱着完全乐观的看法，以为一解放，一切理想的东西都立刻会实现，情绪很高。但过了一个时期，他们看见营业不好，而且有失业危机，情绪便慢慢地低落。中华百货售品所的店员在解放后展开了个别的学习，立刻把职工自治会成立起来，但是仅仅过了一个月，职工自治会就垮台，这是因为这些大公司资方的统治方法比较巧妙，他们善于运用分化的手段，而且企业化的分工之中，阶层很多，工人中不同阶层的人，思想情况并不一样，工资高，地位高（如股长之类）的店员就替资方说话，中下级店员则对业务有好多不满，资本家统治下，中下级店员是不能说话的，说了立刻就有人怀疑和打击"。[3]

一区东和兴粮店因市政府"有大批的物资，又有自己的零售店、贸易公司，所以私人油盐粮店的销路不大，也不能大胆地投机买卖，买卖不好了，

---

[1] 薄一波：《若干重大决策与事件的回顾》（上卷），第94~95页。
[2] 郎冠英、许顺主编《中国资本主义工商业的社会主义改造》（北京卷），第57页。
[3] 《北京市工会第一区办事处1949年月度、季度工作报告、行业调查报告、各工作组工作报告、宣传工作报告》，1949，北京市东城区档案馆004/01/0001。

199

又不能随便解雇工人,所以买卖是不好的。工人在工会开始办时很起兴趣,热情很高,他们以为工会让他们像斗地主那样斗争资本家,热情很高,可是到后来知道只能实行发展生产、劳资两利的政策,而现在买卖又不好,资方可以解雇工人,工人对工会不起信任,工作不积极,不像以前那样热腾腾了"。[1] 茶业店关门与遣散工人的原因,共同之点是买卖不好,不够开销,情况最坏的是关门;情况比较好一点的便是遣散几个工人,缩小营业范围。"这些被遣散的工人,多是加入了工会的,而收留下来的,便是掌柜的亲戚朋友。入了工会的工人总是被解雇,这里工人们总是打不通思想。"[2] 有些工人就强烈不满地说:"参加工会还不如不参加,不参加不会失业,不参加经理或者在解雇时还多给遣散费,而参加了工会经理便会对我们转变态度,想办法解雇,工会又没有可以救济失业的好办法,又不能使资方多给遣散费,更不能不让资方遣散,总之,工会解决不了窝窝头的问题。"[3]

私营企业中工会要保护工人日常利益免受资本家侵害就得与资本家斗争,资本家是害怕斗争的,资本家不敢斗争就使工会工作很难做,如果工人工资提得很高,资本家不敢斗,工会便只好和工人斗了。[4] 乂通烟厂时常停工,只靠着订货,自己没有本钱来做,没有订货就停工,北京解放后已停工3次,总是不正常。一方面因为股太多(共10人),据工人听资方说,最后一次复工赔了700多万元,资本家不干了,要关门,工人看到这情况就来找工会想办法,工人的生活问题怎样解决。当时工会的意见让工人把机器看住,要求资方解决工人的问题。工人到总工会,总工会的意见是去劳动局,工人马上就去劳动局,可是劳动局到并没有调查这一问题,第二天资方把原料用大车拉走,把卷烟的纸也拿走,工人看到但没有办

---

[1] 《北京市工会第一区办事处1949年月度、季度工作报告、行业调查报告、各工作组工作报告、宣传工作报告》,1949,北京市东城区档案馆004/01/0001。
[2] 《北京市工会第一区办事处1949年月度、季度工作报告、行业调查报告、各工作组工作报告、宣传工作报告》,1949,北京市东城区档案馆004/01/0001。
[3] 《北京市总工会第一区办事处各工作组1950年月度工作计划、工作报告,组织、女工工作计划、工作报告》,1950,北京市东城区档案馆004/01/0005。
[4] 《朱德、李立三同志在全国工会工作会议及华北电业工作干部会议上的报告摘要》,1949,北京市档案馆001/006/00016。

法。有一位工人孙奎福说:"劳动局是和资方一条心。"① 协和医院工人不满意工会对劳资纠纷的解决,愤怒地说:"工会不解决问题,49年是工人翻身的年月,50年该资本家翻身了!"②

公懋汽车行在物价暴涨之后,政府为了纠正金融政策的错误向资本家预借税额1200万挽回钞票,该行经理利用工会进行抵抗,他即时召开了全体工人大会,说:"买卖不能做了,已向天津去电话(总部在天津),决定停业,你们工会有办法的话,减轻税收你们就不能失业,不是资本家叫你们失业了。"他企图利用工会抵抗政府的政策。有工人开会就这样说:"共产党一贯的办法是软手段把你弄垮了,大家失业,不就是当兵吗?不管怎么,早晚完了。"有的工人说:"学习什么,不干活是不给棒子面,干活就是棒子面。"还有的说:"工人当家做主人,还是干活呀?"有的说:"咱们赚的是资本家给的,咱们入工会不是还得向外拿钱吗?"③

1949年5月,彭真向中央、华北局汇报关于与私营工厂工人代表和资本家座谈会的情况时也指出:"现在在劳资关系问题上的一般偏向,还是不在'右'而在'左',但在纠正'左'偏中间,有的偏向已经发生了。最典型的是五一纪念会上工人领袖孙以恕的讲话,他是一个在钢铁厂工人中有威信的工人领袖,他讲了'感谢农民','感谢八路军',之后,竟大喊'感谢资本家','感谢大华经理!'现在不少工人和干部思想状况是这样:对资本家,要不就是只斗争不团结,甚至毁灭;要不就是只团结不斗争,甚至大喊'感谢',拜倒在资本家脚下。"④

无论如何,发展生产,解决工人吃饭问题是摆在党和工会面前最重要的大事。重大困难往往能促使决策者反思、猛醒,从天灾、人祸、

---

① 《北京市工会第一区办事处1949年月度、季度工作报告、行业调查报告、各工作组工作报告、宣传工作报告》,1949,北京市东城区档案馆004/01/0001。
② 《北京市总工会第一区办事处各工作组1950年月度工作计划、工作报告,组织、女工工作计划、工作报告》,1950,北京市东城区档案馆004/01/0005。
③ 《北京市工会第一区办事处1949年月度、季度工作报告、行业调查报告、各工作组工作报告、宣传工作报告》,1949,北京市东城区档案馆004/01/0001。
④ 郎冠英、许顺主编《中国资本主义工商业的社会主义改造》(北京卷),第34~35页。

战争、政策失误等重大事件中汲取教训，进行反思并开拓进取这几乎成为中国社会实现转型、跨越发展的一个必由之路，独具中国特色。面对一片萧瑟的工商业，一方面工会出面抑制工人的"左"倾行动，另一方面制定解决劳资纠纷的规定，并率先在国药业实行，国家也在税收方面"斟酌采取暂时免税、减税或缓征的方法"，① 同时国营公司利用加工、订货等方式，解决私营企业的原料来源和产品销路问题。1949年5月市国营贸易公司采用提供和收购成品的办法，使全市230家织布厂开动机器、恢复生产。1950年市国营各专业公司继续采取供给原料、加工订货、收购、交换等方式，扶持私营工业的发展。1951年全市私营工业已从1949年初期的5000户左右发展到6369户，职工近8万人，年产值2.8亿元，比1949年增长3.6倍。1951年私营工业的利润达到12865万元，比1949年增长8.2倍。②

1950年朝鲜战争爆发后，由于抗美援朝订货的增加和中央在京单位事业的发展，私营工商业获得的利润急剧增加，原来几近崩溃的工商业又见起色，开始回暖。但是好景不长，抗美援朝运动中"一部分资产阶级分子，追求非法利润，对国家干部进行腐蚀拉拢"，"1951年底开展的'三反'运动中，干部贪污受贿案有许多与工商界有牵连"。③ 于是，刚刚还在压抑工人斗争情绪的工会又开始竭力发动工人进行检举不法资本家的违法行为；刚刚还是安抚对象的资本家转瞬又成为斗争对象。北京市连续召开四次店员代表会议，各区工会都按行业举行店员大会，传达市店员工人代表大会的精神，打破了店员们"怕失业""顾情面""怕解雇""怕报复""怕受连累"等顾虑。④ 其中第四次店员大会主要是让大家交流斗争经验，确定进一步对违法的工商业者展开猛烈的斗争，彻底打退资产阶级的猖狂进攻，这次大会确定全市店员工人今后的工作任务如下。第一，加强教育店员工人，彻底认清资产阶级的"丑恶面目"，划清工人阶级和资产阶级

---

① 郎冠英、许顺主编《中国资本主义工商业的社会主义改造》（北京卷），第59页。
② 郎冠英、许顺主编《中国资本主义工商业的社会主义改造》（北京卷），第8页。
③ 郎冠英、许顺主编《中国资本主义工商业的社会主义改造》（北京卷），第8页。
④ 《北京市总工会召开全市店员工人第二次代表大会深入动员全市店员粉碎资方威胁利诱阴谋号召春节延迟回家再接再厉完成检举任务》，《人民日报》1952年1月22日。

的界限，对资产阶级的猖狂进攻进行坚决的反攻，保卫和巩固工人阶级对国家的领导权。第二，继续发动店员，和不法资方撕破脸皮，进行面对面的斗争。采取店员和资方见面办法，面对面地检查资方坦白的事实是否还有隐瞒，使资产阶级低头承认工人阶级的领导，不敢再干违法活动。第三，巩固和扩大店员工会的组织。① 与此同时，《人民日报》《工人日报》《北京日报》等报纸铺天盖地地揭露资本家"丑恶"行为和"嘴脸"，资本家的声誉荡然无存，地位一落千丈，几乎成了过街老鼠。朝阳电机厂工人叫他们的经理柏岳每星期过一次关，工人认为对资方说话态度越严厉就是立场站得越稳，还有的干部不敢单独和资本家在一起说话，怕被别人怀疑是狗腿子。② 和1949年初期相比，这次阶级斗争更激烈，经过检举揭发、说理控诉、清狗把关、复查定案这几个阶段，能够幸存下来的资本家都蜕了一层皮，彻底打掉了资本家的"威风"。相反，党和政府、工会的"威风已经打出来了"。③

"五反"以后的工商业与1949年初的工商业一样萧条，不景气。由于私营商业萧条，工人几乎无事可做，资本家又不能解雇，因此工人劳动纪律又成了一个大问题，工会不得不对工人进行劳动纪律整顿。一区"五反"后工会进行了劳动纪律整顿，□刀业工人马国武说："没听报告以前老认为私营没前途，听了报告后才认识到在私营对国家也起很大作用，应该很好遵守劳动纪律，团结资方搞好生产。"宁喜花说："在私营商店里干活对国家也是有很大作用，以后一定遵守劳动纪律。"大兴喷漆厂徒工于家祥在没整顿以前，经常在工作时间出去看他父亲，走时有时跟工人说一声，也不跟资本家说，工人、徒弟在工作时间经常说笑、吃零食。违反劳动纪律的大部分是壮工，主要表现有：（1）工作时间打闹；（2）旷工、迟到；（3）消极怠工；（4）不遵守工地制度；（5）工作散漫。故宫博物院工地的工人有的在工作时间喝酒，打闹，任意旷工，愿来就来，不愿来就歇一天，每天都有无故旷工的，整顿劳动纪律后，明确了遵守劳动纪律的

---

① 《北京市召开第四次店员代表会议撕破脸皮对不法资方展开面对面的斗争》，《人民日报》1952年2月19日。
② 《东单区工会1952年工作总结》，1952，北京市东城区档案馆004/01/0009。
③ 郎冠英、许顺主编《中国资本主义工商业的社会主义改造》（北京卷），第85页。

意义,徒工米德仓说:"我们不是给资本家干的,是给国家干的,是我们自觉地遵守劳动纪律。"在工作当中也不说笑了,上班前就准备好工具,还定出了小组公约。经过宣传教育后工人初步有些转变了,壮工贺振华说:"我们以前还不知道违反劳动纪律,就是这样想:干得好也没有人说好,不好也没人说,干活就这样。这样影响了生产,保证以后好好干。"整顿中因违反劳动纪律被资方解雇的一人,被开除会籍一人,过去劳动纪律不好,经过宣传教育后,转变的有20余人,经过教育后还犯的有10人。①

面对这种情形,北京市政府又不得不采取措施来改变这种状况,下面是北京市政府向北京市委及中央、华北局的部分报告:

(一) 由于激烈的"五反"斗争和财经各部门对私营生产没有抓紧领导,至3月份私营工业大部分处于停工及半停工状态,其中最严重的铁工业3145户中,2/3停工;制革业284户中,90%以上停工;织染业及针织业中的小户大部停工。加以当时劳资关系亦很紧张,退补罚款的压力很大,许多资本家失掉经营信心。

(二) 针对这种情况,4月中旬我们遵照市委指示,集中全力转入恢复生产,采取了如下具体措施。

1. 反复交代政策,纠正中下层干部中存在的"资本家这样坏,不应加以扶植"等"左"的情绪,以及对经手贷款、收购工作不敢积极负责的现象;纠正资本家的消极情绪以及单纯依赖政府扶植的思想。同时由工会出面动员号召工人、店员首先搞好生产营业,从而解决工资、工时等劳资纠纷。

2. 大力进行加工订货,除经过贸易公司增加对织染业与针织业的加工订货外,市财委并着重解决工业、印刷业与木器业的生产问题。同时,为了解决验收工作的困难,我们指定公营工厂抽出干部,统一承揽公家机关的临时订货,然后由公营工厂再分配给私人工厂,由公营工厂负责技术指导与检查。截至6月27日止,已对1298户加工订

---

① 《东单区工会1953年工作总结》,1953,北京市东城区档案馆004/01/0017。

货总值696亿元。

3. 放手发放贷款，简化手续，放宽对抵押品的限制，由银行与工商局召开工商户会议进行动员。截至6月27日止，共对8746户贷出850亿元。

4. 各贸易公司成立了收购小组，加强收购工作。凡属人民必需而目前滞销的产品，如毛巾、袜子、帆布、窗纱、花条布、纸张文具等，除极少数不能销售的次品外，一般均尽量收购，至6月27日已收购产品总值305亿元。

5. 各区党、政、工建立生产委员会，共同负责协助开展加工订货、收购成品及贷款的工作。市财委组织了临时工作组，到各区督促、检查、帮助开展工作。

（三）截至6月27日止，以上加工订货、收购成品及贷款总值已达1851亿元。

经过以上措施后，全市私营工商业好转，铁工业在"五反"中停工半停工的占总户数60%，经政府大力扶植后，除安装暖气工厂及黑白铺以外，翻砂厂和有机器设备的工厂，生产已大部恢复正常。针织业在"五反"中停工半停工的80%以上，目前除生产技术极为落后的小作坊以外，许多已恢复正常生产。[①]

"五反"运动时豪气冲天的工人又成了抑制的对象，工会要求工人降低工资、整顿劳动纪律、主动团结资方搞好生产；"五反"运动时被批斗对象的资本家又成了安抚、笼络的对象，要求振作精神，搞好经营。工会的说法是对资本家又团结又斗争，可是工人也有不理解的，"在'五反'运动中让我们打倒资本家，现在又让我们把他团结!"[②] 每一次斗争高潮时资本家都遭受工会发动起来的工人的打击，斗争结束后，资本家不敢把斗争的矛头指向工会，工人则成了被解雇或被发泄的对象。个别资本家怀恨"五反"中的积极分子，找借口解雇工人。比如燕华打字机行，资方白振雨怀恨"五反"中的积极分子，在"五反"后要解雇工人王海秀，王海秀

[①] 郎冠英、许顺主编《中国资本主义工商业的社会主义改造》（北京卷），第102~103页。
[②] 《东单区工会1952年工作总结》，1952，北京市东城区档案馆004/01/0009。

不同意，打（官司）到劳动局，劳动局不同意，没有解雇的了，回来后资方怀恨在心，给工人的窝头里边掺上石灰或给生窝头吃，炒的菜里经常有石灰，工人有意见，资方不接受反而又要解雇工人，又打到劳动局，劳动局还是不让解雇工人，后来，资方又用了各种方式想解雇工人。①

1952年中国经济内部的关系发生了一些重大变化。首先，公私经济所占比重有了根本性变化：在全国工业（不包括手工业）总产值中，国营工业从1949年的34.2%上升到1952年的52.8%（合作社营、公私合营工业占8.2%），私营工业从63.3%下降到39%。在社会商品批发总额中，国营商业从1950年的23.2%上升到1952年的60.5%，私营商业则从76.1%下降到36.3%。② 这些变化的实质是，社会主义性质的国营经济在整个国民经济中的领导地位更强。其次，私营工商业经过一系列调整，有相当一部分通过加工订货、经销代销、公私合营等形式被纳入国家资本主义轨道，在不同程度上接受着国家的管理和监督。

中共的认识是随着现实情况的变化而逐渐深化。国营经济已占据主导地位情况下，毛泽东原来设想经过10~15年的新民主主义建设时期，再采取实际的社会主义步骤，从容地进入社会主义，现在看来已经用不了那么长的时间。他已经开始考虑由新民主主义向社会主义过渡的问题了。

1953年11月25日，中华全国总工会下发《关于学习宣传与贯彻过渡时期总路线的指示》，要求务必使每一个职工和家属懂得，只有实现国家社会主义工业化和对农业、手工业和资本主义工商业的社会主义改造，才能使中国由落后的农业国变成一个社会主义工业国，才能满足工人阶级和全体劳动人民日益增长的物质和文化需要。按照总工会的要求，私营企业中的工会组织和职工群众积极行动起来，一方面对资本家进行教育，并协助其改善经营管理，发展有利于国计民生的生产和经营部门；另一方面对资本家实行监督，使他们遵守国家的政策法令。通过这两个方面来引导资本家走上社会主义道路。③

过渡时期总路线提出来以后，工会主要的任务是向工人宣传过渡时

---

① 《东单区工会1952年工作总结》，1952，北京市东城区档案馆004/01/0009。
② 中共中央党史研究室：《中国共产党历史》（第二卷）上册，第183~184页。
③ 中共中央党史研究室：《中国共产党历史》（第二卷）上册，第193页。

期的总路线,"三反""五反"以后被抑制的工人斗争情绪再次被激发起来,不过这一次不是去斗争资本家,而是监督资本家,协助资本家树立新的商业作风,保证公私合营顺利进行。工人对总路线的态度基本上分三类。

第一类是那些工资福利较高单位的职工,以瑞蚨祥、同仁堂等为代表,对实行国家资本主义有很大顾虑,内心中是不愿意的。怕合营后降低工资,怕被解雇失业,怕增加劳动强度,怕住家制度改变,[1]怕生活行动都严格起来等。瑞蚨祥的几个资方代理人,表面上也兴高采烈,情绪高涨,但内心顾虑重重,最普遍的是担心合营后本人职务问题,终日惶惶不安。[2] 亨得利钟表店职工工资福利很高,劳动纪律松弛,店员怕合营后,降低工资,加强劳动纪律,店员陈兴汉说:"国营也好,合营也好,反正像这样是不行了(指工资高,劳动纪律不好),这就是店员的前途。"[3] 有的店员认为"合营是改朝换代",有的说:"合营以后不能回家了,得集体离婚。"[4]

第二类是有些单位生产上有困难,工人都希望公私合营,国家帮助解决。在全行业公私合营的消息公布后,工商界人士认为这是"鲤鱼跳龙门",感到非常光荣。特别是一些中小户及资不抵债户,更是十分感激,他们说:"旧社会时大鱼吃小鱼,小鱼吃虾米,新社会是大船带小船,一起奔向社会主义。"有的小厂认为"自己是人老机器旧,如果不是全行业公私合营,一辈子也争取不到公私合营"。[5] 如华丰铸字所因停工待料,欠发工资三个月,该厂工人大部希望合营,政府给点钱好发工资。西单区十一组联的职工听了组联干部传达全行业公私合营的速度和规模后,情绪高

---

[1] 北京瑞蚨祥给山东、山西店员一年两次住家,每次住35天,河北、通县一带为3个月一次,每次住18天,本市1月一次,每次住家4天,并根据路途远近发给路费。参见中国科学院经济研究所、中央工商行政管理局资本主义经济改造研究室编写《北京瑞蚨祥》(典型企业调查资料),第189页。
[2] 郎冠英、许顺主编《中国资本主义工商业的社会主义改造》(北京卷),第239页。
[3] 《东单区工会1953年工作总结》,1953,北京市东城区档案馆 004/01/0017。
[4] 中国科学院经济研究所、中央工商行政管理局资本主义经济改造研究室编写《北京瑞蚨祥》(典型企业调查资料),第250页。
[5] 郎冠英、许顺主编《中国资本主义工商业的社会主义改造》(北京卷),第20页。

昂，兴奋异常，欢呼口号，掌声雷动。报告后，大家高呼："用实际行动迎接合营！毛主席万岁！中国共产党万岁！"最后大家高唱了"咱们工人有力量"才散会。在路上天成照相馆工人肖凤魁说："真没想到这样快，得庆祝一下。"万兴居工人李仲贤说："咱们自己买鞭炮庆祝吧。"西四区铁工业组联干部杜余量带着病也去听报告，说："这次学习很重要，马上就要开始合营了。"听报告后还坚持参加讨论，直到晚上实在支持不住才请假。西四区店员组联合会的干部已买好了电影票，但为了参加这次学习集体不看电影了。义华园工人王家高兴地说："今天盼、明天盼，总算盼到了。"东单区中口消防器材厂职工听了工会主席的传达报告后，高兴极了，就把该厂的驻厂员抬起来欢呼，互相庆贺。一个青工在说梦话时还说："这回可合营啦！"有些老工人听报告后情绪也被鼓舞起来，如东单新丰本服装店老年工人李炳荣（60岁）听报告后高兴地说："这下可得把门脸装饰得特别漂亮点。"就兴冲冲地出去买红纸、红布做横幅。①

第三类是有个别职工对总路线表示不关心。如华丰铸字所工人王有石说："什么路线不总路线的，反正公私合营也是生产，私营也是生产。"学徒乔长兴说："垮台也好，合营也好，和我没关系，我要学好文化就去考工业大学。"王培亮说："学俄文比学总路线重要。"②

"五反"运动以后，私营工商业普遍不景气，除了个别企业有盈余以外，大部分是依靠国营企业加工订货或国家贷款生存，社会上私营企业的名声已经被搞臭了，出现一种"人心向公"的气氛，因此大部分工人是盼望公私合营的，这是事实。

纵观工人与工会的关系，二者呈现一种起伏不定的状态，工人虽然与工会有斗争，但在大的方向上，工会仍然主导着工人。

众所周知，工会是工人与资本家斗争的结果，产生工会的目的就是要保护工人的利益不受资本家的非法侵害，也因此工会只能而且必须是与工人站在同一条战线上，他们的利益是一致的，否则工会存在的必要性就没有了。

---

① 《市工会联合会、第二办公室关于资本主义工商业全行业公私合营中工会工作简报》，1956，北京市档案馆 033/002/00068。

② 《东单区工会1953年工作总结》，1953，北京市东城区档案馆 004/01/0017。

但是共和国之初的工会却很难做到这一点，工会、工人、资本家三者是一个矛盾综合体，他们三者之间各有合作，有斗争，如果说工会是与工人站在一条线上，在事实上是很难站住脚的，他们的关系如图4-1所示。

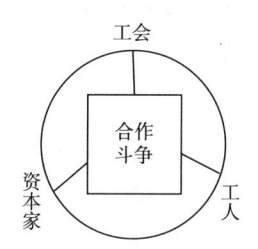

图4-1 工会、工人、资本家关系

究竟他们三者什么时候合作，什么时候斗争则取决于诸多因素。

首先，起决定作用的是政治因素。所谓政治因素就是政府的政策决定，中共长期以来虽然有一个总的处理劳资关系的政策即"公私兼顾，劳资两利"，可是面对闻风而起的工人运动，各级工会组织和干部是持支持态度的，主要是"打退资产阶级的威风""你不斗他，他就不服你""对于资产阶级，斗一斗，事情就好办了"，① 因此工会与工人合作起来斗争资本家，最典型的是由国家发起的"五反"运动，过渡时期总路线颁布以后也一样。所以说，国家的政策是决定劳资关系，决定三者关系最主要的因素，每当国家对资本家、对资产阶级实行什么政策时，工会首先团结工人展开对资本家的斗争，孤身奋战的资本家成为少数派，只能遵照政策办事。

其次，是经济因素。总体而言，当私营经济在国民经济所占比重较大时，资本家是团结合作的对象时，工人与工会往往因为工资、福利、年终分红、馈送等闹矛盾，有斗争，这时的工人往往不自觉地靠向资本家；当私营经济在国民经济中所占的比重较小时，资本家就成为斗争的对象，这时工人与工会是合作关系。就北京市而言又有些不同，1949年解放军刚入城时是工会与工人合作，斗争资本家；当工人要求过高工资，致使资本家

---

① 《朱德、李立三同志在全国工会工作会议及华北电业工作干部会议上的报告摘要》，1949，北京市档案馆001/006/00016。

几乎关门歇业经济衰退，北京市无法承受众多的失业工人时，工会又不得不与工人为降低工资、遵守劳动纪律而斗争，这时工会选择与资本家站在一起。当经济有起色时，国家又准备为下一个奋斗目标前进，资本家又重新成为斗争的对象。至于把资本家斗争到何种程度，则主要是取决于当时社会的经济的承受程度。

再次，是企业自身的实力与经营状况。一般而言，企业自身实力雄厚，经营情况又很好的，工会往往做了资本家的"俘虏"，由此，工会就与资本家结合起来与工人斗争。当然如果运动来的时候，工会又立马转身，开始与工人合作，北京瑞蚨祥就是很好的一个例子。企业实力很弱，经营又不善时，有两种情况：要么工会根本不予关注，因为营业状况不好，一切政策、方针都是纸上谈兵，关注也没有用，这类企业第一要务是工人吃饭的问题，其他一切首先要解决吃饭问题才能谈及；要么是完全由工会主导，与谁合作，与谁斗争，完全由工会工作者决定。

虽然他们三者既合作又斗争，可是他们三者的地位并不是一样的。工会代表着党和政府的意志，有权力，因此处于核心地位，是斗是和它掌握主动，但具体到一个企业内部时也不是绝对的，资本家有金钱、懂管理，资本家本人又是头脑精明、老于世故的人，单独的工人根本不是资本家的对手，就是工会如果没有背后的政权力量也难以对付资本家，但他们是逐步被消亡的群体，"夕阳无限好，只是近黄昏"。工人有力量，他们人数众多，无论合作还是斗争都不能少了工人的参与，但多数工人往往知识贫乏，缺乏理性辨别能力，只能在运动中随波逐流，少数有知识、有能力者也难以完全主宰自己的命运，工人不是跟工会斗争资本家就是跟资本家对付工会。

由于他们三者的地位不同，因此，一条很清晰的线索就是从1949年之后到社会主义改造完成这一时期，工会主导之下的工人运动、工人与资本家的情绪如图4-2所示。

共和国之初、"五反"运动时期、社会主义过渡时期总路线公布之后这三个时期工人的斗争情绪异常高涨。相反这三个时期的资本家却如坐针毡，度日如年，情绪低落、消极。工人与资本家的情绪出现了相反相对、起起伏伏的变化，二者都不是胜利者，所有这一切都是在工会主导下进行

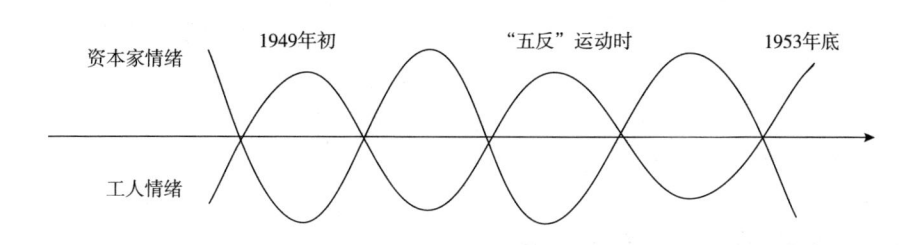

图4-2 工人、资本家情绪变化情况

的，所有这一切也是工会造成的。

1956年社会主义改造结束，在中国历史上仅仅存在了80多年的资产阶级被扫入历史垃圾堆，成为了历史，工人阶级与资产阶级的矛盾也不存在了。工会、工人及工厂行政管理者构成企业内三个新的角色，没有作为斗争对象的对立面存在，本应在根本利益一致的基础上创造出更多、更大的生产力，可是旧的矛盾消灭，新的矛盾又产生了，企业内工人与行政管理者之间的矛盾开始凸显，并最终引发了1956年波及全国的工人罢工运动潮。这次波及全国的罢工潮有两点值得反思：一是工人群众罢工当中，"几乎全部都撇开了工会"，工人对保护自身权益的工会充满了不信任感；二是罢工"最多的是公私合营企业，共有699个单位，占49.82%"。[1] 这清晰地展示出，工会在共和国之初的作用与地位。

---

[1] 高爱娣：《1956~1957罢工潮及党和工会的反思》，《学海》2012年第4期。

第五章
劳资纠纷中的工会

北京解放之初，劳资纠纷轰然而起，呈一发不可收拾之势。由于北京市的经济无法承担劳资纠纷带来的百业萧条状况，社会救助压力太大，1949年4月中旬，北京市委、总工会开始有计划地通过一系列政策方针解决劳资纠纷，恢复和发展北京的经济。在解决劳资纠纷的过程中，工会开始处于主角地位，随后变为协助、配合劳动局解决劳资纠纷，可是由于工会在基层设立组织，劳动局却没有基层组织且解决又很耗时，因此，工会在解决劳资纠纷中一直发挥着关键作用。

第一节　共和国之初劳资纠纷的概况

"劳资关系问题是新中国建立初期城市里最敏感、最复杂的问题。"[1]共和国之初，北京市的劳资纠纷数量特别多且持续的时间很长，这是非常罕见的，说明私营企业的经营一直处于不正常的状态之中。通过对劳资纠纷产生的原因分析可知，生产经营的衰败是劳资纠纷产生的主要原因，而政府解决劳资纠纷办法的滞后又加剧了劳资纠纷的发生。

一　新中国成立之初的北京市劳资纠纷

资本家与工人是相对立的两个不同群体，天然存在着矛盾，这是不言自明的。资本家要使自己的利益最大化，必然要获取尽可能多的剩余价

---

[1] 何一民主编《革新与再造：新中国建立初期城市发展与社会转型》（1949～1957）（下），四川大学出版社，2012，第678页。

第五章　劳资纠纷中的工会

值，以便扩大再生产，创造更多的利润。工人以向资本家出卖劳动力为生，劳动力的价值越值钱，工人获益越大，劳动力价值越便宜，工人获益越小，为了自己及家人的生活，他们当然希望从资本家手中获得尽可能多的工资。资本家所获越多，工人所得就越少，反之亦然，正因为二者之间存在着这种对立，因此自二者产生以来，劳资矛盾就相伴相随。由于资本家阶层与工人阶层之间地位的差别，资本家占据生产资料也享有政治上的优势，因此工人为了自己的利益不受资本家的非法侵害便组织起工会来维护。

从中外的历史来看，工人与资本家的对立与斗争有时会掀起巨大的波澜，但难以改变资本家占优势的局面和事实，究其原因主要是资本主义的生产方式有优越性和生命力，当社会的生产力没有达到或发展到可以超越资本主义生产方式的时候，工人的任何斗争是不可能获得终极胜利的，它只能部分地改变自己的生存处境和生活待遇，也即是经济上工人可以获得部分改善，但在政治上则必须忍受资本家的统治。这种现象看似有违公平，应该打翻，但是社会历史发展有它自身的规律，是一个缓慢前进的过程，在生产力没有高度发达的条件下，暂时的、局部的或是全部的这种不平等、不公平是不可避免的，换句话说，它是合理的。既然是不可避免的，是合理的，那么，无论政府也好，还是普通社会成员也好，主要职责是集中力量来发展社会生产力，而不是通过斗争或革命来改变这种现状，因为它不可改变。那种试图人为地改变生产关系来促进生产力的飞速发展，不仅是徒劳的，而且很可能会退回原点。

共和国之初，中共对资本主义工商业的各种方针政策，就是希望通过改变生产关系来推进生产力发展的一次尝试，其中对普遍发生的劳资纠纷的处理对策最能体现对工商业的态度。北京市第一区是著名的商业街，自解放军入城以来的三个来月时间（自3月下旬到6月中旬），工会共解决了劳资纠纷46件，但还有很多是自动的遣散或增加工资，工会并未统计在内。[①]

[①]《北京市工会第一区办事处1949年月度、季度工作报告、行业调查报告、各工作组工作报告、宣传工作报告》，1949，北京市东城区档案馆004/01/0001。

213

表 5-1　一区 1949 年 4 个月劳资统计

月份 \ 类别	每月案数	复工	遣散	增资	工时	清算	反虐待
3 月	5	2		3	1		
4 月	20	3	3	14	4		
5 月	17		7	10		7	
6 月	4		2	1			2
合计	46	5	12	28	5	7	2

同样在一区，6月份工会办事处对劳资纠纷也进行了统计，情况如下。①

表 5-2　一区 1949 年劳资纠纷统计

月份	厂名	解决性质	厂名	解决性质
3 月	新华橡胶厂	复工增资	天义顺盐店	增资
	利兴铁工厂	复工	天祐煤铺	增资
4 月	千祥鞋店	增资	中原公司	增资
	□都□货公司	遣散工人	协和医院	增资
	慈商女厂	增资	眼科医院	增资
	聚兴营造厂	遣散工人	义新造胰厂	增资
	聚威□工厂	调整工资	福祥印刷厂	遣散工人
	卫生牙刷厂	增资	中新印刷厂	增资
5 月	福□罗底厂	增资	青年西服厂	增资
	福德面粉厂	增资	惠尔康饭店	清算了去年一年工资
	华通绸缎店	遣散工人	岳王猪店	遣散工人
	东安旅社	增资		
6 月	谷昌银行	反虐待	秦玉兴	复工调整工资
	□□堂饭庄	遣散工人		

---

① 《北京市工会第一区办事处 1949 年月度、季度工作报告、行业调查报告、各工作组工作报告、宣传工作报告》，1949，北京市东城区档案馆 004/01/0001。

第八区当时是北京的工业区，也是商业、手工业的汇集地，劳资纠纷也频繁发生，如下表所示。①

表 5-3　第八区劳资纠纷统计

行业\项目	关门户数	缩小营业户数	转业户数	共解雇人数	纠纷次数	经劳动局解决	自行解决	3月	4月	5月	6月	7月	8月	9月	10月	11月	12月
产业组					14		14										
手工组	16	3	1	159	43	3	40	4	2	1	1	1	2	8	9	10	5
店员组	31	14	4	591	99	7	92				6	3	4	3	9	18	24	28
总　计	47	17	5	750	156	10	146	4	8	4	5	4	9	12	27	34	33

第九区、第六区也不例外，劳资纠纷也是此起彼伏，以下三个表可以窥见当时劳资纠纷的概况。

表 5-4　第九区 1949 年 3~12 月劳资争议统计

行业\类型件数	解雇部分的	关门全部解雇的	工资待遇问题的	资金转移的	资方限制工人工会活动的	资方不执行合同的	合计
产业组	2	2	16	1	3		24
店员组	13	9	6		28		56
手工业组	12	15	5	3		2	37
总　计	27	26	27	4	31	2	117

资料来源：《北京市第八区工会办事处工作总结报告》，1949，北京市档案馆 038/001/00005。

---

① 《北京市总工会第八区办事处 1949 年全年总结汇报及召开区代表会议的材料》，1949，北京市档案馆 038/001/00018。

表 5-5 第九区 1950 年 1~3 月劳资争议统计

行业＼类型	歇业	解雇	虐待	工资问题	合计
火柴业	1				1
印刷业		2			2
食品业		3		1	4
铁工业	1				1
鞋业	3	1			4
缝纫业	3			2	5
染业	3		1		4
钟表业	4				4
织染业	1	2			3
燃料业	1	2		1	4
建筑业				1	1
用品修造业	3	2			5
特种手工业	1	1		1	3
弹棉业	1				1
纺毛业		1			1
饭食旅店业	6	2		2	10
布业	1	2			3
百货业	2	1			3
油盐粮业	3	2			5
茶叶		1			1
理发业				1	1
浴堂业		1			1
总 计	34	23	1	9	67

资料来源:《九区工会办事处月份工作计划、报告》,1950,北京市档案馆 038/002/00021。

表 5-6 北京市第六区 1950 年 11~12 月劳资纠纷统计

单位:件

行业＼件数＼性质	解雇问题	工资工时	资方打工人	其他
刷	5	4		
饭食旅店	2	2		2
织染	3	1		
×秤		3		

216

续表

行业 \ 性质件数	解雇问题	工资工时	资方打工人	其他
茶业	2			
文具	2			2
浴堂	1			1
电影	2			2
五金	2			2
国药	1			1
缝纫		1		1
油盐粮	1			
理发业			1	
造胰			1	
照相		1		
食品		1		
建筑			1	1
铁工		1		
卷烟				1
制材		1		
马尾	1			1
特种手工	1			
鞋业			1	
眼镜	1			
针行	1			
总　计	25	15	4	14

资料来源：《北京市第六区1950月份工作计划及总结等》，1950，北京市档案馆038/002/00018。

从上面6个表反映的有关劳资纠纷问题可以得出以下几点认识。

其一，劳资纠纷的数量十分庞大。第一区3个月就发生了46起劳资纠纷，很多的劳资纠纷"我们（工会办事处）未统计在内"。第八区从3月到12月10个月的时间里，产业组、店员组和手工业组共发生了156件劳资纠纷。第九区从1950年1月到3月，仅3个月的时间里发生了70多件

217

劳资纠纷。第十三区1949年处理了58起劳资纠纷。① 从发生的劳资纠纷的时段上看，主要发生在1949年至1950年，1953年以后，社会主义改造已经开始，劳资纠纷相对减少一些。

其二，劳资纠纷持续的时间很长。还在北京未解放之际，很多资本家便开始了转移资本的行动，做解放后关门的打算；工人也于围城之时开始起来斗争资本家，双方争端遂起。北京解放后，虽然政府出台了一系列的政策来制止劳资纠纷，工会也不断居中调解，双方也经过数次的劳资协商仍然没有完全解决，可谓一波未平一波又起。国家公布了总路线以后，劳资纠纷多反映在限制与反限制上，少数资本家抗拒"利用、限制、改造"的政策，工人们的监督引起资本家的不满，于是资方也以各种方式回击工人，双方的对立与斗争一直继续着。也就是说从1948年底开始一直到1956年社会主义三大改造完成之时，"凡有雇佣关系的行业，都程度不同的发生过劳资纠纷"。②

其三，劳资纠纷的表现形式主要是工人要求增资、反对资方解雇。从表5-1中可以得知，46件劳资纠纷中，28件是要求增加工资，占到了总数的61%；表5-2中，在26家工商企业里，要求增资的有17家，占到65%。另一类劳资纠纷是资本家要求解雇工人，工人反对解雇引起的，从表5-4、表5-5可以看出，因为解雇问题的劳资纠纷分别占到了45%和32%。说明这两个问题是带有普遍性的，尤其增资问题是当时工人最迫切的希望。解雇是私营企业经常发生的行为，说明工人与资本家矛盾很尖锐或者企业经营难以进行下去，特别是资本家想以"送瘟神"的态度来解雇工人，防止工人斗争以及提出其他难以承受的条件。

其四，商业中的劳资纠纷比其他要多。在工业组、店员组、手工业组中，店员组的劳资纠纷相对要多于其他两组。表5-4中，产业组只有24件，占20%；手工业组有37件，占32%；店员组则有56件，占48%。这些纠纷特点符合北京市的工商业情况，因为北京市的工业本身并不多，所以纠纷也相对少些，商业、手工业却比较多，因此劳资纠纷也多。当然生产经营情况也直接影响着劳资纠纷，营业好时，纠纷少，反之则多。

---

① 北京市朝阳区工会编《朝阳区工会志》，第90页。
② 北京市朝阳区工会编《朝阳区工会志》，第89页。

除了上述几个特点外，劳资纠纷发生时往往不是单一的，常常是几种矛盾纠缠在一起，"每一家劳资纠纷的解决都牵连很多问题，又是增资又是减少工作时间"，北京眼科医院就属于"又是增资又是裁人"引起的纠纷。[①] 共和国之初，这种普遍的、长时间的劳资纠纷出现是生产力与生产关系的矛盾吗？当然不是。

二 劳资纠纷产生的原因解析

对于共和国之初的劳资纠纷，主要的观点：第一，资本家过去长期对工人残酷压迫剥削，解放后工人才进行清算斗争，这一认识非常具有普遍性；第二，资本家对党和政府的政策不了解、有顾虑，所以消极经营导致劳资纠纷发生。第三，归咎于工人，认为部分工人觉悟不高或不智，做出了超越政府政策范围的过"左"行动。例如，北京市委向中共中央及华北局的报告中就认为劳资纠纷是"因为资方过去对工人的野蛮压迫"。[②] 北京市各级工会也认为是由于资本家过去"压迫、剥削非常厉害，所以工人对工资和其他的福利问题提出的很多，这是必须的"。[③] 有部分学者也持此观点。如何一民先生认为，"旧社会许多私营企业主尤其是小作坊主，主要靠野蛮的榨取工人、学徒来维持其生存，对工人的虐待较多"。[④] 因此才会产生劳资纠纷。至于资本家不了解党和政府对工商业者的政策也是政府和工会的普遍结论，为解决这一问题北京市委专门组织了工人代表和资本家的座谈会向资方讲解党对工商业的政策方针，以消除资本家的"怀疑与顾虑"。[⑤] 各区工会办事处也以"资方不了解政策，顾虑多"来回应劳资纠纷多发的原因。[⑥] 对于工人，政府和工会口径是一致的，基本上是一种支持、

[①] 《北京市工会第一区办事处1949年月度、季度工作报告、行业调查报告、各工作组工作报告、宣传工作报告》，1949，北京市东城区档案馆004/01/0001。
[②] 郎冠英、许顺主编《中国资本主义工商业的社会主义改造》（北京卷），第46页。
[③] 《北京市总工会第八区办事处1949年全年总结汇报、及召开区代表会议的材料》，1949，北京市档案馆038/001/00018。
[④] 何一民主编《革新与再造：新中国建立初期城市发展与社会转型》（1949~1957）（下），第682页。
[⑤] 郎冠英、许顺主编《中国资本主义工商业的社会主义改造》（北京卷），第33页。
[⑥] 《北京市总工会第一区办事处及所属各组、行业1951年季度、月度工作计划、报告简报》，1951，北京市东城区档案馆004/01/0007。

保护态度，不过当劳资纠纷激烈，一时难以说服或约束住工人的行动时，有时也认为"工人一般觉悟不高，应加强阶级教育"。①

劳方与资方都是受动者，真正的主动者是党、政、工，主要是党委和工会两个组织，他们既是私营企业劳资纠纷的发动者也是劳资纠纷的仲裁者，二者主导着劳资双方的主要方面，因此党、政、工必然应为劳资纠纷的事情负起责任。因为如果是以为资本家过去（解放前）对工人残酷剥削导致了劳资纠纷，那么，为什么在过去劳资纠纷并不是如此激烈而持久？况且在国民政府时期北京的许多私营企业还并没有政府的工会组织存在。不可否认，过去是存在剥削，甚至很严重，但是共和国成立以后私营企业内部不也存在剥削吗？剥削的轻重很难以时间段来判别，只能以性质和程度来论——就是一样地存在剥削。工商业者不了解政府政策也是站不住脚的，还在北京围城时期许多资本家就四处打听中共对工商业者的政策，资本家不是不了解，而是除了当时的"公私兼顾，劳资两利"总政策之外，没有具体的可操作步骤，因此包括工会干部及资本家在内都把握不准究竟"劳资两利"该是如何，"公私兼顾"怎样把握。笔者认为，共和国之初的劳资纠纷主要有以下几方面。

（一）特定形势下工会工作不到位

马克思恩格斯创立的共产主义理论，是无产阶级革命的理论，以它为指导思想的共产主义政党也以激进的面貌出现，这一点是毫无疑义的。马克思在《共产党宣言》中公开称："共产党人不屑于隐瞒自己的观点和意图。他们公开宣布：他们的目的只有用暴力推翻全部现存的社会制度才能达到。让统治阶级在共产主义革命面前发抖吧。"② 不难想象，奉马克思主义为圭臬，以暴力革命推翻现存社会制度为职志的中共会怎样做。远的不必言，就以1947年中共的军队占领华北大城市石家庄为例，11月12日中午解放石家庄的战斗刚一结束，哄抢风即开始。

---

① 《本会1950年全年工作计划和关于十个行业工会工作总结》，1950，北京市档案馆079/001/00290。
② 中共中央马克思恩格斯列宁斯大林著作编译局：《马克思恩格斯选集》（第1卷），第285页。

晋察冀野战军早在1947年11月10日向部队发布了五条入城政训令，①要求遵守。但正如中央工委书记刘少奇所指出："部队进城的秩序是比较好的。但这种训令只有干部知道，而未向部队士兵进行教育，故在作战中，仍有不少士兵照过去经验，拿取东西，并鼓动城市贫民去搬取物资。首先贫民是搬取公用物资，后来就抢劫私人财物，故有大批煤、粮及其他公物被抢，许多公共建筑的门窗杂物亦被破坏或取去，私人被抢者亦不少。"朱德于1947年11月28只至12月1日召开的总结攻打石家庄的经验汇报会上也严肃地指出："战斗未结束即拥挤争缴获，以致有许多不必要的伤亡，卫戍部队乱了十天。"② 13日、14日、15日里，国民党飞机连续轰炸，更加剧了哄抢风。石家庄市最大的机械厂，大部分材料、工具被抢；第二大厂——大兴纺织厂，库存皮棉计2307包，除被飞机炸毁外，剩下的由工人抢走，粮食40000斤被工人分了，面粉600袋、煤炭2000余吨都被抢了；国民党在石家庄最大的衣粮厂，120000斤粮食均被抢光，对一些规模不大的工商户也抢得厉害，尤其是工商户的门、墙不坚固或无人看守的大都遭抢，抢的队伍都是一群一伙的，先是人运，后是车拉。有的商人无可奈何地说："飞机炸倒不怕，抢可是厉害。"③

为什么解放初期石家庄会发生全民皆抢的现象呢？1948年3月《石家庄解放后敌伪物资接收中的几个问题》一文中总结了七个原因，④这些原因都是存在的。但是很难认同"最基本原因是群众缺吃缺烧，无法维持生活"而掀起的，因为相同的原因过去一直都存在，为何以前不发生抢？

---

① （一）一切缴获归公，统一分配胜利品。（二）入城后卫戍机关公布为维持社会秩序的纪律和规定。（三）严禁破坏工厂、机器、自来水、电话等公益事业的所有物资。（四）对看守的一切资财、房舍、仓库等，只有看护的任务、报告的责任，没有动用的权力。（五）不准侵犯工商业等。参见周红妮《中国共产党接管大中城市纪实》，河北人民出版社，2013，第7页。
② 周红妮：《中国共产党接管大中城市纪实》，第7页。
③ 周红妮：《中国共产党接管大中城市纪实》，第8页。
④ 分别是：（一）最基本是原因是群众缺吃缺烧，生活无法维持。（二）群众对共产党的政策不了解。（三）特务、坏人乘机捣乱，鼓励抢东西。（四）民兵、民夫、担架队、大车夫等入市后"乱弄东西"。（五）飞机轰炸，引起混乱。（六）部分有恩赐观念，鼓励市民抢东西。（七）有的商户主人逃跑了，无人照管。参见《石家庄解放后敌伪物资接收中的几个问题》，1948，石家庄档案馆，档案号：1-1-15。

"入城部队、接收干部等认为：群众抢些东西吃用没有什么，制止他们抢劫反而可能背离'群众路线'，因此默许、纵容甚至鼓动市民抢劫公私财物。"① 才是主要的。这种"左"倾形成一种整体的氛围，任何置身于其中的成员莫不沾染"左"倾的思想，因此才会有这样的举动和行为。再加上入城之后干部发动群众，使本已蠢蠢欲动的群众如火上浇油般热烈。石家庄解放初市委决定，分别设6个区工委，对外称工作组，工作人员4~5人不等，根据市委的工作安排，成立贫民会、纠察队，一场轰轰烈烈的发动群众，开展清算，斗争工厂、商店的厂长、老板的活动迅速地在全市展开。当时提出的口号是"工人要想富，就得斗厂主""贫民要想富，就得斗老板""穷人要翻身，就要平分工商业""穷人大翻身，工人有其厂、店员有其店，工人、贫民如没有工厂、商店，怎么当家？""谁有钱，斗谁"。② 如此这般行动，一些私人工商业户"甚为恐慌"，有的工商户怕斗，怕分，便把产业转入公营；有的辞退店员，化整为零，分散成小摊；有的东家自认没有前途了，与伙计们大吃大喝，省得被分去。1949年初解放军"占领天津以后情况虽已有所不同，但仍然没有根本的改变"，③ 天津解放一个月内，曾发生53次清算斗争，资本家脑子里始终有三怕（一怕清算，二怕共产党只管工人利益，三怕以后工人管不住，无法生产）。许多资本家情绪消极，甚至跑去香港，导致几个月后天津的私营企业开工率仍不足30%。④

北京解放后，相同的情况再次重复上演。还在解放军围城期间，石家庄、天津贫农、工人的"左"倾风波已经"吹拂"到北京，军管会和市工委分别组织的工运工作组（其主要职责就是"发动工人，保卫工厂，肃清反革命分子，协助接管"）的助力下，⑤ "很快就爆发了激烈自发的斗争"，工人"驱逐经理"，⑥ "工资提得过高，劳资纪律废弛，工人在业务上不听

---

① 李国芳：《初进大城市：中共在石家庄建政与管理的尝试1947~1949》，社会科学文献出版社，2008，第82页。
② 周红妮：《中国共产党接管大中城市纪实》，第9~10、13页。
③ 杨奎松：《建国前后中国共产党对资产阶级政策的演变》，《近代史研究》2006年第2期。
④ 薄一波：《若干重大决策与事件的回顾》（上），第51页。
⑤ 《市总工会筹委会11月及十二月份工作总结》（1949.2~1949.12），北京市档案馆，档案号：101-001-00227。
⑥ 郎冠英、许顺主编《中国资本主义工商业的社会主义改造》（北京卷），第6页。

资方指挥等"事情，劳资纠纷一波接着一波，难以遏制。"结果，资本家的气焰是打下去了，工人也确实抬头了，但资方却因此发生了普遍的恐慌，发生了只卖货，不进货，工厂、机器坏了不修理，甚至秘密抽股，抽资金等着散摊子的现象。"① 据北京市委1949年统计，"自3月至5月中旬，商业共歇业1411户，开业654户。歇业为开业的215%"，"工业歇业215户"，"歇业户为开业户的44.2%"，"有些行业，如纸烟、火柴、造纸、肥皂、植物油等，虽未歇业，亦因产品滞销，处于停工、半停工状态。"② 所有这些导致北京"从事商业人口近30万，有很多商店门庭冷落"。③

北京出现的这种劳资纠纷某种程度上说是必然的。尽管毛泽东、刘少奇、朱德等正曾经出面进行纠正，但是整体氛围之下，基层工会工作组四处组织、发动工人群众，根本不可能扭转局面。

（二）经营生产的衰败

另一个引起劳资纠纷的应该为北京解放之初生产经营的衰败。解放之初，据调查，"全市二十一个行业（一般手工业和特种手工业不在内）中，五十人以下的厂家约占总数的百分之六七，而五十人以上的不足百分之一并且是十分分散的，规模甚小、力量微弱。其中近半数厂家根本无机器设备，使用动力的不过五分之一，解放前夕大都陷于半停顿状态，停工者约有四分之一。"④ 这些都是事实，经营无法维系的情况下，劳资纠纷必定会攀升，这时工人生活问题成为第一问题，因此提高工资与降低工资，解雇与反解雇，歇业与反歇业等矛盾纠纷就不断浮出来并变得很尖锐。

对于中国的民族工商业发展滞后，人们通常认为是"由于受了帝国主义、封建主义和官僚资本主义的压迫或限制"；⑤ 对于解放初期惨淡的私营

---

① 郎冠英、许顺主编《中国资本主义工商业的社会主义改造》（北京卷），第46~47页。
② 郎冠英、许顺主编《中国资本主义工商业的社会主义改造》（北京卷），第57页。
③ 郎冠英、许顺主编《中国资本主义工商业的社会主义改造》（北京卷），第36页。
④ 《北京市人民政府关于一年来北京市的私营工业状况》（1950年1月31日），北京市档案馆编《国民经济恢复时期的北京》，第331页。
⑤ 《毛泽东选集》（第四卷），第1431页。

企业经营状况，众口一词的说法是："北京市的私营工业，由于长期处在帝国主义、封建主义、官僚资本主义及其集中表现的国民党反动统治下，遭受了严重的压迫与摧残，奄奄一息，朝不保夕，其中绝大多数为轻工业或生活消费品的制造业，仅有一部分机器制造业和其他生产资料的制造业。"① 事实果真如此吗？关于这个问题可以分阶段以北京市私营企业经营状况来说明。下面几则例子是北京市第一区工会办事处1949年9月底通过同业公会或私营企业，分别对百货业等相关企业进行了调查并且写出了典型调查报告，可做参考。②

（一）天义顺油盐粮店。民国二十三年（1934）开张，是一区买卖最大的、最好的一个，代表人肖德荣。

表5-7 天义顺油粮店不同时期情况

	七七事变以前	日占时期	国民党统治时期	解放后
工资	店员最高7元（大头），最低5元，徒弟1元，经理6元	最高130斤老玉米，最低70斤或80斤，徒弟不挣钱。经理120斤左右	店员最高80斤老玉米，最低40斤，徒弟20斤，经理80斤	工资增加了，店员最高200斤老玉米，最低100斤，徒弟80斤，经理200斤
馈送	最高20元，最低10元	最高500斤老玉米，最低100斤	最高1000斤老玉米，最低100斤	
花红	大当柜分利钱的10/120，小当柜分利钱的5/120	大的当柜2000斤，小的当柜1000斤老玉米	大的3000斤，小的1500斤	
一年可挣	2000块上下，	可挣300万上下	一年可挣一亿多	
柜上资本	2万元大头	6万联银	500万	
工人数目	50人	50人	50人上下	43人
工人福利	食宿、理发、由柜上发	食宿、理发、由柜上发	食宿、理发、由柜上发	食宿、理发、由柜上发
利钱	一成多利	一成多利	一成利	一成多利

---

① 《北京市人民政府关于一年来北京市的私营工业状况》（1950年1月31日），北京市档案馆编《国民经济恢复时期的北京》，第331页。
② 《北京市工会第一办事处1949年月度、季度工作报告、行业调查报告、各工作组工作报告、宣传工作报告》，1949年，北京市东城区档案馆004/01/0001。

续表

	七七事变以前	日占时期	国民党统治时期	解放后
与银行钱庄的来往	200块上下	20万联银的来往		
买卖情况	那时物价没有波动，物资不缺乏	因受日本及其走狗的统治，买卖不好	货物倒动得最快，因为物价波动得厉害	天义顺的买卖很好，存的粮食很多
工人工作情况	良好，比其他各期都好		国民党时期工人工作不努力	组织工会后情绪较好

（二）义兴永。地点：灯市口98号，电话：50694（借用），工会代表：王庆明。

七七事变前：

柜上有20余人，卖卤□为主，货由芦台及天津来，卖给市民及乡村，看四成利上下，不赔钱，货物倒很快和银行、钱庄有关系，赚了钱资方随便使用不给伙计。经理每月可挣五福布一个半，职员可挣一个，学徒可挣40尺上下，没有什么福利，只有吃喝，工作时期一天到头，雇工需要有保人，资方看你有错就散，多少给点路费钱。学徒升工人如果是与资方有关系的不到三年便可升为工人，没有关系的到三年后看情形决定，学徒升店员也这样，对买卖有发展决心，职工劳动态度很好。

七七事变后：

别的没有，就是买卖不好，专做囤积倒把。

国民党时期：

还是投机倒把，不做正当营业，减低工人工资与银行及钱庄，没有关系了。

解放后：

还有五六人做买卖，买卖不好。因义永兴的货全卖给南方人，解放前他去南方走了一次，市场行情掌握得也不好，做买卖工资经理每月挣五福布30尺，店员、徒弟一样。经理对公家商店贸易公司有意见，对税务局也有意见。对于公家商店及贸易公司他说："公家开了这些买卖，私人就不能做了。"对税务局也说税大，交不起，资方要求减工资，不认工会；工人要求涨工资，对工会很认真。工人现在对工作很积极，现在资方雇人也不雇了，共2人也不敢散，现在工人虽然工作积极，可是资方不拿资本，买卖也不干了，现在快关门了。

（三）东和兴。地点：东四南大街196号，电话：54645，工会代表：牛济昌。

七七事变前：

物价没有多大波动，卖的东西多是杂货面，小米面、荞麦、伏地面，油盐柜多是自己做的黄干酱、溪酱、酱油、酱菜及腌的菜。对于主顾方面多是节账和年账，那时职工每月最高超不过一袋半面，店员一袋麦，学徒没有薪水，年节有分红，多少有点馈送。伙食差不多每天有顿细粮，每月三顿犒劳（给劳方）。营业时间都是十七八小时（给资方）利润六伙四，学徒差不多三年能开店员工人，店员的工作好，当柜的看得起或与当柜的有关系的人可以升为经理。

七七事变后：

受日本的统治，日本以大批物资充塞市场，北京的制粉业受了打击，但影响不大。民国二十九年后，物价日益波动，囤积居奇便起来了，伪联银币一天比一天多，物价一天涨几倍，伪市当局定官价和查封，当有的商号都运动门子和勾结日寇来做囤积做黑市，行贿是光荣，有钱就有势力，了不起，物价大涨，而工资一年才调整，结果每月连一双鞋都买不起了。对职工的福利也改变了，伙食就是一天一顿细粮，在这时候银行太忙了，一般商号都使银行的钱，用不了几天，就能赚到很多的钱。关于税征方面，查账差货，你要不行贿就吃不开，小的商号担负超过了大的商号的担负，这是因为行贿方式和势力的关系。

国民党时期：

日寇投降后北京的商号，都大量的甩货，都说照以前做法不行啦（指囤积倒把）！国民党正式接收后物价一天一天上涨，法币一天一天贬值，投机倒把，勾结官僚资本，榨取利润和银号，使钱来买卖货，存起来用不了几天，就能赚到很多的钱，到去年（1948）七月由于法币崩溃，改用金圆券，又有"八·一九"的限价，这样一来，以前赚的多赔光了。至于职工的薪金半年买不到一双鞋，营业的方式是抢购，这时税收的方式很多。

解放后：

因为投机倒把受了限制，人民政府又有大批的物资，又有自己的零售店、贸易公司，所以私人油盐粮店的销路不大，也不能大胆的投机买卖，买卖不好了，又不能随便遣散工人，所以买卖一般说来是不好的，工人在工会开始办时很起兴趣，热情很高，他们以为工会会跟他们像斗地主那样斗争资本家，热情很高，可是到后来知道只能实行发展生产、劳资两利的政策，而现在买卖又不好，资方可以解雇工人，工人对工会不起信任，工作不积极，不像以前那样热腾腾了，直到最近因为有合作社和区里的零售店要我们工人去做工时，大家的情绪又转好了一点。

对于劳资合同大家认为没有什么大效能，因为营业没有销路，不卖钱，怎么能有劳资双方的好处，工人希望职工会把他们介绍到贸易公司和零售店去。

工会办事处对油盐粮店调查的结论是：现在油盐粮店的买卖情形普遍都不好，直到现在总是走下坡路。现在一区查出了粮食奸商，在查出十大家中，一区有裕丰福记（米市大街243号）、天合利春记、东兴号，还有长顺面粉经理，粮老虎王振庭；其他如天义顺也有囤积拒售的情形。

（四）华兴蔚布店。地址：东安市场。

七七事变前：

主要的货物以绸缎衣料绸子被面等贵族用品居多，货物的来源全靠本市发庄，一般的货都是卖给贵族化的太太小姐们。按东安市场这个地方来说，它就是一个贵族用品集中地。在这个时期来说，可说是不错，每年都有盈余，他的营业在这时期好的主要原因是物价平稳，一般贵族们及资产阶级，很肯买东西，也就是购买力强的原因货物搞动方面来谈，可说是很快，和银行钱庄亦没有来往，是自给自足的办法。

七七事变后：

营业不太好，因为物价直线上升和银行钱庄没有来往每年亏货，好在人位很少，尚可维持，一般购买力虽然不太好，不如事变前，但贵族主们还有相当购买力，货物来源仍是靠本市发庄来货。

国民党时期：

与"七七"后的营业情况差不多，也是因为物价上涨而波动，靠自给自足的办法卖出不能卖进，生意也不大好作，在"八·一五"胜利后，物价下跌，因为没有用外款没有多大损失。

解放后：

贵族有的跑了，有的不买东西了，生意也就随着不好起来，货物的来源与前同，每月的流水大不如前，有入不抵出的现象。经理的心情仍愁发展，把绸货售出，转为布货，但转动方面困难主要是绸货没有人要。对公家贸易公司有点意见，就是如贸易公司不零售是好，零售有点影响，对银行没有意见，对税局来说划分等级方面合理，但对每分十二斤米与着重主要是营业不好赚不了那样多。

工资情况：这个买卖是股东自掌的，吃股份的虽有，但年终总是不按股批账，也不分东分西，到年终按年限（工作）发给，七七事变前及七七事变后，国民党统治时期都是这样，解放后有了实物工资（小米）价格按市价计算，月终收一笔账工资许可零支，月终一结算，以前的三个时期中按实物计算，因年不好查账，而物价也无详细记载，无法统计，据去年底最高职员除支净存市布十来疋，学徒也可得三二疋左右（除支）。

管理情况：自七七事变到现在都差不许多完全是经理一人掌握，封建的铺规，以前较严厉。劳资关系不坏，没有什么劳资纠纷，感情方面还不错，因为职员与店员学徒等都是本柜的徒弟，学徒升为店员是按三年为期，店员开为吃股的是按工作，年限来说，看他柜上的情形来说，封建铺规多少是有一部，一般人的纪律还好，据工人及吃股的谈，经理的心情还好不消极，对发展营业很用心，但因年老及现在货物不适合，现阶段有很多困难。

总结以上该号的特点是：因处在贵族化的市场，内以奢华品占去多数，与银行钱庄没有来往，是自给自足的办法来做，货物虽然比以前少可是比较起一般地来说，可算中常，不是那样太坏，最近因物价上涨营业很受影响，好的地方是劳资之间没有什么纠纷，人员少，搞起生意来好做一点，工人方面落后的有，还是中间分子多，他们因为没有很大的劳资纠纷，对集体合同没有什么意见，封建残余肯定地说是有的。

（五）东升祥绸布店。

七七事变前：

此时期以卖绸缎呢绒皮货布疋挑花补花等工艺品，在此时期内营业情况不错，因为一般地购买力，物价便宜、稳定，货物大部来自本市发庄，小部分由上海或洋行直接定购货物主要卖给一般贵族的小姐太太们及西洋顾客，再有一部分是卖给市民。利润一般地平均着一分多利。

工资情况：本时期赚钱十分之一送同人，十分之九东家及经理按股均分，原成方面按全部年底基货的总值打八扣以作原成，但不提出仍以值数滚于货内。在此时期最高经理可批（每年）六七百元，值当时市布100余疋，中等店员每年可挣工资200元左右，学徒不挣钱，福利方面每年官戏两日，每年假期2月，供给理发。

管理情况：本时期夏季工作时间六七小时，春秋13、14小时。经理指挥一切，决定一切，政权是独裁的雇佣方面，每年由各同业家属举数名学徒。如有遇□随时可以解雇，学徒年限三年，满后可升为店员，店员成绩好，年限久，经理喜欢可升为吃股的，资方希望把营业尽量发展，职工的劳动态度，封建的严厉的铺规上，工作不敢懈怠。

七七事变后：

日本侵占以后较前大变，40码货物受日寇统治，所卖的货物以绸缎布疋，皮货挑花等为主，物价直线上升，营业实不好做，货物的来源仍是来自本市发庄，主要的卖与贵族的小姐太太们多，西洋人的买卖很少，甚至于没有一般市民购买力薄弱，存货日渐减少，上海不能来货，货物转动平常，营业勉强维持与银行钱庄有来往，但较以前少经济汉奸们□的很厉害，经理们对发展买卖没有信心，整天害怕没收，此时期货物平均看利2分左右，但因物价关系，卖出即不能买进货物损失太大。

工资情况：本时期赚钱，仍按以往旧例工人工资也照常□成方面也照旧是按年底商品总额打八扣，关于工资按实物计算一节，一无固定工资又加物价日高，二因年初与年底长支的钱无法按实物计算，长支短欠，年终馈送折合实物若干，一般福利照旧。

管理情况：因为营业不好，工作时间随之缩短，经理仍是独裁办法，封建独铺规仍存在，雇人与前同，学徒、店员开吃股的均与前同。这一时期内经理及资本家对发展营业没心思，怕日寇没收买卖，职工劳动态度有些不大积极，但有封建铺规的存在也不能散漫。

国民党时期：

货物来自本市发庄及上海，主要卖给一般贵族小姐、空军太太，阔太太们有一部分卖给一般市民，但在这个时期内普通主顾较前增多货物也转向一点大众化，利润平均二分左右，货物转动的较快一点，生意平常，但是物价上涨不定，营业实不好做，又有卖出即买不进的情形，对银号钱庄来往较多一点。

工资情况：在此时分红仍按旧例，关于工资多少，按实物不好计算，因不是固定的实物工资制度，而是长支短欠的办法，如正月间用的钱到了腊月就值钱了，而一年的物价上涨过程无有记载，无法查，总之多花了的既用钱早的就占了便宜，工资也是到年终送一笔钱，究竟多少五福布无法计算，关于福利方面照常。

管理情况：工作时间夏季13、14小时，冬秋12小时，经理仍是决定一切的章法，但有时也和吃小股的商议一下，职工劳动态度，平常封建铺规较前松了一些，但大部仍存在，雇人很少，减人大多是因病或自己辞出开买卖的多。此时期资方心情仍愿向前发展，生活也不散漫，封建的铺规仍大部存在。

解放后：

解放后经理们有些对营业不大关心，一般的生活也散漫了些，这

第五章 劳资纠纷中的工会

时的主要货物来自本市发庄者多，上海很少，因上海的多是浮华品很少人买，主要的卖给一般市民及工人。看利不过一分五左右，赔钱的原因主要是因为一般市民的购买力薄弱，货物转动太慢，开支太大，收入很少，和钱庄银行来往很少，原来的一些货物卖不出去，新货（大家的）收不进来。对公家贸易公司及公家商店有意见，对花纱布公司大量开设门市及代理店零售的价格较私商零售价格便宜很多，一般市民都到贸易公司买而私商即萧条起来，物价上涨，货物更不好售出，开支相当大，对税局的意见是没有收入还要纳税，而感觉到税重买卖没有，一切均要开支，再加上税，生意不好维持。

赚钱现在不可能，且未到年终也未开批厚成方面，每年来打八扣的厚成都滚在货内并未单独提出作为厚成，经理们及一般吃股的原来按每月一疋布的借支，但现在也有长支，多少不同，中等店员本市（每月）80尺，最低学徒每月市布10尺，但同人方面也有长支多少不同，经理及吃股的现在想规定一个借支规则，究竟借支每月若干，尚未决定，职工的福利与前相同，并无增减。

管理情况：工作时间平均十二小时，早八至晚八。经理掌盘问题，因以前的老经理们相继死亡，以后就由以下经理们商议，其中有一个老的经理，因年龄高了，不管什么事，对事情懈怠，一般经理们，副经理们商议柜中事情，有时工人建议，也多少接受，封建铺规大部消灭，人位没有变动，学徒升店员，仍按往年，三年后提升。

经理们及职工们的一般心情较前散漫得多，因为营业日日不好的关系，经理们感到发展营业没办法，资本家也没有意见，资本家及其代表人也想把买卖搞好，但想不出相当办法，因一般人购买力小，现在只有吃了一天少两半晌，职工及经理们都说，只要有买卖，一切事情开支啦，捐税呀，都可以解决。据经理说职工们工作都不错，有一半个不好的，集体合同下来了，有了规则，自然可能解决只是没有生意感到伤心。他们早就卖了绸货，卖的很少，转起来很费力。

总结以上情形：该号是在七七事变以前，好在货本位来，还可能赚钱，总起来说是好的，日本统治40码货营业不好起来，日渐亏货，职工和经理们的心情都不太好，怕日寇，在国民党统治时期，买卖好一些,但因物价的关系,也是亏货,自七七事变以来,每年的赚钱都是按钱本位计算,但要按货物来说,则年年亏货,该号的特点是绸缎呢绒,挑补花为主,以卖给贵族小姐们为主要营业。现在解放了,贵族、小姐太太们跑了,一般市民购买力太小,他的买卖开始萎缩,(东升祥绸布店)职工方面中间分子多,进步的很少,靠集体合同不能完全解决该号问题(因为过去没有劳资纠纷)封建的残余还是有的,营业情况不好,但他还有些货物也不至于马上垮台,现在他们正大众化的营业上转,专靠集体合同不见得能把工会组织起来,主要的在加强工人教育及思想觉悟提高。

(六)瑞蚨祥绸布店。

表5-8 瑞蚨祥西鸿记历年盈余情况

年份	营业额	盈余 金额	%
1928	307839	20489.59	6.66
1929	272356	17550.90	6.44
1930	353221.17	22355.96	6.32
1931	473706.98	45220.20	9.55
1932	445850.62	44233.94	9.92
1933	353446.44	34787.35	9.84
1934	284949.17	24533.79	8.61
1935	210597.77	30116.80	14.30
1936	312133.62	28096.22	9.00
1937	392150.68	36040.81	9.19
1938	672483.78	72892.46	10.83
1939	1235836.27	130658.11	10.57
1940	2027790.84	200734.12	9.89
1941	2473728.66	263610.44	10.66
1942	3614334.42	336046.03	9.30
1943	4495647.59	526073.04	11.70
1944	20566931.37	3770514.45	18.33

第五章 劳资纠纷中的工会

续表

年份	营业额	盈余 金额	%
1945	100972895.67	23383117.43	23.16
1946	887418249.80	174361658.89	19.65
1947	7617566001.20	1037073984.98	13.61

注：1937年后，单位为银元；1942年后，单位为洋。

资料来源：中国科学院经济研究所、中央工商行政管理局资本主义经济改造研究室编写《北京瑞蚨祥》（典型企业调查资料），第128~129页。

总起来看，瑞蚨祥绸布店自1948年北京处于解放军围城期间，营业额开始下滑，盈余也跟着下降。自1949年起到1950年3月为经营困难时期，1950年3月到年底为业务恢复时期，1951~1953年为发展时期，1954年到合营前夕为营业萎缩和内部改革时期。①

从以上六家店铺的调查情况来看，可以得出这样的结论：北京市的私营企业生意最好的时期是"七七"事变之前，最差的时期是解放后，日寇统治时期勉强还可以，抗战胜利后除1948年"八·一九"限价带来的金圆券贬值外，生意都还不错。因此很难说民族资本主义"处在帝国主义、封建主义、官僚资本主义及其集中表现的国民党反动统治下，遭受了严重的压迫与摧残，奄奄一息，朝不保夕"。通过比较可以得知，国民党统治时期是扶持私营工商业的，只是由于国内政局纷争，影响到工商业的发展，但不是致命的，这时的资本家有权、有职、有钱。日本人统治时期是日本货大量涌入中国，私营企业受到一定程度的冲击，从材料反映的内容看，日本人没有压制、摧残私营工商业的发展，但是资本家有忧虑，一是担心日货的冲击自己的生意，二是担心企业被没收。但这两种情况前一种的确存在，后一种材料中没有反映出来。解放后，情况却有所不同，资本家最大的忧虑就是担心自己的财产被"共"掉；最不满的是企业中设立工会和党组织，工人难以管理；最难以承受的是税金、公债任务重，还有公营公司、合作社对他们生产经营的挤压，因此资本家认为自己处

---

① 中国科学院经济研究所中央工商行政管理局资本主义经济改造研究室编《北京瑞蚨祥》（典型企业调查资料），第140页。

于无权、无钱、无前途的"三无"态度之中。如果一个企业内生产不能维系,那么没有劳资纠纷的一定会产生劳资纠纷,本来就存在的劳资纠纷的更加激烈了,因此,解放后生产经营的衰败是劳资纠纷产生的一个重要原因。

(三) 基层工会工作人员对劳资政策把握不准

解放后调理劳资纠纷的问题涉及中共对资产阶级的政策问题,比较复杂。中共自从"成立伊始,在对资产阶级的政策上始终摇摆不定",[①] "在民主革命时期,如何正确对待私营工商业问题,曾经长期困扰共产党人的认识及实践。"[②] 长期以来,问题的症结就在于理论与实践不能完全统一,要么是革命的理论无法适应艰难的革命环境,要么是现实环境的抵拒,无法执行革命的理论。结果是要想实现革命的成功必须结合实际修改革命的理论,因此形成的实际情况是理论归理论,现实归现实。革命形势危急时就修改理论来挽救革命,革命的形势有利时又想把原来的革命理论再付诸实践,因此长期的革命过程就是理论与实践的相互修正并逐渐吻合的过程。

为了革命能够成功,这种对理论不断的修正其实也无可厚非,残酷的现实环境逼迫也不得不如此,问题是这种对理论的修正导致中共的政策不稳定,可能朝令夕改,对工商业的发展并不利。以中共革命时期对工商业的政策变化来看,明显的例子是苏区在20世纪20年代后期,革命盲动主义爆发时"红军赤卫队不守纪律,所以苏区所有市镇大都是经过破坏的",[③] "给当地商业经济和居民生活造成严重打击",[④] "成千成万的工人、小贩失业,把一般中小商人送到地主营垒"。[⑤] 到"1929 年秋冬,苏区开始将制定并推行自由贸易和保护商人政策","各苏区相继制定《商人条

[①] 杨奎松:《建国前后中国共产党对资产阶级政策的演变》,《近代史研究》2006 年第 2 期。
[②] 张云等著《中共党史十讲》,东方出版中心,2011,第 59 页。
[③] 《赣西南特委综合工作报告》(1931 年 9 月 20 日),江西省档案馆,中共江西省委党校党史研究室选编《中央革命根据地史料选编》(上册),江西人民出版社,1982,第 410 页。
[④] 何友良:《苏区制度、社会和民众研究》,第 183 页。
[⑤] 《鄂豫边第一次全区代表大会群众运动决议案》(1929 年 12 月 2 日),《鄂豫皖苏区革命历史文件汇集》(甲 2),第 40 页。

例》等专门政策",①要求"切实保护小商人",使其"安心营业"。②

中华苏维埃临时中央政府成立后,颁布了《经济政策》《关于工商业投资暂行条例》两个重要法规,明确规定:"允许私人资本在中华苏维埃共和国境内自由投资经营工商业。"③ 1934年1月,苏维埃临时政府规定:"苏维埃对于那些遵守苏维埃法律进行生产与贸易的商人与资本家,则保护他们生命与财产的安全,以及营业上的自由。"④ 这些规定显然是正确和恰当的。但是它没法阻止"苏区的商业情形是起落无常的不安定状态"。⑤

抗日战争全面爆发后,中共对私营工商业的认识和方针有了重大转变,经过不断地摸索,到20世纪40年代初期,在毛泽东的主持下中共才逐渐开始形成了一套相对稳定和成熟的、针对资产阶级的理论观点和政策。⑥ 1942年由于日本侵略军的进攻和国民党的包围封锁,根据地财政处于极端困难时期,毛泽东提出"发展经济,保障供给"的经济、财政总方针,"在公私关系上,就是'公私兼顾'或叫'军民兼顾'",⑦ 这是毛泽东首次提出并界定了公营经济与民营经济的关系。

抗日战争胜利之后不久,中共对民族资产阶级的政策又发生了动摇。例如,尽管1947年10月《土地法大纲》公开规定:"保护工商业者的财产及其合法的营业,不受侵犯。"⑧ 可是法案颁布后"中共领导下的土改运动在北方一些根据地带起了一股冲击工商业资本家和小业主的强大浪潮"。⑨ 虽然这种做法并不为中共所提倡,可是之所以会发生如此情况,与有些中共领导人思想上一贯排斥私营商业有极大的关系。

---

① 何友良:《苏区制度、社会和民众研究》,第185页。
② 《中共闽西特委关于剪刀差问题演讲大纲》(1929年10月5日),《福建革命历史文件汇集(闽西特委文件):1928~1936年》,第154页。
③ 《中华苏维埃共和国临时中央政府关于工商业投资暂行条例的决议》,江西省档案馆、中共江西省委党校党史研究室选编《中央革命根据地史料选编》(下册),第572页。
④ 何友良:《苏区制度、社会和民众研究》,社会科学文献出版社,2012,第187页。
⑤ 《赣西南特委综合工作报告》(1931年9月20日),《中央革命根据地史料选编》(上册),第411页。
⑥ 杨奎松:《建国前后中国共产党对资产阶级政策的演变》,《近代史研究》,2006年第2期。
⑦ 《毛泽东选集》(第三卷),第894~895页。
⑧ 云南大学历史系编辑《中共党史参考资料二·民主革命时期》(下),云南大学历史系,1976,第210页。
⑨ 杨奎松:《建国前后中国共产党对资产阶级政策的演变》,《近代史研究》2006年第2期。

1947年底,国共内战形势开始向有利于中共方面转移,毛泽东随即召集会议做了《目前形势和我们的任务》报告,完整提出了新民主主义的三大经济纲领,进一步明确了新民主主义国民经济的指导方针,"必须紧紧地追随着发展生产、繁荣经济、公私兼顾、劳资两利这个总目标"。① 1948年毛泽东针对"某些地方的党组织违反党中央的工商业政策,造成严重破坏工商业的现象",专门起草了《关于工商业政策》一文,再次强调:"将发展生产、繁荣经济、公私兼顾、劳资两利的正确方针同片面的、狭隘的、实际上破坏工商业的、损害人民革命事业的所谓拥护工人福利的救济方针严格地加以区别。"②

1949年4月,毛泽东在华北干部会议上进一步把指导工商业发展的"公私兼顾,劳资两利"政策发展为"四面八方"的经济政策。对于劳资两利毛泽东解释为"关于劳资两利,许多同志只注意到其中的一方,而不注意另一方。你们看二中全会决议中讲到我们同自由资产阶级之间有限制和反限制的斗争。目前,其精神的侧重点,不在于限制而在于联合自由资产阶级。那种怕和资本家来往的思想是不对的。如果劳资双方不是两利而是一利,那就是不利。为什么呢? 只有劳利而资方不利,工厂就要关门;如果只有资利而劳不利,就不能发展生产"。③ 9月底中国人民政治协商会议通过的具有宪法性质的《共同纲领》提出了中华人民共和国经济建设的根本方针,"是以公私兼顾、劳资两利、城乡互助、内外交流的政策,达到发展生产、繁荣经济之目的"。④

根据上面梳理中共对资产阶级的政策可知,如何对待资产阶级是一个颇费周折的事,中共制定的政策、方针并不少,但无论怎么变化,实际在对待资产阶级过程中"左"倾的痕迹是很显然的。这是因为中国革命的环境有特殊性,既不能完全按照马克思主义理论,也不能完全照搬苏联经验来对待资产阶级,中共只能在不断的试错中探索正确的方针。马克思主义性质的政党本质决定了它必然是与资产阶级对立的,正因为如此,所以对

---

① 《毛泽东选集》(第四卷),第1256页。
② 《毛泽东选集》(第四卷),第1285页。
③ 陶秀箔:《忆毛泽东同志畅谈"四面八方"》,《党史文汇》1993年第4期。
④ 《中国人民政治协商会议共同纲领》,人民出版社,1952,第9~10页。

资产阶级的政策是易变的、宏观的,有时是"左"倾的,"公私兼顾,劳资两利"的方针就是在这种情况之下提出来的。

北京解放后发生了大量的劳资纠纷,工会工作者对待资产阶级的政策正是按照"公私兼顾,劳资两利"来的,但是劳资纠纷没有减少,反而由于工会工作者"在解决劳资纠纷时,一般的工作同志都站在工人方面"而愈解决愈多。① 这是由于对于广大工会工作者而言,他们只知道这个名词而已,具体如何拿捏分寸,如何处理劳资纠纷才算是正确执行了"公私兼顾,劳资两利",其实并不清楚,也不懂。这一半是因为工会工作者水平参差不齐,"工会干部思想整个体现在大家工作是很热情,但由于业务工作是有不熟悉,工作中是没办法的",② 更主要的还是这一政策本身就没有可操作性,它是总方针,不是具体方案。

总之,解放后引起劳资纠纷的原因很多,但主要的就三条。

第二节 北京解放后劳资纠纷的解决办法

种种迹象表明,中共并没有充分做好北京解放后可能出现的劳资纠纷的应对措施。一种可能是由于战争胜利太迅速来不及充分准备;另一种可能是准备的重点是如何接管北京城的军政大权,对私营企业可能出现的一系列问题不在重点考虑范围之内,还有一种可能就是从毛泽东讲的对于"资本家你不去斗他,他不服从的"、③ 李立三认为的"资本家斗一斗,事情便好办",④ 还有彭真在解放后向中共中央汇报工作中提到的打杀"资本家的气焰""威风"来看,⑤ 中共对资本家的政策也有一个调整的过程。进城之前,即有"少与资产阶级接近"为戒;进城后"认为在政治上对资本

---

① 《第三区办事处一九四九年工作总结》,1949,北京市东城区档案馆 004/01/0061。
② 《北京市工会第一区办事处 1949 年月度、季度工作报告、行业调查报告、各工作组工作报告、宣传工作报告》,1949,北京市东城区档案馆 004/01/0001。
③ 杨奎松:《建国前后中国共产党对资产阶级政策的演变》,《近代史研究》2006 年第 2 期。
④ 《李立三同志在全国总工会工作会议上关于工会组织问题的报告(提要)》(1949 年 7 月 24 日)、《朱德、李立三同志在全国工会工作会议及华北电业工作干部会议上的报告摘要》,北京市档案馆,档案号:001-006-00016。
⑤ 郎冠英、许顺主编《中国资本主义工商业的社会主义改造》(北京卷),第 47 页。

家应该冷一冷，总想先压一压，先把工人提起来，然后再来搞他"。因此，进城后，不找资本家谈话，不听取他们的意见，不帮助他们解决困难，资本家找上门来，也避而不见，唯恐"丧失立场"，"报纸对资方也是只有批评，没有鼓励"。① 总之，石家庄、天津解放后出现的对资产阶级的"左"倾行为，北京解放后仍然出现。

这些"左"倾行为主要的、长时间的大量地表现为劳资之间的纠纷。客观论之，马克思主义指导之下的中共及其领导人在内心深处是排斥资产阶级的，而且党内长期以来也存在一种民粹主义思想，总希望革命胜利后直接进入社会主义社会，加之中国的资产阶级长期生活于国民党政府统治区而不是在中共领导下，因此，双方之间关系有时并不"和谐"，资本家甚至对中共有种消极避让的态度。当然，对于中共来说，之所以保护资本主义生产方式，主要是它有利于根据地、解放区经济发展，能解决生产、生活问题。双方的这种认识，就导致了1949年初期中共既要在政治上打压"资本家气焰"，而经济上又想利用资本家的局面。

北京解放后的劳资纠纷呈现"此落彼起"的态势，劳资纠纷导致北京当时百业萧条，严重影响了市民的正常生活，也影响中共的执行基础，由此解决劳资纠纷，利用资本主义生产方式恢复和发展经济就显得刻不容缓。以彭真为首的北京市委和北京市总工会采取了多种手段来解决劳资纠纷。

一 团结教育资本家

面对风起云涌的劳资纠纷，让资本家大感震惊与不安，大都抽逃资金，消极经营，甚至干脆就停业。"尤其那些与官僚资本有千丝万缕联系的大企业，怕企业没收，怕挨斗受罚，怕剥削多了，罪恶大了，被枪崩"。资本家对中共也有很多怨言："看你们的政策很好，但是做起来就不是那样。"②

---

① 天津市哲学社会科学学会联合会办公室编《国庆三十周年论文选》，1979，第3页。
② 天津市哲学社会科学学会联合会办公室编《国庆三十周年论文选》，第4~5页。

面对工商业不振，经济萧条的状况，中共和工会都认为是资本家不了解"公私兼顾，劳资两利"的政策，因此通过各种方式对资本家进行教育，解放后北京民主建国会北京分会进行的"新知识座谈会"就是一个典型。

表5-9　1949年民主建国会北平分会新知识座谈会[①]

次序	日期	主讲人	讲题
1	3.13	孙起孟、施复亮	茶话会（欢迎民理事们）
2	3.17	吴羹梅、章乃器	漫谈革命形势
3	4.3	黄炎培	中国土地改革问题
4	4.9	胡子婴、盛丕华	工商业问题
5	4.17	施复亮、孙起孟	时事漫谈
6	4.23	俞寰澄	国际和国内和平问题
7	5.1	俞寰澄、孙起孟	自由与民主
8	5.7	自由讨论	如何把消费城市变成生产城市
9	5.15	杨超	中国革命与中国共产党
10	5.20	朱学范、刘子久	发展生产，劳资两利
11	5.24	郑怀之	讲话
12	5.27	胡子婴	劳资纠纷处理办法
13	5.29	胡绳	中国社会的本质
14	5.30	胡子婴	劳资纠纷处理办法
15	6.3	章乃器、胡子婴	红利分配问题
16	6.8	胡子器	业务讨论
17	6.12	马寅初、裘文中	出席世界拥护和平大会感想
18	6.14	李烛尘、章乃器等	民建会会章报告
19	6.15	黄玠然	征支小组
20	6.17	自由讨论	如何把消费城市变成生产城市
21	6.22	陈纪、王寿朋	公私企业关系的协调指导
22	6.26	邓初民	新民主主义的要义
23	7.1	闫宝航	三年来的东北

[①] 北京市政协文史和学习委员会、中共北京市委统战部编《北京市民主党派工商联史料选编》（下），北京出版社，2009，第320~322页。

续表

次序	日期	主讲人	讲题
24	7.8	朱学范、刘子久	私营企业的集体合同
25	7.17	钱俊瑞	毛泽东思想的特点
26	7.22	税务局	税务问题
27	7.29	罗叔章、孙起孟	八一劳军
28	8.5	狄超白	当前物价问题探讨
29	8.12	胡绳	论人民民主专政
30	8.19	吴大琨	白皮书问题
31	8.26	吴觉农	出口贸易问题
32	9.1	胡饮之	特种手工艺品经销合作问题
33	9.2	刘尊棋	白皮书问题
34	9.9	梁耀	产销合作的城乡互助问题
35	9.11	邓初民	新政协的展望
36	9.16	吴清友	中苏关系的认识
37	9.23	南汉宸	目前工商业存在的问题
38	10.7	胡子婴	南方工业的现况
39	10.14	孙起孟	共同纲领
40	10.21	杨卫玉	共同纲领
41	10.28	千家驹	私营工商业如何配合新经济政策
42	11.4	闫宝航	中央人民政府组织法的特点
43	11.11	刘子久、史怀壁	劳资问题
44	11.17	章乃器、狄超白	物价问题
45	11.18	刘子久	劳资问题
46	11.25	周新民	中国人民政治协商会议组织法
47	12.2	邓云鹤	北京市第一届人民代表会议东北之行港九现况
48	12.9	施复亮	对人民胜利扣实公债的探讨
49	12.16	李立三	劳资关系之文件的学习
50	12.23	萧三	斯大林与中国革命
51	12.30	孙起孟、张永康	新知识座谈会的回顾与展望

民主建国会发起的座谈会"主要任务，在于团结、扶助、教育、改造民族工商业者"，目的是"适当的传达政府的政策和法令，一方面听取工

商界反映他们的具体情况和意见，尽可能的把两者联系起来，结合起来，使政令得到顺利的推行，工商界的问题也得到及时的合理解决"。[1] 座谈会举行的方式不拘定，发展的步骤也不做硬性要求，像北京分会所领导的"新知识座谈会"虽然起初也的确举行了座谈会，但后来变成了群众性的讲演会。其内容大体上可分为政治学习和业务学习两种。一般而言，在举办初期，布置业务学习的次数要比政治学习的次数多一些，"注意适合工商业者的需求，使他们感觉到参加我们所布置的活动，一面是在进行学习，一面也在一定的程度内解决了他们的业务问题"。[2] 这种针对工商业者的学习时间很长，一直延续到"五反"运动之前。

北京解放后，许多资本家为了自保和了解政府相关政策法令纷纷加入了民主建国会北京分会，私营工商业者赵伯华就深受"新知识座谈会"之益，曾言"我受到启蒙教育是民建中央举办的'新知识座谈会'"，"在我们这些孤陋寡闻的工商业者听来，确实得到了新知识，纷纷要求加入民建组织。开始有不少人，也可以说大多数人和我一样，对党的政策有怀疑、顾虑，经过'新知识座谈会'的启发教育，提高了认识，改变了对党的看法。""工商界取得这些进步，'新知识座谈会'和民建组织经常性的教育起到极大的推动作用。"[3]

民主建国会北京分会座谈会是长期性的政策宣讲和教育组织，此外中共领导人及北京市委、工商局、市财委、市工会组织的有针对性的座谈会，也起到了安抚、教育资本家的独特作用。

1949年4月16日，北京市委召开会议指出："恢复改造和发展生产，乃是北平党政军民目前共同的中心任务，其他一切，都应该围绕着这一中心任务来进行，并服务于这一任务。"[4] 为解决这一"中心任务"，4月20

---

[1] 《民主建国会关于初步总结新知识座谈会一类工作经验的通报》（1950年7月18日），中国民主建国会中央委员会宣传部：《中国民主建国会历史文献选编》（2），民主与建设出版社，1994，第60页。
[2] 《民主建国会关于初步总结新知识座谈会一类工作经验的通报》（1950年7月18日），中国民主建国会中央委员会宣传部：《中国民主建国会历史文献选编》（2），第61页。
[3] 《一个私营工商业者的后半生》，北京市政协文史资料委员会编《北京文史资料》第54辑，北京出版社，1996，第44页。
[4] 北京市总工会编《新中国北京工会50年文献汇编：1950~2000》，第8页。

日，中共北京市委召开了工人代表座谈会，紧接着21日又召集私营工业资本家座谈，商讨如何恢复与发展生产，会议由北京市长叶剑英主持了会议。开始资本家"有顾虑，不敢说真话，只拣好听的说"，仁立地毯厂长说他们是自愿提高了工人工资，甚至引起"哄堂大笑"，"经过一些启发后"资本家就问："是否还清算？""工人无纪律随便请假不上工如何办？""短工能否解雇？"也有资本家要求减低税率以扶持工业。① 北京市委书记彭真就劳资关系、原料、销路、资金、税收等问题做了阐明，消除了资本家的大部分顾虑。北京市委还分头召开了些工商业家的小型座谈会、劳资双方代表参加的政治座谈会，来解决具体问题，如给私营企业以贷款，由国营公司私用加工、订货等方式，解决私营企业的原料来源和产品销路问题。

刘少奇在天津市的讲话及章乃器《平津工商业的新生》的讲话都对资本家影响很大。北京市工商局也召集了各行各业的129个同业公会，250多人开会，市财经委员会副主任程宏毅对人民政府的商业政策做了讲解："凡有利于国计民生，遵守政府政策的可自由经营发展。"② 同年8月，市工商局召集十几个同业公会代表研究了私营工厂生产，确定具体指导方案，并且采取一些具体措施与做法来使私营工商业迅速恢复，走上发展生产的轨道。

北京市委召开会议之后，北京市总工会立即向下传达，各级工会再把市委、市总工会的方针政策传达给各私营企业的资本家。经过反复的政策宣讲、教育，资本家对于中共的顾虑已大部消除了，对中共的政策也有了基本的认识，原来的惧怕也少了，有话也敢说了。义华铁工厂吕栋臣说："现在了解了共产党的政策，不但不清算，而且帮助我们发展，从今天起非好好干不可"，面粉厂反映："这样对生产就好办了"。③ 但少数资本家仍然对社会主义有顾虑。

归纳起来，北京市委和总工会就是通过对资本家进行政策宣讲，并创造一些私营经济发展的条件，用这两种手段来安抚资本家，减少劳资之间

---

① 郎冠英、许顺主编《中国资本主义工商业的社会主义改造》（北京卷），第33页。
② 郎冠英、许顺主编《中国资本主义工商业的社会主义改造》（北京卷），第6页。
③ 郎冠英、许顺主编《中国资本主义工商业的社会主义改造》（北京卷），第34页。

的矛盾与纠纷。

二 签订劳资集体合同

从全国来看，1949年7月底以前，劳资纠纷解决处于一种很混乱的状态，可以称为混乱期，也可以说是无政府状态时期，主要表现是这里也解决，那里也解决，一家一家的分散解决，没有一个统一的机关，街、区、工会工作组都可以解决劳资纠纷，也没有统一的手续。或者完全是放任自流，让每个工厂作坊商店的职工，与每个企业主直接解决。每一个单位的解决标准也不同，对"公私兼顾，劳资两利"的把握也是不一样。结果工人互相影响，要求向"高"处看齐，愈解决纠纷愈多，逐渐向"左"的自流的方向发展，造成对私营工商业经济很大的打击。

各地解决劳资纠纷中出现的混乱状态，引起了中共中央的高度重视，7月5日中共中央向各地党委，特别是各大城市市委提出几点提议，要求"必须迅速采取办法，纠正这一危险的现象"。中央要求：

> 一切有关劳资纠纷问题，均须集中到市一级机关，即市劳动局、市总工会、市工商局来统一解决。禁止区委、区街政府、下级工会组织，处理任何劳资纠纷。宣布解决劳资纠纷的口头的与书面的契约，必须经市劳动局批准备案后，方为有效。为此，必须将各区的得力干部，集中到市总工会与市劳动局，来进行工作。必须由市委书记、副书记或常委，来担任总工会主席与劳动局长。

并指出："一切劳资纠纷，都由工会来调解处理。这是严重的错误。"①
北京市的劳资纠纷基本也同全国相仿，从解放军入城到4月底是劳资关系混乱时期。经过北京市委及工商局召开的几次劳资代表会议后，4月底5月初在干部中有了较明确的防"左"的酝酿。因为普遍的"左"倾已经使北京市的经济雪上加霜，难以支撑，这些情况引起上级领导的高度重视，于是北京市委就连续发布了以下措施来纠正。

---

① 中华全国总工会编《中共中央关于工人运动文件选编》（下），档案出版社，1985，第293~295页。

1. 宣布了解决劳资纠纷由市总工会统一解决，区一级必须报告请示总工会，不得单独解决。

2. 分头召集几次职工代表和资方代表座谈会（都是由市委召集的），听取意见，讲解政策，说明工人及资本家的前途，给工人和干部以教育。

3. 市总工会搜集劳资关系与劳资争议中所接触的问题，参考天津劳资关系战时处理办法草案并进行了研究，以便作处理争议的参考。

4. 劳动局的建立和工商局与市总工会在工作上配合。

5. 工商贸易局积极的工作，城乡交流和内外贸易已有了初步成绩。这使工商业者也有了新的刺激，给他们看到生产发财前途。

6. 一行一业的订立集体合同。①

由于在领导上加强各项措施，北京市基本上制止了"乱"与"左"的现象，自5月以来，劳资关系渐趋稳定了，工商业资本家的情绪，也渐渐安定了。② 但是并不是所有私营企业都能"安定"，如北京国药业解放前铺规甚严，解放后，国药业工人反抗情绪非常高涨，提出了许多要求，其中有许多是合理的应该的，但也有些是不合理的，不应该的。而有的资本家由于害怕，对于工人要求，不管合理不合理，通通接受。同时，在业务范围内，有些资方指挥不了工人，有的工人过分干涉资方。因此资本家不愿积极生产，使国药业的生产与营业遭受很大影响，对于劳资双方，都极为不利。③

7月底北京市委经研究，采取了按行业签订劳资集体合同的办法，首先在全市私营国药业（有288家会员店，2500余名职工）中推行。经工会组织的教育使劳资双方明白了只有从发展生产出发，才能得到劳资两利，从而很快达成协议。1949年7月30日国药业劳资双方在集体合同上签字，市劳动局当场予以批准。此后，北京市在建筑、染织、机制面粉和门头

---

① 北京市总工会编《新中国北京工会50年文献汇编：1950~2000》，第25页。
② 郎冠英、许顺主编《中国资本主义工商业的社会主义改造》（北京卷），第47页。
③ 《解决劳资纠纷的正确途径——论北平国药业劳资集体合同!》，《工人日报》1949年7月31日。

沟、城子小煤窑等行业，都签订了劳资集体合同。鉴于处理劳资争议问题是一项长期的工作，于是建立了市劳资争议仲裁委员会，处理劳资双方协商未能解决的问题；成立了市工商业调处委员会，调整工商业，改善公私关系和劳资关系。这两个委员会都在市人民政府领导下进行工作。

劳资合同订立的步骤是，先由该行业工会或筹委会从工人中选出职工代表，由职工代表收集该行业职工对订立集体合同的意见，拟定劳方集体合同方案，印发给职工小组广泛进行讨论，提出意见，再收集上来修改补充，最后由代表会通过提出劳方的意见。同时资方由劳动局领导与督促，该行业同业公会选出资方代表，搜集该行业资方对订立集体合同的意见，拟定资方方案，经会员大会通过后，提出资方的意见即正式谈判。然后召集劳资代表联席会议，进行讨论，展开争论，反复争论，反复磋商后将双方一致的意见，起草为集体合同。最后再由劳资双方代表把商定的集体合同草案，发给劳资双方的会员征求意见，直到双方绝大多数满意后，即由双方代表签字，经劳动局批准公布实行。

要想在劳资双方之间订出一个双方都能接受的集体合同并不是一件容易的事情，一般说来工会要做到以下几点。

其一，发动工人群众，用工人群众的力量来解决他们自己的问题。工会自上而下的把工人组织起来，抓紧对代表和负责人教育，首先使他们掌握政策，懂得阶级观点，然后通过他们与其余工人商量问题去说服与教育工人，让他们感到必须认真处理自己的问题。起初工会有包办代替，不相信工人群众，害怕工人群众发动起来之后会出乱子，因而一切问题决定于工会干部，不敢交付给工人去处理与决定。北京市在工会组织工作过程中就有不少失败经验，走了一些弯路。在劳资集体合同订立方面仍然有，如机制面粉业，筹备委员在临时工会代表会上选出，但总工会干部未放手使用筹备会，而认为筹备委员会能力差，觉悟低，决定依靠工代会，结果实际工作让总工会包办了。

其二，整个解决劳资纠纷的工作过程，同时对工人进行再教育。每个职工提出解决劳资关系及纠纷问题的工作过程，互相评议条件，让大家提条件，反复评议条件，使工人群众在思想上和认识上不断提高和进步。如东庆仁堂在讨论集体合同以前，工人坚持工资提成比例40%以上，但在讨论过程中,由工会教育了工人,结果自动要求降低到27%,① 经过这样程序订出来的合同草案,才会真正符合群众的要求。如果工会讲,大家通过,草草了事根本行不通。

其三,一行一业的解决劳资纠纷,订立集体合同,首先领导思想上要一致。各区工作组在统一领导下集中使用,分散活动,应在工作步调上做到一致,不然,解决问题彼此不同,互相影响,会使整个工作遭到不应有的困难和损害。如在1949年5月中旬前,市总工会在领导思想上未能一致,虽然决定如何做,但很难展开。5月下旬市总工会领导上统一了,与各区工作组基本上取得了一致,但和各区联系研讨问题及检查工作还是做得不够,因此降低了工作效率,只要能将区干部全集中到总工会,按行业分成小组,这样可在思想上、行动上取得一致。

其四,集体合同要有相当的收缩性,以使某些店铺与工人作坊,再根据集体合同的精神及各厂各号的具体情况,订立更具体的"补充合同"或"执行细则"。

其五,劳资双方协商会议是最重要的一环,工会必须帮助工人做准备工作。单就劳资双方来讲,工人文化水平低根本不是资本家的斗争对手,因此工会对拟出的集体合同要帮助工人逐条逐字研究,避免漏洞,以免不利工人。在会谈过程中,如果因某一个或几个问题劳资双方意见难以统一,陷入僵局,适时提出休会,让双方代表自行商议,以便研究进一步的解决办法。对一些一时得不到协议,而又各自坚持的问题暂时保留,这样使已得协议与未得协议的问题分开,问题就愈解决愈少,直到最后全部达成协议。协商中工会干部提醒工人体会不到的问题,或以解释方式提醒工人,以便问题获得协商。如面粉业一些资本家将不给工人增加工资的责任推到总工会不让增资,以达到工人对总工会不满的目的,这时工会就要设法加以解释,获得工人的理解。

签订集体合同是中共中央与北京市的共识,它的优点主要是:

其一,工人与资本家都有章可循,克服了处理劳资关系的无序状态和进城初期的混乱现象,也明确了劳资双方的权利与义务。经过劳资集体合

---

① 北京市总工会编《新中国北京工会50年文献汇编》(1950~2000),第29页。

同的签订过程，工人方面学会了给资方营业算账，计算在生产营业上是否有利可图，愿意协助资方加强管理。如同仁堂药铺工人自动帮助清理旧药，展开节水节电，甚至见到资方营业不好，自动暂时减少工资。东庆仁堂药铺解放后，因流水提成从10%增到40%左右，后工人见资方赔本即自动降至27%，使资方有利可图。又如唯一面粉厂的增资问题、福兴作制服问题工人均愿意订立集体合同时整个解决，① 总之，工人赞成营业扩大，繁荣经济，以积极生产来刺激资方投资，另一方面，工会组织也被工人重视，并注意到职员与工人之间的团结，工薪的平均主义偏向有所克服，在一行一业的订立集体合同中，工人常以政策为依据，进行讨论与考虑。

就资本家方面而言，他们是最希望政府有法律，要求政府对处理劳资关系有明确的条文规定，作为劳资两方的依据，资本家很重视这样的规定，为的是这样可以"减少麻烦"，特别是"事实证明北平人的合法心理是很重的，只要有明文规定的，双方都愿意遵守"。② 资本家也想以法律条文来维护自己的利益，因此他们对天津的劳资暂时处理办法草案，进行推敲颇感兴趣，而最关心的条文是解雇权的问题，他们还嫌天津的草案在条文上不够具体、明确。一部分资本家对工人的要求常以不能发展生产"赔本了"来与工人谈判。资方对发展生产的认识还是有疑虑的，认为发展了生产好处是"官家"的，最终还是要归"官家"所有。但有部分资本家愿与工人订立集体合同，调整劳资关系，提高生产，以发展自己的营业。也有少数资本家不愿与工人签订集体合同，这样的企业一般是生产经营难以继续下去，资方因为赔本不想干了，觉得签订合同也没什么作用，只想解雇工人，如双盛合织布厂听到工人要增资、签订集体合同，即先把亲友打发回家，最后剩下了几个工会会员，宣布不能继续经营。

其二，按行业解决劳资纠纷，虽因行业中有经营规模大小和存在于劳资间的问题及纠纷多少之有不同，但在主要问题上，如工资规定、工时、铺规、劳资双方的思想情况等，是有共同点的。根据这些共同点加以解决，这个行业的基本问题就得到解决，就等于把一个行业的若干家的问

---

① 北京市总工会编《新中国北京工会50年文献汇编》（1950~2000），第25页。
② 《北京市工会第一区办事处1949年月度、季度工作报告、行业调查报告、各工作组工作报告、宣传工作报告》，1949，北京市东城区档案馆004/01/0001

题，一次解决，在时间、力量上都是事半功倍。事实证明，只要有按行业系统地解决，就能解决问题；反之则问题愈解决愈多。这样，一个行业解决以后，一切问题就好办了。北京市工会筹委会劳动保护部长张春久介绍订立行业集体合同的情况就说明了这个道理。如果一家一家地来，当遇到工人的过火要求时就没有办法，假设你去说服他们："你们的要求过火"。他们心里就会冒火，"你这个工会是代表谁的?! 为什么这个要求过火?"但如果召集一个行业会议就好办了，他们自己就会批评这个过火的要求。这个工人会说："提的太高了"，那一个会提出："不行，太高，过火"。

其三，便于在同一行业共同利益与要求下去发动群众、教育群众和组织工会，在群众运动中培养干部。这都是在已经做了和正在做的几个行业中已经证明了的，又如机制面粉业几个资方，过去曾有分裂职工团结的情况，但在讨论合同建立工会中，职工已渐渐走向团结，唯一面粉厂工人赵友文说："过去是一根烟管两头不通气，现在通气了。"[①]

总之，劳资双方签订集体合同对于遏制"此伏彼起"的劳资纠纷有重要的作用，也"是实行劳资两利的中心环节"。[②] 在签订集体合同的过程中，工会威信得到提高，工人受到了锻炼，资本家也觉得有章可循了。

三 召开劳资协商会议

鉴于劳资集体合同主要解决的是某一行业的劳资纠纷，具体到某一个企业的劳资纠纷可能是各种各样的，也就是说它并不能完全解决劳资间的所有问题，特别是具体到一些很细微的劳资问题时，劳资集体合同不可能样样都包含进去，因此在劳资集体合同之下很有必要建立一种协调劳资关系的新形式。劳资协商会议就是在这种情形下产生的。所谓劳资协商会议就是为了更好地调整劳资关系，搞好生产，在资本主义工商企业（或同一行业）中设立的劳资协商机构。在人民政府领导下，工会的主持下由劳资双方选派同等数量的代表组成。协商事项一般包括：订立集体合同及履行其中规定的事项，研讨生产计划和完成生产任务，提高产量、质量，节约

[①] 北京市总工会编《新中国北京工会50年文献汇编》（1950~2000），第26页。
[②] 中国工运学院编《李立三赖若愚论工会》，第64页。

原材料，改进生产组织和改良技术，提高生产效率和工人技术水平，改进业务管理和工厂规则，拟定和修改奖惩制度以及工资、工时、生活待遇和其他职工福利设施等事项。劳资协商会议，也有监督资本家努力恢复和发展生产，保障职工权利的作用。

1950年4月，劳动部发布了政务院批准的《劳动部关于在私营企业中设立劳资协商会议的指示》，规定："根据人民政府'发展生产，繁荣经济、公私兼顾、劳资两利'的方针，在私营工商企业中，为了便于劳资双方进行有关改进生产、业务与职工待遇各项具体问题的协商起见，在劳资双方同意之下，得设立劳资协商会议的组织。"[1] 内容十分详尽，涉及召开劳资协商会议的各个方面。

从内容上可以看出，劳资协商会议是劳资集体合同的一个组织化的机构，一个劳资双方议事的平台。劳资集体合同是一种规定、法规；而劳资协商会议是一个协商机构，两者的功能和作用是有区别的，在形式上劳资协商会议更灵活、更有效，也能更及时处理一些具体问题。

1950年下半年，北京市在18个企业中以行业或以工厂、商店为单位，成立劳资协商会议。[2] 实际上在一个私营企业中，经常起作用的是劳资协商会议。

以北京协和医院劳资协商为例，资方高玉华在1949年以前对工人要求甚严，解放后工人一致起来与其进行斗争，不得已资方几次贿买部分工人，结果被工人发现，因此，劳资关系很坏，双方可以说是对立和仇视的，纠纷一直继续到1950年下半年。劳资之间存在的矛盾主要是：

其一，助手岳惠珍、叶淑琴要求复工，院方不允许。

其二，工人要求休息问题（现助手年终无休息，所以要求今后每周休息半日）。

其三，大夫孙昌镇的待遇问题（过去孙昌镇是名誉院长，每月分红利，后因孙昌镇靠近工会而取消了他的院长名誉，改为工资待遇而且很低）。

其四，临时工问题（现助手大部分均有三年以上的工龄，但资方仍认为

---

[1] 中共中央文献研究室编《建国以来重要文献选编》（第一册），第168~171页。
[2] 郎冠英、许顺主编《中国资本主义工商业的社会主义改造》（北京卷），第7页。

他们是临时工,不承认有雇佣关系,工人感到没有保证)。

其五,工人过去纪律不够好,但工会强调资方太坏,不解决以上问题,工会是无法整顿劳动纪律的。

为了解决以上问题,搞好劳资关系,自8月下旬开始,工会号召劳资双方成立协商会议搞好生产,扭转劳资关系现状。资方最初有顾虑,害怕是否会因此而丧失权力。资方总认为,医院是我开的,我有经营管理权,那么一切就应当我说了算,认为工会与他平等协商院务就是和他捣乱。经过工会几次解释,给他看文件,在劳动局协助下于9月初正式成立并于劳动局备案。

劳资协商会议成立以来先后开过两次正式会议,讨论的问题只一个,即"助手要求休息问题",两次会上资方都表现了很强硬的态度,最初资方不承认工人过去有休息,说助手是临时工,做一天得一天钱,不该休息。工人为了很好地解决问题,说临时工也好,少赚钱多雇几个人也可以,但必须解决休息问题。这样资方才同意在不影响业务的原则下可以休息,决定自10月1日开始,每两周休息一天。

经过劳资协商会议,劳资双方的态度都有所改变。在工人方面经过说服教育对资方的态度逐渐变缓和了,他们了解到劳资关系不好转是不能搞好医院的,所以在谈判中该让步的就主动让步了。但在一部分工人群众中间却感到与资方斗争不尖锐,并不满意地说:"工会不解决问题,1949年是工人翻身的年月,1950年该资本家翻身了!"资方以前认为,工会处处与他为难、压制他,解放初订的劳动契约也不合理,所以谈问题时毫无诚意,经劳动局和工会的几次说服和工会改变对他的态度,资方的态度也有某些地方改变了。①

总之,自从劳资协商会议成立以后,虽然也解决了一些问题,但是因为工人以前对资方"斗争过了一些头",劳资双方在过去结怨很深,使资方难以在短时间内释怀,反而一直仇恨在心,总想找一机会铲除工会干部、解雇工人,所以会议不能很顺利的解决更多的问题。例如,两次劳资会议刚刚召开后,资方又让助手信子惟停职一月,工会不接受资方一定要

---

① 《北京市总工会第一区办事处各工作组1950年月度工作计划、工作报告,组织、女工工作计划、工作报告》,1950,北京市东城区档案馆 004/01/0005。

他停职一个月的主张，最后闹到劳动局去，劳动局也不同意停职，让回协和医院继续协商，可是问题仍未解决。工会又不得不与劳动局联合做打通资方思想的工作。

不过在一区店员组，劳资协商比较成功。建立劳资协商前工人方面也有思想障碍。

其一，有的工人干部思想过"左"，认为与资本家不能用平等协商的方式来解决问题，应该是工会说了算，资本家不听强迫他听，如饭馆业干部王尊都说："对资本家不能民主，就得专政"。

其二，有的干部对"渡过困难"信心不足。怕搞节约，搞降低工资、伙食待遇，但到后来仍挽救不了企业的危机，尤其资方再不积极负责，单靠工人，结果买卖关门时，连3个月的解雇费都拿不着了。

其三，有的工人不愿意损害个人眼前利益，怕降低工资，或怕订劳动纪律，恐怕束缚自己行动。如小小酒家有的工人虽然也知道柜上欠债800多万元，但真要降低工资则很不乐意。

在资本家方面则心情比较复杂。

其一，有的资本家看不起工人，认为和工人协商讨论买卖有损自己的威严，或者怕工人侵犯自己权力，如稻香春食品店的资本家许晋卿就是什么事也不愿意和工人商量，工人提意见也不接受，并且说："我吃这行年数比你们多，你们懂什么？一切我自己全做主不必你们多操心，工人只要老老实实吃饭干活就行了。"

其二，有的资本家怕惹事，认为只要大家相安无事凑合着干吧。一协商就要起斗争，买卖仍搞不好，工人却会提出很多要求，不好应付。

其三，有的看见买卖不好就抱消极态度，就想把资本抽了快些关门就算了，不愿与工人共同解决困难。如永盛长油盐粮店，资方尽推托，"买卖不好，说什么也没用，吃一天算一天吧"。虽然建立协商会议，可是根本不开会。

由于劳资之间存在不同的想法，劳资协商过程中很容易发生偏差。有的资方对"搞好营业"的目的不明确，而只是借此让自己多得些福利。如天义顺油盐粮店第一次协商工人工资将原来以玉米为单位改为小米，劳方提出按九折折合，但资方坚持按八五折，后来工人让步，最后资方看到大有粮店的协商会议结果是一斤玉米折一斤小米,在第二次协商时又改为工人工资原数不动,以小米计算,但资方却将原为240斤玉米的工资改为350斤小米,总计这样下来柜上工资总开支每月需7000多斤小米,同时工人认为我们搞节约都给你一人搞去了,因此情绪也降低了。还有的资方把"渡过困难"的责任都放在工人身上,如解雇部分工人降低工资及生活待遇等,而不想从改善经营方式,调整人事机构等根本解决办法出发,如联合书店营业不好亏累800多万,建立劳资协商会议后,资方就提出将原来9个人减去5人,留用者工资减去一半,并且要取消休息制度。另外,工人代表与工人联系不够,协商会议上所协商的东西只是几个代表个人想出来的,如永昌顺油盐粮店协商会议最初建立之后,开了三次会而工人会却一次没开过,协商前工人代表既未很好的征求工人意见,协商后也没很好地和大家解释协商会中的议题,因此,有的工人就觉得代表包办了。

经过劳资协商,一区店员组发生了一定的变化,主要有以下几点:

其一,加强了工人劳动纪律。大部分柜上建立了劳资协商后,在这方面都有很大的成绩,订出了工作制度,整顿了过去散漫现象。如永昌顺油盐粮店过去浪费现象很严重,油柜掌柜带头吃喝浪费,工人行动散漫,厨房工人工作不负责,贪省事,把两天的窝头一天就都蒸出来了,结果都放坏了,蒸馒头也不好好揉起,常常蒸出生馒头来,工人们不爱吃,就自己上厨房另做,极其浪费。油房里按旧例是每人每天烧一锅半油,但工头韩振亭自解放后就常常是每天烧一锅油就待着或出去遛弯了,以后经工会个别说服教育,并且劳资会议上订立了劳动制度,大家都说:"这下咱们有谱可照着走,谁好谁坏可看的出来了",大家干活都很积极,尤以李有光转变的最快,按时开饭,闲时还帮别人干活。同时工人还自动地节约起来,据初步统计,单在香油方面每天至少可节省一斤。鼎新理发馆工人过去纪律也很松懈,随便出去或者躺在大椅子上睡觉,客人来了也不理,资方也不管只是消极地说不想干了,让给你们工人自己干吧,经过劳资协商后,资方经工会说服,主动地订计划了。

其二,改善了经营方式。有的柜上经协商后,采用"面向大众,薄利多销"、"调整人事和结构"等办法搞好营业。如天义顺油盐粮店过去存有很多贵重物品，如海参、干贝等物，后经协商会议协议把这些备货都卖出去了，换回了大众化的物品，买卖顿时就好起来了。东升祥布店4月里经劳资协议把大批绸货减价卖出去，换回布货，同时还将毛利减低，过去2分，2分多，现在降为1分。结果每天流水从500多万增为1600多万，两个月里就还清了2000多万元的税款，4000多万元的银行欠款。永安堂国药店后柜人少忙不过来，结果把丸药部与蚲皮部合并，集中精力大家一起搞实验了半个月这二部工人都很满意，大家觉得工作轻松些了，做的倒比以前多了。

其三，减少开支及浪费。联合书店最后协议将工资减少，减少二成至四成，并把菜金、文娱费也减少了，每月可节省800多斤小米，又该柜股东原占用该柜楼上住房，现决定或将房子退出转租他人或每月交纳房租。保元堂将60%的开支减为48%，将成本由40%增为52%，使货物流动速度更加快，东升祥布店在煤水电方面也节约了不少，过去电灯每夜亮着好几个，现在只有守夜人点个灯，别的到晚12点就全熄了。

其四，使劳资关系达到平等，互利协商的关系，不再像过去那样对立或一方专制的态度了，如东升祥布店，每晚结账时就把一天流水报告工人，以鼓励工人情绪。[①]

其实，劳资协商会议凡以生产为中心则易于进行解决问题，也比较顺利。如东升祥布店一讨论到福利、人事配备等问题，双方争执较多，很难解决问题；但是一讨论主要以减低货码来挽救危机后，会议情绪很热烈，双方认为这是好办法，"瑞蚨祥这样做成功了，我们一定也能成功"，[②] 因为，没有了经营生产说什么都是空的，这一点劳资双方都是很清楚的。劳资协商会议最主要的功能还是给双方提供了一个解决内部各种问题的平台，双方可以利用这个平台将矛盾、问题逐一摆出来讨论，避免一味地斗争，把矛盾转换成双方公开的冲突，对资方固然不利，对劳方更不利，因为一旦生产经营难以进行下去，资方还可以有坚持一段时间，工人则立即

---

① 《北京市总工会第一区办事处各工作组1950年月度工作计划、工作报告，组织、女工工作计划、工作报告》，1950，北京市东城区档案馆 004/01/0005。

② 《北京市总工会第一区办事处各工作组1950年月度工作计划、工作报告，组织、女工工作计划、工作报告》，1950，北京市东城区档案馆 004/01/0005。

断炊。

解决劳资纠纷党、政、工主要是采取这三种方式进行的，手段就是对劳资双方进行时事政策教育，订立某行业集体合同进行规范，再加上成立一个机构，即劳资协商会议，进行个别的具体的商议。总体上看，是有成效的，方法也是对的。

第三节　劳资纠纷中的工会

工会的主要职责是保护工人阶级的利益，当劳资双方发生纠纷时工会应站在工人阶级一边为维护其权益与资本家进行斗争，但是在解放初期到社会主义改造完成时期工会在面对劳资纠纷时，其角色并不是固定不变的，也不是一直与工人站到同一战线上。工会在不同的时期立场有摇摆、有反复，在调解劳资纠纷中的作用也有一个变化过程，但是它在处理劳资纠纷中的基础作用不可或缺。

一　沟通、调解作用

如果说北京解放后大量的、长时间的劳资纠纷都是工会发动的，绝对有点夸张，也不切合实际；可是如果说与工会无关，那就更不切实际了。可以这么说，在劳资纠纷的发生上工会充当了点火者的角色，在劳资纠纷的解决上工会又充当了灭火者角色。它的内在矛盾全部集中在角色的不时变换上，但这又不是工会自己能主宰了的。

前文已述，1949年1月北京已建立39个工会工作组，分赴各地组织和发动工人，工人大众的情绪被深深感染，加之由于战争胜利引起的民众"左"倾风气，整个北京市的劳资纠纷有一发不可收拾之势。4月份北京市连续召开市委会议、劳资代表座谈会开始主动调整劳资关系，遏止高发的劳资纠纷，压抑高涨的工人斗争情绪。指出"恢复改造与发展生产，乃是北平党政军民目前共同的中心任务"，要求工会"应防止行会主义倾向，尤其不要派有行会主义倾向和只顾工人眼前的带自杀性的'局部利益'（如足以使企业毁灭或缩小的过高的劳动条件、劳动纪律废弛等）的干部去作手工业工人与店员的工作"。5月份的时候，劳资关系才渐趋稳定，工商业资本家的情绪也渐渐安定了。① 北京市委的指示和要求透露出,首先,经济因素是决定劳资纠纷的一个主要方面,只要经济无法支撑必定要调整劳资关系;其次,工会是主导劳资纠纷的主要力量,虽然不是决定性因素。

中共中央 7 月份下发《中共中央关于处理劳资纠纷问题的数点提议》之前,北京市与全国各地一样,解决劳资争议非常混乱,没有设立专管机关,没有规定一定的手续。② 这期间,许多城市因为没有建立劳动局,一切劳资纠纷,都由工会来调解处理。工会有时是沟通、调解双方,有时甚至是以仲裁的身份出现的。对于工会充当的这种角色,中共中央是明确反对的,这涉及工会的立场和性质问题,因此它要求工会"只能代表工人说话,决不能站在劳资之间或劳资之上来调解仲裁劳资纠纷。否则,必然使工会脱离群众,模糊群众对工会的认识"。"如果工人提出过高要求时,工会是应当说服工人减低这些要求的。但是应当站在工人阶级的立场,说明这些过高要求对于工人群众实际上有害无利。在与工人群众商妥了这些要求之后,即应当代表工人向资本家交涉和协商。无法达到协议时,即提请劳动局以调解仲裁的办法来解决。工会代表,无论在协商时,或调解仲裁会议上,均应代表工人说话,而不应站在中间立场或政府立场说话。"③ 主持全国工会工作的李立三也是持这一立场,认为解决劳资纠纷机关要集中,工会的立场要与工人一致,而不是居中在劳资两方之间调解,正是由于工会站在劳资双方之上,所以工会才与工人产生矛盾,因此必须分清工会与劳动局的关系,劳动局才是调解劳资纠纷的机关。④ 中共中央与主持工会工作的李立三反复强调,反证出当时解决劳资纠纷的机关正是工会而不是劳动局,也即工会在解放初期至 7 月初是充当调解劳资纠纷的角色。

---

① 郎冠英、许顺主编《中国资本主义工商业的社会主义改造》(北京卷),第 29、31、47 页。
② 《中共中央关于处理劳资纠纷问题的数点提议》(1949 年 7 月 5 日),中华全国总工会编《中共中央关于工人运动文件选编》(下),第 293 页。
③ 《中共中央关于解决私营企业中劳资纠纷问题的指示》(一九四九年七月五日),中共中央文献研究室中央档案馆编《建党以来重要文献选编》(一九二一～一九四九)第二十六册,中央文献出版社,2011,第 536 页。
④ 中国工运学院编《李立三赖若愚论工会》,第 29 页。

事实也是如此。

第十三区1949年"处理的五十八起劳资纠纷中,只有瑞成斗店和四美澡堂经过了劳动部门仲裁"。① 第八区1949年全年统计劳资纠纷共156起,但是劳动局解决的只有10件,其余146件纠纷中,都是八区工会办事处征询总工会同意后帮助解决的,原因是到劳动局解决时总是拖得很长时间,而在下边解决工人很欢迎。解放后第八区的劳资纠纷是依月递增的,但在1949年6月、7月、8月、9月则相对平稳,这是坚持一切纠纷集中到市级机关解决的结果,所以纠纷较少;另一个可能就是到市级总工会解决拖得太长,所以都愿私自解决,甚至办事处都不知道,只是由于后来这一原则坚持较差,所以到办事处要求给解决纠纷的较多。②

1950年,九区的一些没落行业(如百货业、饭食旅店业)的工人,及已经失业的工人和忧虑失业的工人要求工会想办法给他们找工作。工人思想上存在许多问题,如抱怨税重、公债摊的太多,甚或有个别单位工人在怕失业的顾虑下和资方打成一片,偷、拐的行为都有。有的工人要求工会压制资方搞好买卖,有的则不愿上劳动局,发生问题后私下解决,怕上劳动局耽搁时间太长,自己也得不到太大的好处。如饭食、旅店业工人,不论工资多么低,生活怎样苦,只要能够维持不失业就行,效益不好时自动降低待遇,降低伙食或轮流回家等,期望慢慢好转。③ 同样是在九区,大昌油坊经理李寿山,对工人要求几乎是有求必应,曾三次提高工资,最后提高到93斤至180斤(小米),每日两顿细粮,端午节加发两个月工资,年底结账整1800万元。后来,资方想以2000万元遣散工人,工人不接受,双方发生争议。后申请劳动局,资方坚持解雇,工会深入了解,经与工人讨论后,认为如若资方积极经营,不再抽资,工人则适当减低工资和降低生活水平,买卖还可以做。劳动局根据工会意见调解,减低工资(店员最多减去85斤,工人最多减去65斤),伙食改为隔一日一次细粮,五个股东每月按中等店员标准支用生活费但要照顾企业情况,支款年终分红时扣除,结果

---

① 北京市朝阳区工会编《朝阳区工会志》,第90页。
② 《北京市总工会第八办事处1949年全年总结汇报、及召开区代表会议的材料》,1949,北京市档案馆038/001/00018。
③ 《九区工会办事处月份工作计划、报告》,1950,北京市档案馆038/002/00021。

资方同意了。①

1952年"五反"运动结束以后，北京六区采芬茶庄的经理对生产抱着消极态度，柜上的电灯坏了，他不找人修理，货少了他也不管，店员方面也有自由散漫的现象，早晨上班很晚，吃完饭后也不马上各守岗位工作。工会看到以上情况后，领导全体店员检查了在业务上存在的缺点，订出了劳动纪律。有的店员保证称货时分量准确，不往地下撒茶业；对顾客招待周到，说话和蔼。生产部商订了新的劳资合同。资方在大家推动下，改掉了消极思想，行动起来和合作货栈订立了3000万元的购货合同。使得业务渐渐走向好转，每天的流水额平均由300多万元提高到500万元。②

以上几个例子清楚地表明，工会在北京解放初期是劳资纠纷的主要调解者。即便中共中央于1949年7月发出指示，要求把劳资纠纷集中到市总工会、劳动局统一解决，也并没有完全改变基层工会解决劳资纠纷的现状，就是劳资纠纷最后由劳动局解决，工会也参与其中进行调查研究、分析研判，深深地影响并参与劳资纠纷的解决。

从机构的设置也可以看出来，每一个私营工厂至少有一位工会委员，大型私营工厂则工会会员很多；而劳动局则不同，它只在市一级设立，不在工厂中设立专门机构，当然也就没有工作人员，因此，工人可以接触到的是基层工会工作人员而不是劳动局的官员，无论从哪个角度考虑，工人首先选择的是工会而不是劳动局，所以，工会调解劳资纠纷的作用并没有因为中央的文件而停止，也没有因"五反"运动而消减，工会调解劳资纠纷的这一角色与功能一直伴随着社会主义工商业改造结束。

二 协助、配合解决劳资纠纷

工会调解、处理劳资之间的纠纷是解放初期工会的一项主要职责。到1949年5月初，中华全国总工会、北京市总工会和中共北京市委针对以上情况，把基层工会解决劳资纠纷的权利收归上级机关，劳动局成立以后明确规定解决劳资纠纷的机关是劳动局，这一规定有利于解决劳资纠纷标准

---

① 《九区工会办事处月份工作计划、报告》，1950，北京市档案馆038/002/00021。
② 《北京采芬茶庄在"五反"运动后，订立新的劳资合同》，《工人日报》1952年5月27日。

的统一，避免混乱局面，也避免工会代替政府职责，使原来主要由工会解决劳资纠纷变成了以劳动局为主，工商局与工会配合解决。而且规定工会负责工人的教育、福利等事以及日常劳资协商会议等；工商局负责对资本家进行帮助；劳动局则主要是解决劳资纠纷。这样三者的分工就很明确了，可是，由于劳动局、工商局都不在私营企业中设立基层组织，只有工会在私营企业中有组织存在，因此协助、配合处理劳资纠纷，工会有先天的优势。

例如，三区通兴公米粮店除刘玉辉等4人外，16名店员工人都有人力股。因为刘玉辉参加了工会，资方害怕给贸易公司磴粮掺假被泄露，更怕盗卖代售粮被检举，于是资方便设法解雇刘玉辉等4人，借口工人破坏生产，并利用16名有股份工人反对这4名工人造成群众性运动，并估计政府一定讲民主，赞成多数人的意见，而经理并不出面。

三区工会办事处认识到这个问题是经理支持，因此开始就不主张解雇这4名工人，并想办法揭穿资方的阴谋，做这16名工人的思想工作，虽用各种方式解释和说服工人应如何团结，但是工人们仍坚持解雇这4名工人，以后干部下去又个别谈话。有的没有意见，看大家的，也有的坚持要求解雇。后经工会与劳动局紧密配合之下，这4名工人与资方签订了"复工协议"，经理随即允许解雇工人可复工。

但复工后，经理仍在背后鼓动16名工人反对，实行罢工，并可以在柜上支钱。当时4名工人就负担了21名工人的工作。后面开动机器，前面帮助卖货，坚持了40多天。在这期间经理曾三次召集罢工工人让其坚持到底，后来坚持将近一月，因劳动局、工会的态度所转变，开始强硬，资方看到继续下去损失太大，则放弃坚持解雇而负责找职业，让刘玉辉到别处找工作，并给相等工资。①

北京市九区新丰楼饭馆是当时北京市大饭馆之一。1948年盈余（货）约合1700多万，年底劳资双方盘货时，工人要求将1948年盈利劳资双方对半分劈。资方最初不同意，后来工人查出资方有漏报筵席税的黑账，以此向资方要挟，资方畏罪才同意最后对半分劈，工人分得利益后，就交黑

---

① 《第三区办事处一九四九年工作总结》，1949，北京市东城区档案馆004/01/0061。

账交还了资方,这事被工会发觉,反映到劳动局。

劳动局会同工会调查情况属实后,即同工会首先教育工人,说明对半分红对营业影响太大,有违政府保护工商业的政策,并会损害工人长远利益。经数次教育后,工人很快认识了错误,并决心将分到的货全数交还资方,其中有 170 万元已经花掉的,决定由工资中扣还。对资方漏税的事情,劳动局决定转交税务查办。劳动局同工会并于春节期间到该饭馆召开大会,讲解政策,并点交货物。①

从调解劳资纠纷经常起作用的劳资协商会议来看,它的组织者、主持者一般也是工会,劳资双方的问题基本都在劳资协商会议上来解决,只有遇到劳资双方都难以接受对方条件时,才到劳动局去解决。以瑞蚨祥来说,"五反"运动后"的劳资关系一直是比较正常的,几年来没有什么提到上级来仲裁的劳资争议。许多问题,都通过劳资协商圆满解决了。但这不是说,协商中就没有斗争"。② 从这些来看,虽然工会由原来处理劳资关系的主角变成了配角,可是工会这才回归了自己的本质属性,但是工会仍然在解决劳资纠纷中起着协助、配合的作用,这是无可替代的。

---

① 《京新丰楼饭馆工人要挟资方对半分红劳动局按政策处理》,《工人日报》1949 年 7 月 27 日。
② 中国科学院经济研究所、中央工商行政管理局资本主义经济改造研究室编《北京瑞蚨祥》(典型企业调查资料),第 212 页。

结　语

　　建立工会的内在需求是什么？工会应该是什么样而实际上又是什么样？探讨并通过考察共和国之初工会的所作所为回答这个问题，能对当今工会建设提供若干有益的借鉴是本书写作的主要目的，也是它的根本意义所在。

　　自从鸦片战争打开中国国门之后，中国社会就开始缓慢地向近代社会转型，所谓近代，一个典型的标志就是资本主义生产方式的出现并最终确立了统治地位。晚清中国是在资本主义国家枪炮逼迫之下跨入近代社会的，不是经济社会发展的自然诉求，也不是本国自然社会发展的结果，因此在这一时期里产生的所有事物几乎都是传统与近代杂糅、碰撞和影响的结果，往往更多地打上本国的烙印，中国的工会便是如此。

　　传统的中国社会没有也不会产生工会，有的只是行会、帮口、帮会、秘密结社等封建性很浓的组织，开埠以后工人参与的仍然是传统的组织。因此在中国，与其说"工会是工人阶级反对资产阶级斗争到一定阶段的产物，是工人阶级在斗争中经历多次失败以后而找出的一种新的反抗形式"，[1] 不如说工会是工业经济发展到一定阶段的产物，这是因为"经济活动和在经济活动的基础上与它一起产生的人与人之间的社会关系，早晚要在组织上体现出来，并以组织的有形统一固定下来"。[2] 但在当时的中国社会中，甚至到共和国之初，工业经济的发展远不足以至诞生工会的条件，即中国的工业经济正处于初步发展期，工人的经济需求远远大于政治联合的诉求，一句话，工业经济赢弱下的工人是没有建立组织保护自己权益的

---

[1] 颜辉、王永玺编《中国工会纵横谈》，第1页。
[2] 〔苏〕叶·阿·伊万诺夫著《发达社会主义政治体系中的工会》，姜列青、姚玉琨等译，工人出版社，1980，第19页。

结 语

概念的，而且更为根本的是工人与资本家之间的矛盾如同社会其他矛盾一样，并没有到"你死我活"、誓不两立的尖锐程度。可是这并不意味着工会组织不会在中国大地上出现。

19世纪末20世纪初，主要受欧美工会思想以及日本和苏俄工会模式的影响，中国的工会思想开始萌芽，近代工人团体开始出现。特别是辛亥革命后，出现了短暂的中国早期工人运动的高涨和工会热，而且出现了一些工人团体与政党。

五四运动前夕，中国产业工人数量空前增加，加上城市和工业区的手工业工人、苦力及店员从而形成空前规模的中国工人阶级队伍。这样庞大又蕴含无穷潜力的队伍是任何有志于改造中国社会的政治势力都想争取的，工人成了新时代的宠儿。更主要的是与工人阶级相联系的是一种朝气蓬勃的生产方式，因此无论是资产阶级的政党还是无产阶级的政党都把注意力放在工人阶级身上。孙中山在"二次革命"失败后并没有停止过指导工人运动。1924年孙中山对广州工团演讲时指出："中心工人不只是反对本国资本家，要求减时间，加工价，完全是吃饭问题，最大的还是政治问题，就要奉行三民主义，……工人不但对于本团体有责任，在本团体之外还有更大的责任：就是国民的责任，抬高国家地位的责任。"[①] 这里孙中山明确要求工会既要维护工人自身的权利，又要维护革命政权，支持他所进行的国民革命。"五四"运动中具有初步共产主义思想的学生领袖"跑到工人中去办工人学校，去办工会"。[②] 1919年李大钊指出，要改造中国，"非把知识阶级与劳工阶级打成一气不可"，知识阶级要加入劳工团体，并要付诸"直接行动"。[③] 1921年7月，中共宣布的第一个决议案明确规定："本党的基本任务是成立产业工会。""党在工会里要灌输阶级斗争的精神。党应该警惕，勿使工会成为其他党派手中的玩物。对于手工业工会，应迅速派出党员，以便尽快进行改组工作。"[④] 可以看出，中共不仅要建立自己

---

① 广东省广州市总工会编《纪念第一次全国劳动大会召开85周年研讨会论文集》，2007，第299页。
② 《邓中夏文集》，人民出版社，1983，第431页。
③ 《李大钊传》，人民出版社，1979，第59页。
④ 中央档案馆编《中共中央文件选集》（第1卷），中共中央党校出版社，1982，第7页。

工会组织还要改组其他工会组织。

　　共和国之初的工会，在国营或公营企业中，最大的问题是行政与工会的职责不分，工会要管生产，行政也要为生产负责；工会搞工人福利，行政掌管着财务权利，双方之间时有矛盾。最主要的原因是工会没有自己明确的权利和义务，当然也无法明确。相反在私营企业，工会因为有斗争的对象——资方，因此有用武之地，这也成就了它在中国历史舞台上最精彩、最有价值、最有争议的一段时期。

　　北京解放初期，工人在工会的支持下斗争资本家，要求高工资，致使资本家几乎不得不关门歇业。1949年7月的时候，通过劳资协商会议，劳资协力渡过难关，工会要求工人主动团结资本家，减低工资或轮流回家。1951年底掀起的"五反"运动和1953年开始的社会主义改造运动情况都非常相似。每一次运动过去之后，工厂的情况是这样的：工人劳动纪律松懈，资本家无心经营，任由企业自生自灭，准备关门歇业，这时工会开始做工人与资本家的工作，要求资本家重新振作精神，从头开始；同时工会也开始整顿劳动纪律，让工人去主动积极生产，减低工资去团结资本家，并且说工人是领导阶级，生产的发展是为了国家，为了工人的长远利益，不是为了资本家，由此，工人思想上的梗阻没有了，还显得顾全大局，甚至主动地去做资本家的工作。如果工人做了这样的工作，资本家顺势而为，则又是一个新的轮回的开始；如果资本家不跟工人合作，则认为资本家顽固、保守，这时工会又出来收拾残局。经过几次这样的劳资关系的起伏变化，许多私营企业也希望早日走向合作化。

　　工会在体制上、经费上、法律上的种种规定，使其一开始就有走向行政化的倾向，虽然工会是工人阶级群众性的组织，实际的情形是由于内在地具有了以上的性质，所以与工人群众的关系时远时近，是变化不居的。这是它角色多重但力量有限的根本原因。虽然如此，但党和工会在推进各项工作中，并不很复杂，因为他们有干部、积极分子、模范三位一体的工作骨干；懂得大会、小会、漫谈会普遍适用的工作策略；使用争取积极分子、中立中间分子、打击落后分子分而治之的方针。

　　解决上述问题、解决现在工会维权乏力问题，途径只有一个那就是逐步实现工会自治，让工会回归自己最基本的职责。

参考文献

资料部分

一 档案

北京市档案馆馆藏档案

北京市东城区档案馆馆藏档案

北京市西城区档案馆馆藏档案

二 资料汇编

中华全国总工会中国职工运动史研究室编《中国工会历史文献》（1-5卷），工人出版社，1958。

中华全国总工会中国职工运动史研究室编《中国历次全国劳动大会文献》，工人出版社，1957。

中华全国总工会中国工人运动史研究室编《中国工会历次代表大会文献》，工人出版社，1984。

中华全国总工会编《中共中央关于工人运动文件选编》（上、中、下），档案出版社，1985。

李桂才主编《中国工会四十年：1948~1988》，辽宁人民出版社，1990。

北京市总工会：《新中国北京工会50年文献汇编：1950~2000》，1999。

中华全国总工会编《中华全国总工会七十年》，中国工人出版社，1995。

《中国工会运动史料全书》总编辑委员会编《中国工会运动史料全书》，北京图书馆出版社，1998。

中共中央书记处编《六大以来党内秘密文件》，人民出版社，1981。

中华全国总工会书记处办公室编《中国工人运动文献汇编：中国第六次全国劳动大会——中国工会第七次全国代表大会》，工人出版社，1955。

工人出版社编辑《中国工会第七次全国代表大会主要文件》，工人出版社，1953。

工人出版社编辑《中华全国总工会第七届执行委员会第四次全体会议文件》，工人出版社，1956。

中华全国总工会中国工人运动史研究室：《工运史研究资料》，中华全国总工会中国工人运动史研究室，1980。

中华全国总工会《工会工作》编辑部编《工会常识：工会的性质、作用和任务》，工人出版社，1980。

中华全国总工会书记处办公室编《中华全国总工会主要文件汇编：一九五三》，中国工人出版社，1954。

中华全国总工会书记处办公室：《中华全国总工会主要文件汇编：一九五四年》，工人出版社，1955。

中华全国总工会政策政策研究室：《工会统计工作讲话》，工人出版社，1955。

中华全国总工会编辑出版室编辑《全国纺织工会代表会议决》，工人出版社，1950。

工人出版社编辑《资本主义企业中的工会工作》，工人出版社，1955。

工人出版社编辑《如何对待群众》，工人出版社，1955。

工人出版社编辑《公私合营企业的工会工作》，工人出版社，1955。

工人出版社编辑《论工会的作用任务与工作方法》，工人出版社，1954。

工人出版社编辑《五三工厂工作经验》，工人出版社，1953。

北京市总工会：《攀登文化高峰：北京市职工业余文化学习经验介绍》，人民出版社，1960。

中华全国总工会办公厅编《工会财务工作手册》，工人出版社，1956。

中华全国总工会干部学校：《建国以来工运历史教学参考资料：一九四九年十月至一九五九年十月》中华全国总工会，1982。

中华全国总工会干部学校：《中国工人运动史参考资料》，1980。

《中国工运资料汇编：一九五五年第一、二、三、四辑》

全国总工会工人运动史研究室：《中国工运史料》，1958年第3、4期。

全国总工会工人运动史研究室：《中国工运史料》，1960年第1、2、3、4期。

中华全国总工会书记处办公室：《中国工人运动文献汇编：中国第六次全国劳动大会—中国工会第七次全国》，工人出版社，1955。

工人出版社：《中国工人运动的经验教训和任务》，工人出版社，1949。

工人日报社：《工运问题一百个》，工人日报社，1949。

欧阳璋主编《成人教育大事记：1949~1986》，北京出版社，1987。

中国科学院经济研究所中央工商行政管理局资本主义经济改造研究室编《北京瑞蚨祥》（典型企业调查资料），生活·读书·新知三联书店，1959。

北京市总工会工人运动史研究室编《北京工运史料》，第1~3期。

北京市总工会文教部：《向贪污行为作坚决斗争》，1952。

北京市总工会办公室编《统计工作资料》，北京市总工会办公室1951。

北京市总工会财务部编《工会财务制度讲义》，北京市总工会财务部，1951。

北京市总工会宣教部编《工人文化课本》第二册，工人出版社，1950。

北京市文教部编《介绍纸老虎美帝国主义》，北京市总工会文教部，1950。

郎冠英、许顺主编《中国资本主义工商业社会主义改造·北京卷》，中共党史出版社，1991。

中华全国总工会宣传部编《工会小组长工作》，工人出版社，1954。

工人出版社编《大家办工会》，工人出版社，1951。

工人出版社编《工会基层组织条例手册》，工人出版社，1956。

全国总工会财务处编《工会财务工作问答》，工人出版社，1953。

中华全国总工会劳动保护部编《工会劳动保护工作》，工人出版社，1955。

全国总工会工资部辑《加强工会工资工作》，工人出版社，1955。

工人出版社辑《中华人民共和国工会章程》，工人出版社，1955。

工人出版社编辑《公私合营企业的工会工作》，工人出版社，1955。

中共北京市委党史研究室编《北京市重要文献选编》（1949~1955

年），中国档案出版社，2001。

北京市档案馆编《国民经济恢复时期的北京》，北京出版社，1995。

北京政协文史和学习委员会、中共北京市委统战部编《北京市民主党派工商联史料选编》（上、下册），北京出版社，2009。

北京市总工会《工会志》编辑部编《北京志，人民团体卷，工会志：终审稿》，北京市总工会《工会志》编辑部，2001。

北京市地方志编纂委员会编著《北京志·人民团体卷·工人组织志》，北京出版社，2005。

北京市朝阳区工会编《朝阳区工会志》，1988。

北京市西城区志编纂委员会：《北京市西城区志》，北京出版社，1999。

《北京市煤炭工会史料》编写组编《北京煤矿工会史料1949～1991》（初稿上、中、下册），1993。

北京市总工会组织部编《北京市总工会组织史资料：1949年2月～1988年5月》，1988。

杜宏悦编辑《北京市门头沟区工会志：1931～1990》，1993。

三 报纸

《人民日报》（1946～1956）

《工人日报》（1949～1956）

论著部分

一 著作

马克思、恩格斯：《马克思恩格斯论工会》，工人出版社，1958。

马克思、恩格斯：《马克思恩格斯论工会》，工人出版社，1980。

列宁：《列宁论工会》，工人出版社，1959。

列宁、斯大林：《列宁斯大林论工会》，工人出版社，1981。

列宁：《论工会、目前局势及托洛茨基的错误》，人民出版社，1976。

列宁：《再论工会、目前局势及托洛茨基和布哈林的错误》，人民出版社，1976。

列宁：《列宁论职工会、目前形势及托洛茨基的错误》，人民出版社，1955。

斯大林：《斯大林论工会》，工人出版社，1953。

《马克思恩格斯选集》（1~4卷），人民出版社，1995。

《列宁选集》（1~4卷），人民出版社，1995。

《毛泽东选集》（1~5卷），人民出版社，1991。

《周恩来选集》（上、下），人民出版社，1984。

《刘少奇选集》（上、下），人民出版社，1981。

《朱德选集》，人民出版社，1983。

《陈云文选》（1926~1949），人民出版社，1984。

《邓子恢文集》，人民出版社，1996。

王哲主编《北京市总工会成立四十周年纪念文集》，北京市总工会工人运动研究室，1990。

毛泽东、邓小平、江泽民：《毛泽东邓小平江泽民论工人阶级和工会工作》，中央文献出版社，2002。

李立三、赖若愚：《李立三赖若愚论工会》，档案出版社，1987。

刘明逵：《中国工人阶级历史状况：1840~1949》，中共中央党校出版社，1985。

冯同庆、常凯：《社会主义民主与工会参政议政》，工人出版社，1987。

王家宠主编《活跃在人民外交舞台上：中国工会国际活动的回顾：1925~1994》，中央文献出版社，1995。

马子富：《工会理论与实践》，中国工运学院学报编辑部，1993。

田明、徐建川主编《工会改革文丛》，经济管理出版社，1998。

陈用文：《中国工会章程讲话》，工人出版社，1958。

刘少屏：《改造资本主义工业企业过程中的工会工作》，上海人民出版社，1955。

吴亚平：《工会组织建设概论》，中国工人出版社，2001。

中华全国总工会编《中国的工会、青年和妇女工作》，人民出版社，1982。

中华全国总工会组织部：《中国工会章程讲话》，工人出版社，1984。

中华全国总工会编《产业工会工作概论》，中国工人出版社，2006。

中华全国总工会劳动保护部编《工会群众劳动保护工作文件》，工人出版社，1980。

李国忠：《中国共产党工运思想文库》，中国工人出版社，1993。

陈君聪：《刘少奇工运思想研究》，工人出版社，1988。

盖军：《中国工人运动史教材简编：1919～1949年》，华东师范大学出版社，1988。

王建初：《中国工人运动史》，辽宁人民出版社，1987。

钱传水：《中国工人运动简史》，安徽人民出版社，1986。

中国社会科学院近代史研究所：《刘少奇与安源工人运动》，中国社会科学出版社，1981。

人民出版社：《第一次国内革命战争时期的工人运动》，人民出版社，1954。

邓中夏：《中国职工运动简史：1919～1926》，人民出版社，1953。

刘立凯：《1919～1927年的中国工人运动》，工人出版社，1953。

王真：《一九一九至一九二七年的中国工人运动》，中国工人出版社，1953。

王朗超：《中国共产党是中国工人运动和马克思列宁主义相结合的产物：关于党的产》西北人民出版社，1952。

魏光奇：《官治与自治——20世纪上半期的中国县制》，商务印书馆，2004。

王觉非：《近代英国史》，南京大学出版社，1997。

高希圣、郭真：《经济科学大词典》，科学研究社，1934。

郭东杰：《公司治理与劳动关系研究》，浙江大学出版社，2006。

田明、徐建川：《工会大辞典》，经济管理出版社，1989。

许涤新、吴承明主编《中国资本主义发展史》（第2卷），人民出版社，1985。

丁季华：《中国通史自学纲要》，上海古籍出版社，1986。

孙毓棠：《中国近代工业资料》，科学出版社，1957。

汪敬虞：《中国近代工业史料》（第2辑上），科学出版社，1957。

王亚南：《中国半封建半殖民地经济形态研究》，人民出版社，1957。

唐玉良、刘星星：《中国工人运动史》，广东人民出版社，1998。

冯自由：《华侨开国革命史》，商务印书馆，1947。

中国人民大学工业经济系编著《北京工业史料》，北京出版社，1960。

马骏昌等：《北京邮史》，北京出版社，1987。

中华全国总工会编《中国工会百科全书》，经济管理出版社，1998。

雷清主编《马克思主义中国化简明读本》，中共中央党校出版社，2011。

刘功成：《中国工人运动史研究30年文选》，辽宁人民出版社，2011。

闵维方、周其凤：《北京大学与中国共产党：纪念中国共产党成立九十周年》，北京大学出版社，2011。

李善塘等主编《中国共产党自身建设70年》，白山出版社，1991。

中国铁路史编辑研究中心、全国铁路总工会工运理论政策研究室：《二七革命斗争史》，当代中国出版社，1993。

中共北京市委党史研究室著《中国共产党北京历史》，北京出版社，2011。

罗丹主编《工会工作手册》，企业管理出版社，1995。

林蕴晖：《国史札记：事件篇》，东方出版中心，2008。

刘建明主编《宣传舆论学大辞典》，经济出版社，1992。

张笃行、张力行：《社会宣传学》，上海社会科学院出版社，1987。

王凤喈编著《中国教育史》，福建教育出版社，2006。

石鸥主编《教育学教程》，湖南师范大学出版社，1998。

杭州大学教育系编《教育辞典》，江西教育出版社，1988。

徐厚道主编《教育学通论》，北京工业大学出版社，2009。

广东叶剑英研究会、中共广东省委党史研究室编《叶剑英在广东》，中央文献出版社，1996。

中国人民解放军军事科学院编《马克思恩格斯列宁斯大林军事文选》，中国人民解放军战士出版社，1975。

袁征主编《中央苏区思想政治工作研究》，江西高校出版社，1999。

唐金培：《第一次国共合作与党的建设互动研究》，河南人民出版社，2011。

吴恒长：《国共两党与西北军》，解放军出版社，2012。

臧乃康、韩裕庆编著《政治学概论》，东南大学出版社，2011。

杨光斌：《政治学导论》，中国人民大学出版社，2000。

曾泽、张监佐、李榷编《中国教育史简编》，江苏教育出版社，1986。

王蔚：《现代化视野中的当代中国政治运动研究》，中国社会科学出版社，2010。

葛仁钧、王雅文、张静芳编著《中国革命的理论与实践》，辽宁大学出版社，1997。

中共中央文献研究室编《马克思主义中国化90年：毛泽东思想形式与发展大事记》，中央文献出版社，2011。

张翘楚、金剑主编《马克思主义哲学基本原理》，辽宁民族出版社，1998。

黄代培：《宣传工作概论》，海潮出版社，1992。

薄一波：《若干重大决策与事件的回顾》（上），中共中央党校出版社，1991。

北京大学哲学系中国哲学教研室编《中国哲学史》，北京大学出版社，2003。

乐崇熙：《清平乐北京同仁堂创始人乐家轶事》，东方出版社，2013。

刘跃平、解建军主编《往事珍影北京西城老同志回忆》，中共党史出版社，2006。

中共北京市委党史研究室编《社会主义时期中共北京党史纪事》，人民出版社，1994。

上海师范大学中文系、中国现代文学教研组：《中国现代文学作品选》，1977。

江文君：《近代上海职员生活史》，上海辞书出版社，2011。

何一民主编《革新与再造：新中国建立初期城市发展与社会转型1949~1957》（下），四川大学出版社，2012。

周红妮：《中国共产党接管大中城市纪实》，河北人民出版社，2013。

张云等著《中共党史十讲》，东方出版中心，2011。

何友良：《苏区制度、社会和民众研究》，社会科学文献出版社，2012。

〔波〕列沃伊塔西克：《政治宣传心理学》，四川省社会科学院出版社，1986。

〔苏〕舍拉金：《苏联工会建议讲义》，工人出版社，1955。

〔苏〕马尔柯夫：《苏联工会运动史教程》，工人出版社，1953。

〔苏〕维·弗·库涅露克：《社会主义企业管理与劳动组织问题》，工人出版社，1952。

〔苏〕潘克拉托娃主编《苏联工会运动史教材》（第一册），工人出版社，1955。

〔苏〕叶·阿·伊万诺夫著《发达社会主义政治体系中的工会》，姜列青、姚玉琨等译，工人出版社，1980。

〔美〕威廉·福斯特：《世界工会运动史纲》，三联书店，1961。

〔美〕裴宜理（Peery, Elizabeth.）：《上海罢工 Shanghai on Strike：中国工人政治研究》，江苏人民出版社，2001。

〔苏〕列昂节夫：《资本主义制度下的工人运动》，工人出版社，1956。

〔德〕韦伯著《经济与历史：支配的类型》，康乐、吴乃德、简惠美等译，广西师范大学出版社，2004。

〔英〕韦伯夫妇著《英国工会运动史》，陈建民译，商务印书馆，1959。

〔英〕亚当·斯密：《论国民财富的性质和原因的研究》（上册），商务印书馆，1997。

〔日〕中村三登志：《中国工人运动史》，工人出版社，1989。

二 学位论文

（一）博士学位论文

黄利新：《共和国初期北京市城区基层政权建设研究（1949~1954）》，博士学位论文，首都师范大学，2008。

侯桂红：《人民政府时期专区专署制度研究：1949~1966年》，博士学位论文，首都师范大学，2009。

齐凌云：《政党、工会与阶级基础——对1978年以来工会改革的政治学研究》，博士学位论文，复旦大学，2005。

赵威：《1956~1957年工人异动问题研究——以洛阳市为例》，博士学位论文，中共中央党校，2012。

（二）硕士学位论文

鲍静：《建国初期基层工会职能转变研究——以上海申新纺织厂为个案（1949~1956）》，硕士学位论文，华东师范大学，2010。

施蕾：《1949~1966年间中国共产党对工会属性的认知研究》，硕士学位论文，华东师范大学，2007。

三 期刊论文

杨奎松：《建国前后中国共产党对资产阶级政策的演变》，《近代史研究》2006年第2期。

陈骥：《新中国工会50年》，《工会理论与实践》1999年第10期。

高爱娣：《1956~1957罢工潮及党和工会的反思》，《学海》2012年第4期。

游正林：《60年来中国工会的三次大改革》，《社会学研究》2010年第4期。

游正林：《工会如何搞生产？——李立三、赖若愚的探讨及其启示》，《江苏社会科学》2011年第3期。

汪仕凯：《制度内外的工人阶级政治：基于文献的阅读与述评》，《开放时代》2009年第1期。

高中伟：《新中国成立初期党对城市基层社会组织的重构》，《社会科学家》2011年第12期。

邓红、梁丽辉：《新旧交替时期天津工人的政治学习运动》，《河北学刊》2013年第1期。

汪洋、富秋：《论50年代对中国工会道路的探索》，《辽宁大学学报》1995年第3期。

郑桥：《列宁斯大林工会理论比较研究——兼析执政党工会理论方针的经验教训》，《俄罗斯研究》2002年第1期。

樊济贤：《长辛店——北方工人运动的重要发源地》，《工会理论与实践》2003年第4期。

宋湛：《北京现代工业基础的建立》，《北京党史》2005年第4期。

赵健杰：《立足劳动关系现状 破解工会维权难题——2010年全国工会学研究会和中国工人历史与现状研究会理论研讨会学术观点综述》，《中国劳动关系学院学报》2011年第2期。

黄利新：《解放初期北京市城区基层工会组织的创建》，《北京党史》2010年第3期。

后　记

摆放在眼前的厚厚书稿，我已修改了多遍，但是它绝没有达到自己理想的境地。它既没有横扫千军的气势，也缺乏秋风扫落叶般的犀利，最重要的是，我无法判断它在我的学术研究中究竟处于一个什么样的位置，时至今日，我仍不知道自己是在学术殿堂门外徘徊还是已经跨入了门槛内。可我目前也只能达到这个样子了，我只能说，已经尽力了。唯愿以后的学术研究能更进一步，奉献更多的学术精品。无论最终结果如何不满意，唯一让我略感欣慰的是，它是我独立依靠第一手资料完成的。

本书是我在博士论文基础上修订而成的。在论文写作过程中，我的导师魏光奇先生经常给以画龙点睛式的指导，他的点拨让我有茅塞顿开的通达。与魏老师三年相处中，感受最深的是，老师的豁达大度、坦诚相见和思想深邃，给学生充分的自由，每一次和老师交谈都有很大的启发，身心倍感愉悦。

首都师范大学历史学院梁景和教授、迟云飞教授、史桂芳教授、余华林副教授及师兄宋培军，都对我的论文提出了许多宝贵的建议，使我获益匪浅，这些我都铭记心中，难以忘怀。我能在人生进入不惑之年与他们相遇、相识，并接受他们的指教，聆听他们的教诲，感到三生有幸。他们渊博的学识、谦逊的态度和高尚的人格是我终生追求的目标，他们的一言一行，更是我以后人生中学习的榜样和一段美好的回忆。

同时，感谢首都师范大学历史学院，给予学生各方面的支持，使我能全身心地投入学习中去。希望首都师范大学，特别是历史学院在未来的日子里走向更加辉煌，我更以毕业于首都师范大学历史学院而倍感荣耀与自豪。

本书能够顺利出版还要感谢社会科学文献出版社的张树军博士及本书的编辑们，正是在他们反复认真的校对和修改下，使得本书避免了许多错

后记

讪。尤其是张博士热情、积极地奔走联系让我非常感动。在此一并向他们致以诚挚的谢意。

本书的主要资料来源于北京市东城区档案馆和北京市档案馆，东城区档案馆复印的档案尤其重要，可是由于我复印技术欠佳，许多珍贵的资料没法利用，甚为可惜。北京市档案馆环境优雅，服务热情但管理很严格，每天可得到的资料十分有限。每当我想起2013年秋天的早晨背起书包乘地铁或乘公交去档案馆抄录档案的日子，虽然很累很苦可是每次拿到厚厚的一沓档案抄录时，那种与先人对话的兴奋让人不能自持，也特别期望自己在学术研究的这条道路上越走越宽广。

最后，还要感谢妻子这些年来默默无闻地付出，家中的事都交给她，既要上班又要照顾孩子，十分辛苦，没有她的鼎力支持，我是无法潜心向学并完成此书的，其中的酸甜苦辣不必待言。

贺宝玉
2015年11月9日

图书在版编目(CIP)数据

共和国之初北京市私营企业工会研究:1949~1956/贺宝玉著.—北京:社会科学文献出版社,2016.4
 ISBN 978-7-5097-8897-4

Ⅰ.①共… Ⅱ.①贺… Ⅲ.①私营企业－工会工作－研究－北京市－1949~1956 Ⅳ.①D212.81

中国版本图书馆 CIP 数据核字（2016）第 057542 号

共和国之初北京市私营企业工会研究（1949～1956）

著　　者 / 贺宝玉

出 版 人 / 谢寿光
项目统筹 / 宋月华
责任编辑 / 张树军　周志宽

出　　版 / 社会科学文献出版社·人文分社（010）59367215
　　　　　 地址：北京市北三环中路甲29号院华龙大厦　邮编：100029
　　　　　 网址：www.ssap.com.cn

发　　行 / 市场营销中心（010）59367081　59367018
印　　装 / 三河市尚艺印装有限公司

规　　格 / 开　本：787mm×1092mm　1/16
　　　　　 印　张：17.5　字　数：277千字
版　　次 / 2016年4月第1版　2016年4月第1次印刷
书　　号 / ISBN 978-7-5097-8897-4
定　　价 / 89.00元

本书如有印装质量问题，请与读者服务中心（010-59367028）联系

▲ 版权所有 翻印必究